U0906475

本专著出版获2015年度重庆市社会科学规划项目“重庆市大学生微型企业初创环境优化及扶持机制研究”（批准号：2015YBJJ034）、2016年度重庆市社科规划项目中特理论专项重点项目“大数据背景下地方政府治理模式创新与治理能力提升研究”资助。

WOGUO XIAOWEI QIYE CHENGZHANG
HUANJING JIQI YOUHUA DUICE YANJIU

我国小微企业成长环境及其优化对策研究

黎智洪 著

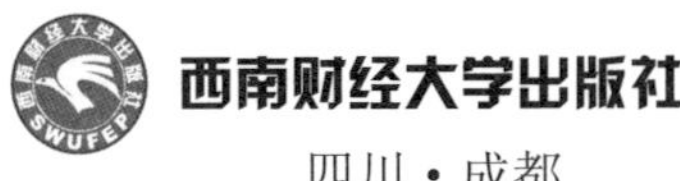

四川 · 成都

图书在版编目(CIP)数据

我国小微企业成长环境及其优化对策研究/黎智洪著 .—成都:西南财经大学出版社,2018. 10
ISBN 978-7-5504-3719-7

Ⅰ. ①我… Ⅱ. ①黎… Ⅲ. ①中小企业—企业管理—研究—中国
Ⅳ. ①F279.243

中国版本图书馆 CIP 数据核字(2018)第 216819 号

我国小微企业成长环境及其优化对策研究
黎智洪 著

责任编辑:林伶
助理编辑:王青杰
封面设计:墨创文化
责任印制:朱曼丽

出版发行	西南财经大学出版社(四川省成都市光华村街 55 号)
网　　址	http://www. bookcj. com
电子邮件	bookcj@ foxmail. com
邮政编码	610074
电　　话	028-87352211　87352368
照　　排	四川胜翔数码印务设计有限公司
印　　刷	四川五洲彩印有限责任公司
成品尺寸	170mm×240mm
印　　张	13. 75
字　　数	250 千字
版　　次	2018 年 10 月第 1 版
印　　次	2018 年 10 月第 1 次印刷
书　　号	ISBN 978-7-5504-3719-7
定　　价	79. 80 元

目　录

导 论

党的十八大报告中提出，“要支持小微企业特别是科技型小微企业发展”，将小微企业发展首次写入党的报告，充分说明党和国家已经充分意识到小微企业在经济社会发展中的重要地位，为加快小微企业进一步发展指明了方向，增添了动力。

长期以来，小微企业因其“小”而“微”，没有受到太多的关注，反而经常是被挤压的对象。但是这些看似“小”而“微”的企业，正如大海中的水滴，点点滴滴终成无限浩瀚的海洋，大企业也只能望洋兴叹。2017 年 9 月，国家工商行政管理总局局长张茅在杭州举办的小微企业创新发展高层论坛上说，截至 2017 年 7 月底，我国小微企业名录收录的小微企业已达 7 328.1 万户。其中，法人企业 2 327.8 万户，占企业总数的 82.5%；个体工商户 5 000.3 万户，占个体工商户总数的 80.9%。[①]到 2017 年年底，中小微企业（含个体工商户）占全部市场主体的比重超过 90%，贡献了全国 80%以上的就业，70%以上的发明专利，60%以上的 GDP 和 50%以上的税收。[②] 不得不承认：小微企业已经成为我国市场主体中的主力军，成为扩大就业的重要支撑，要把小微企业名录打造成为国家扶持小微企业的主要数据平台和服务平台。小微企业的重要意义毋庸赘述。

尽管小微企业如此重要，但是由于其“小”而“微”，在资源稀缺的环境夹缝中艰难成长，先天不足，后天堪忧：在带有偏见的政府制度环境中垂死挣扎，在激烈的市场竞争环境中步履维艰，在精打细算的金融生态环境中处处碰壁……凡此种种，小微企业正如一介小人物，处处受气，处处受制于人，生存成长全凭偶然与运气。今天还在好好地成长的小微企业，也许明天就会夭折、烟消云散。其生存环境中的一点小波小浪，都能轻而易举地置它于死地。

---

① 赵文君. 我国小微企业达 7 328 万户［EB/OL］.（2017-09-02）［2018-09-20］. http：//www. gov. cn/shuju/2017-09/02/content_ 5222250. htm.

② 孟珂. 小微企业贡献 GDP 逾六成［N］. 证券日报，2018-06-22.

如何改善小微企业的成长环境，保障小微企业健康成长，成了摆在我们面前的一项重大课题，引发了国内外学术界的关注。

国外关于企业成长环境的研究较早，已经形成了较为完善的理论体系。近百年来，理论界对企业环境问题一直较为关注，并取得了丰硕的成果。企业界在实践中也越来越重视环境变化及其应对问题的探索，积累了不少实践经验。尽管如此，由于企业成长环境是一个复杂的系统，不同学者从不同角度进行了研究与探讨，形成了多样性的结论，但是很少有人将企业环境作为研究对象进行专门的系统研究。

20 世纪 90 年代以后，随着经济全球化和企业间新的竞争关系的出现，企业环境研究又有了新发展和新视角，许多学者认为企业间实质上是合作和竞争共存的关系。1990 年，学者 Stevin 和 Covin 通过综合考量生存环境和时间演变而构建的模型得出结论：企业成长依赖于自身发展渴望和相关促进因素，企业发展依赖于生存环境。① 1994 年，Storey 认为，促进小微企业成长的最关键因素是企业自身素质，而经营者的综合素质包括业务能力和工作态度等将会直接影响小微企业的成长速度。② David 和 Adian（2003）基于德国不同区域的法律政策、工资水平、个人财富、产业聚集程度和区域专业化程度等角度，比较分析了不同区域的企业成长环境以及上述环境因素对企业的影响。③ Thorsten（2005）研究了在企业成长过程中，其对于法律环境、融资环境的依赖程度以及抵御腐败的能力，他认为上述因素对小型企业的影响力大于对大型企业的影响力，同时，对欠发达国家的影响力大于对发达国家的影响力，最后分析指出，上述因素与企业成长正相关。④ Gonzalez N U（2002）利用系统动力学原理研究了科技型企业的创新机制，他认为企业发展的本质原因在于内生创新机制的完善。⑤

国内关于企业环境的研究开始较晚，始于 20 世纪 90 年代后期，不同学者基于不同的企业成长环境研究视角，也形成了丰富的科研成果。总结起来，主

---

① COVIN J G，STEVIN D P. New Venture Strategic Posture，Structure，And Performance：An Industry Life Cycle Analysis［J］. Journal of Business Venturing，1990（5）：123-135.

② STOREY D J. New Firm Growth And Bank Financing［J］，Small Business Economic，1994（6）：139-150.

③ DAVID WEIMER，ADIAN R. Policy Analysis：Concept And Practice［M］. Routledge，2017.

④ THORSTEN BECK，ASLI D. Financial and Legal Constrains to Growth：Does Firm Size Matter［J］. Journal of Finance，2005，60（1）：137-177.

⑤ GONZALEZ N U. Banking regulation，Institutional Framework And Capital Structure：International Evidence From Industry Data［J］. Quarterly Review of Economics and Finance，2002：47.

要表现在以下几个方面：

一是从企业管理的角度对企业环境进行研究，如：陈国权等（1998）从企业管理的角度论述了企业所面临的政治、经济、自然、技术和经营环境，然后从企业的经营、产品研究开发、产品设计、供应商管理、生产管理、质量管理、营销管理、产品的报废处理、组织结构、人力资源管理，以及企业文化等方面提出了企业实施战略框架和方法。① 柳宏志（2007）认为企业家的思维创新能力、决策能力和领导能力是影响企业发展的最大因素，不断提升企业家思维创新能力和战略管理能力，能有效推动中小企业的自主创新，实现跨越式成长。②

二是从生态学、仿生学理论对企业成长环境问题进行研究，如：张玉明（2009）基于生态学理论界定了中小型科技企业的外部环境，认为影响中小型科技企业成长的外部环境是指那些围绕其成长和发展的，并足以能够影响和制约企业成长的企业外部的直接或间接要素的总和，可以分为政策法律环境、产业演化与行业发展、企业集群、区域创新网络、金融生态环境以及社会服务及基础设施建设，并与美国学者 Harvey 和 Keith D 基于仿生学视角，从企业成长的内外两类因素构建了中小型科技企业成长模式评价体系并进行了验证。③ 刘洪德、史竹青（2008）也以生态学为切入点，基于生物生境的含义及生物成长环境中生态因子的分类对企业成长环境中环境因子进行类比划分，同时结合生物生态因子的特点总结了企业成长环境中生态因子的特点，主要包括系统性、动态性、差异性、共生性、不可替代性和补偿性、不可控制性等。④ 许冀艺、于海燕（2008）将生态系统理论和观念应用于金融领域，并创造性地提出“金融生态”概念，指出民营企业与各种金融机构作为金融生态的重要元素应与时俱进地彼此支撑，相互作用。⑤ 徐衡（2010）基于企业生命周期理论将科技型中小企业的生命周期分成了种子期、创立期、成长期、成熟期以及衰退期五个不同的发展阶段，并结合科技型中小企业的融资特点，研究了处于不

---

① 陈国权，王斌，陈玉祥. 面向可持续发展的企业环境分析与经营管理框架［J］. 清华大学学报，1998（4）：58-65.

② 柳宏志. 科技型中小企业的企业家经营能力和思维创新研究［D］. 杭州：浙江大学，2007（5）：24-25.

③ 张玉明，刘德胜. 中小型科技企业成长的外部环境因素模型研究［J］. 山东大学学报（哲学社会科学版），2009（3）：45-51.

④ 刘洪德，史竹青. 企业成长环境的生态因子探析［J］. 贵州社会科学，2008（5）：113-116.

⑤ 许冀艺，于海燕. 基于金融生态视角的民营企业融资能力研究［J］. 金融与经济，2008（5）：25.

同发展时期的科技型中小企业融资策略选择问题。①

三是从实证的角度对企业环境进行研究，如：郑金波（2004）采用问卷调查的方法，选择了民营科技企业发展水平比较高的江苏省作为问卷调查地区，围绕民营科技企业在创建和成长时期的成长环境进行调查和研究。② 林汉川、管鸿禧（2004）利用江苏等六省市 1 512 家中小企业问卷调查数据库信息，得出东、中、西部中小企业外部环境竞争力评价指标测度值，对其进行无量纲化处理后，结合两两比较矩阵计算出组合权重，得出我国东部中小企业的外部环境竞争力评价指数为 91.96，显著高于中部的 63.11 和西部的 48.89。陈晓红、王傅强（2008）以中南大学的问卷调查为样本，对东、中、西部中小企业外部环境进行评价并得出了和林汉川一致的结论，即东部地区中小企业外部环境最好，综合评价指数为 3.608，中部地区中小企业外部环境综合评价指数为 3.410，略好于西部的 3.406。陈晓红、曹裕、马跃如（2009）选取了深圳、广州、长沙、郑州、成都，通过问卷调查和结构方程建模，得出五个城市的企业外部环境排名为广州、深圳、长沙、成都、郑州；进而对中小企业生命周期和各个环境得分进行一元回归分析，得出外部分环境对中小企业生命周期均有正向影响，但影响的程度有差异。经济环境、技术环境和人才环境对中小企业生命周期的影响较显著，政治环境、社会文化环境及自然资源环境对中小企业生命周期的影响不显著。

四是从定性定量的角度对企业环境指标体系进行了研究，如：周国红、陆立军（2002）的《科技型中小企业成长环境指标体系的构建》一文认为，科技型中小企业的成长环境是指围绕科技型中小企业创业和发展变化，并足以影响或制约科技型中小企业发展的一切外部条件的总称，包括政治、经济、法律、科技、社会、自然等方面因素，并给出了具体评价指标。③ 侯卉、司晓悦、王丹青（2012）认为高新技术企业成长环境分为企业内部环境和企业外部环境，内部环境因素包含技术管理与创新、企业管理与战略管理、人力资源管理、企业文化等方面，外部环境因素归纳为法律与政策、融资、风险投资、科技中介、市场、信息网络等方面。④

---

① 徐衡. 科技型中小企业融资问题研究：基于企业生命周期理论［D］. 北京：对外经济贸易大学，2010.

② 郑金波. 我国民营科技企业成长环境研究与实证分析［D］. 南京：东南大学，2004.

③ 周国红，陆立军. 科技型中小企业成长环境评价指标体系的构建［J］. 数量经济技术经济研究，2002（2）：32-35.

④ 侯卉，司晓悦，王丹青. 高科技企业成长环境评析：以沈阳市为例［J］. 科技进步与对策，2012（24）：140-142.

五是从方法论的角度对企业环境进行研究，如：赵锡斌、鄢仔勇（2004）在《企业与环境互动作用机理探析》一文中，对企业环境的评价方法进行了综合，更为清晰地甄别了企业环境的特性，以期企业管理者提供具有实践价值的企业环境评价工具；并在对企业环境基本理论进行论述的基础上，重点研究了企业环境的评价方法。[①] 赵锡斌（2007）在《企业环境分析与调适：理论与方法》一书中对企业环境有关理论进行了系统研究，并提出了如何调试企业环境的方法。[②]

上述观点说明，对企业成长环境的研究已经逐步走向细化、深入，从笼统地认为环境是某一主体周围一切事物的总和，到将影响企业成长环境的不同因子归纳为复杂环境系统，且不同因子相互影响、相互联系，共同决定了企业的生存和发展。以上研究为小微企业成长环境研究提供了理论支撑与丰富的资料。当然，虽然以上研究成果从某个侧面对小微企业成长环境进行了研究，但是系统分析小微企业成长环境并提出优化策略的研究成果并不多见。

为此，笔者不揣冒昧，以企业环境作为理论契入点，通过分析小微企业成长环境的基础理论，构建小微企业成长环境的构成指标体系，从制度、金融、创新、社会化服务等层面深入剖析我国小微企业成长面临的各种环境及其问题，并针对这些问题提出了优化策略，试图为我国小微企业成长提供更加优化的环境，促进小微企业健康快速成长。

---

① 赵锡斌，鄢仔勇. 企业与环境互动作用机理探析［J］. 企业管理，2004（4）：93-97.

② 赵锡斌. 企业环境分析与调适：理论与方法［M］. 北京：中国社会科学出版社，2007：2.

第一章 我国小微企业成长环境的基本理论

第一节 小微企业的内涵界定

如何界定小微企业的概念，不仅出于理论研究的需要，更是出于实践的需要。从理论上说，小微企业的概念、本质内涵涉及研究的对象、范围、规模，是小微企业经济、管理、制度等理论研究的基础。从实践上而言，小微企业概念涉及国家对小微企业的引导、扶持政策的出台，是实施中小企业发展政策的基础。

小微企业既是一个相对概念，也是变动性概念，不同国家、地区在不同时期因经济发展水平的不同对小微企业界定标准呈现出较大差异。从字面表述来看，小微企业本是指由小型企业与微型企业两者组成的企业，有时小型企业又与中型企业混在一起，构成中小型企业。直至2010年，我国在中小企业的政府支持方面将重点细化到了小型企业和微型企业上，小微企业的问题才引起各方的重点关注。2011年6月工业和信息化部、国家统计局、国家发展和改革委员会、财政部研究制定了《中小企业划型标准规定》，第一次正式提出了微型企业的概念和标准，使微型企业的概念得以广泛运用。于是，我国就出现了大中型企业、中小企业、小微企业等几种说法。小微企业的称谓也就逐渐在学界与政府部门得以广泛运用。

一、西方主要国家对小微企业的界定

目前，国外学术界尚未对“小微企业”这一概念进行统一界定，而是将小型企业和微型企业分别单独作为概念来界定。其中，小型企业这一概念由来已久，通常与中型企业一起被合称为“中小企业”，这一主题一直是国外学术

界的研究热点，而微型企业这一概念约在19世纪后期开始受到学术界的关注，目前尚未形成国际统一的界定标准，经常与小型企业混在一起使用。

西方国家对小微企业的界定有定量和定性两种界定方法，定量标准主要考虑企业资产总额、员工人数、营业额三个方面的因素，在西方国家的运用非常普遍。例如，美国在1953年颁布的《小企业法》中把小型企业界定为："私人所有、独立经营并且在所经营的行业中不占支配性地位"的企业。显然，这一定义是定性的界定，没有使用定量指标，造成实际界定过程中任意性过大。根据《小企业法》的规定授权，美国小企业管理局后来对小企业做了进一步的细化规定，把小企业界定为"资产额在1 000万美元以下或从业人员在500人以下的企业"。但是，"资产额"指标在实施中仍存在以下四个问题：小微企业多是家族式企业，而家族企业的企业资产与家庭财产是难以区分的；资产额中的无形资产部分评估可操作性差；资产总额会随企业经营环境、企业负债状况和产品销售难易程度等诸多因素的变化而变化；由于信息不对称，一些本属于小企业之列的中型企业为获得优惠政策条件而可能隐瞒其资产额。因此，美国小企业管理局就改用"营业额"指标来代替"资产额"指标，把小企业重新界定为"雇员人数在500人以下或营业额不足500美元的企业"。营业额指标尽管比资产额更容易获取，但还是易受通货膨胀因素的影响。因此，美国经济发展委员会给出了小企业的界定标准，即只需符合以下四个指标中任意两个或两个以上的企业即为小企业：企业所有者同时是经理，企业资本由一个或几个人提供，企业产品销售范围主要在当地，与同行业的大企业相比规模较小。显然，经济发展委员会的界定标准和美国小企业管理局的界定标准不尽一致，两个标准并行，容易引起混乱。① 在2000年美国国会通过的《微型企业自力更生法》中，首次明确界定微型企业为"由贫困人口拥有与经营，员工不超过10人的公司"。② 于是，美国也正式确立了微型企业的法律地位。

日本中小企业的定义特别复杂，在不同时期、不同法律的规定下，有不同的含义。根据1973年日本《中小企业基本法》的规定，中小企业有如下分类，具体见表1.1。③

---

① 杨春，蔡翔. 小微企业的界定及划型标准研究［J］. 技术经济与管理研究，2016（5）：51.

② MARK S. Micro enterprise Development Programs in the United States and in the Developing World［J］. World Development，2003（31）：1567-1580.

③ 林振淦，等. 小型经济概论［M］. 长沙：湖南出版社，1991：52.

表 1.1　日本中小企业分类标准

		中小企业		大企业
		小企业	中企业	
批发行业	从业人员	1~4 人	5~99 人	100 人以上
	资本	3 000 万日元以下		3 000 万日元以上
零售及服务行业	从业人员	1~4 人	5~49 人	50 人以上
	资本	1 000 万日元以下		1 000 万日元以上
制造业及其他行业	从业人员	1~19 人	20~99 人	300 人以上
	资本	1 亿日元以下		1 亿日元以上

1999 年日本出台了修订后的《中小企业基本法》，其中规定：制造业等行业中，员工 300 人以下或资本额 3 亿日元以下的企业为中小企业；批发业中，员工 100 人以下或资本额 1 亿日元以下的企业为中小企业；零售业中，员工 50 人以下或资本额 5 000 万日元以下的企业为中小企业；服务业中，员工 100 人以下或资本额 5 000 万日元以下的企业为中小企业。其中，制造业中员工 20 人以下、商业和服务业中 5 人以下的企业为小企业。与 1973 年相比，提高了中小企业的最低资本金，相当于扩大了中小企业的范围。日本根据不同行业制定了不同标准，同时还考虑到了从业人员和资本额的复合，符合任意一个条件企业便可被视为中小企业，这样就增加了政府制定政策时的伸缩余地和空间。日本这种中小企业的界定标准尽管不如美国的中小企业界定标准简单明了，但更能反映经济现实，同时也增加了政策的灵活性。

欧盟当前的中小企业界定标准具有三个特征，即复合性、将小型企业界定标准单独列出和在一定程度上考虑了企业的法人地位。欧盟当前中小企业界定标准的复合性特征又不同于日本中小企业界定标准的相应特征。欧盟法律规定，凡符合“雇员人数 250 人以下并且产值不超过 4 000 万埃居”或“资产年度负债总额不超过 2 700 万埃居，并且不被一个或几个大企业持有 25%以上股权”条件之一的为中小企业，同时每一条件其实又都是两个次级条件的复合，并且需同时具备两个次级条件。由此可见，欧盟对中小企业界定标准的复合性尽管增加了政策伸缩空间，但由于受同时具备两个次级条件的限制，其灵活性要小于日本的政策。欧盟当前中小企业界定标准的第二个特征是将小型企业界定标准单独列出，这样就可以制定专门针对小型企业的扶植政策，从而在一定程度上增加了政府政策的选择空间。欧盟当前中小企业界定标准的第三个特征是在一定程度上考虑了企业的法人地位，体现在“不被一个或几个大企业持有25%以上的股权”和“有独立法人地位”上，这样就将一些大型企业（集团）的全资子公司、控股子公司和分公司排除在中小企业行业之外。①

通过比较西方主要国家中小企业的法律规定，我们可以总结出西方国家对中小企业界定的如下划分标准：

（1）雇员人数标准。该标准是从企业雇佣人数多少这一要素的角度来反映企业规模的大小，为世界上绝大多数国家所采用，但印度、孟加拉国、巴基斯坦和斯里兰卡等少数国家除外。首先，雇员人数标准最简单明晰，并且许多国家希望通过发展中小企业解决就业问题。其次，这里的雇员是指企业工资劳动者或全职劳动者（周工作时间35小时以上，季节性劳动者需按劳动时间进行折算），不包括企业所有者及其在企业中工作的家人。最后，绝大多数国家采用了0雇员人数标准，如美国、加拿大、德国、英国等，即零雇员企业“自我雇用”，只有当业主及其家庭劳动者在企业中工作时才可被视为中小企业。如，美国政府的“微型企业”的定量指标是员工不超过10人（包括不支薪的家庭成员）；菲律宾把雇员人数在10人以下的企业类型称为微型企业；日本把制造业中的从业人员20人以下，零售业、服务业和批发业从业人员在5人以下的企业界定为“微型企业”或“零细企业”，也可叫作“小规模企业”；欧盟把职工人数在10人以下，或者资产总额不超过200万欧元的企业称为微型企业。中国台湾地区“微型企业”的定量指标为经常雇佣员工人数不满5人（含所有人在内）。

（2）资产（资本）额标准。它是以价值或实物形态为衡量标准，从企业资产（资本）这一要素的角度反映企业规模的大小，往往为金融部门所偏好。与雇员人数标准相比，该标准在计量上存在一定的困难，如中小企业尤其是家族式中小企业，企业资产与家庭资产难以区分；在无形资产计入总资产或存在技术入股的情况下，评估的技术可操作性差；在信息不对称的条件下，一些业主为了使自己的企业加入中小企业行列，获得优惠条件，可能隐瞒其资产（资本）量，而事实上这些企业按标准不属于中小企业之列。但随着经济制度的完善、资本（资产）评估技术的进步和人们道德水准的提高，在企业资本运营日渐重要的情况下，这一标准将有广阔的应用前景，因为该标准有助于中小企业进行兼并、收购、出售等资本运营，可以优化资本（资产）配置效率，

---

① 王德胜，余大胜. 基于成长视角的中小企业评价研究：五维度分层评价体系的构建［M］. 北京：经济科学出版社，2008：22.

从而推动宏观经济的发展。

（3）营业额标准。该标准是从企业经营水平角度反映一个企业规模的大小，往往为财税部门所偏好。采用该标准的企业不是很多，这主要是因为企业的营业额是一个极易波动的量，受通货膨胀、销售淡旺季、商业信用水平高低甚至国际汇率等诸多因素的影响。与资产（资本）额相比，营业额更难以计量，可比性更低，也更缺乏可信性。在市场稳定和会计、统计、税收制度较完善的国家，在操作上相对容易一些，对于相应制度不太健全的发展中国家来说则存在一定难度。税收是国家有效实施宏观调控的物质保证，而营业额则是财税部门对企业征税时确定税率和决定是否实行税收优惠减免的重要参考依据，所以，随着各种制度的完善，该标准的应用范围将会逐渐扩大。

（4）相对数指标标准。相对数指标标准指的是以行业中的相对份额为标准，不论行业中企业实际规模的大小，仅确定一个企业数目百分比，在此百分比之内的较小企业界定为中小企业。如美国曾规定：每个行业中占 90 %数目的较小规模企业为中小企业，这类标准更适合于行业内的分类管理，以保护业内竞争。

从以上分析可以看出，西方各国对中小企业界定标准的差异很大，每个国家都采用了不同的具体数额，可谓千差万别，都有各自的特色与优势，也有不足之处。

二、我国对小微企业的界定

受长期计划经济体制的影响，我国经济理论研究和经济社会管理中通常会倾向于按所有制性质对企业进行划分，虽然相关部门也出台了一些企业规模划分规定，但通常只是针对工业企业，且划分标准变化比较频繁，经历了多次调整。

1962 年，我国出现了按职工人数划分企业规模的规定：500 人以下为小型企业，500~3 000 人为中型企业，3 000 人以上为大型企业。1978 年，国家计划委员会、国家基本建设委员会、财政部发布了《关于基本建设项目的大中型企业划分标准的规定》，以“年综合生产能力”为划分企业的标准和依据。

1988 年，国家经济委员会等对 1978 年的标准进行了修改和补充，重新颁布了《大中小型工业企业划分标准》，加入了行业因素的考虑，除生产单一品种产品的企业外，对其他企业则采用固定资产价值的标准来衡量其规模，把企业分为特大型、大型、中型和小型四种类型。还补充规定了凡是产品比较单一的企业，一般以生产能力为标准进行划分；产品和设备比较复杂的，一般以企业拥有的固定资产价值为标准进行划分。

1992 年，国家经济贸易委员会等重新颁布了《大中小型工业企业划分标准》的补充标准，增加了对市政公用工业、轻工业、电子工业、医药工业和机械工业中轿车制造企业的规模划分，将企业分为特大型、大型、中型、小型四种类型。1999 年国家又对 1978 年的划分标准进行了修改与补充，1999 年 8 月颁布的《大中小型工业企业划分标准》规定：销售收入、资产总额和营业总额均在 5 亿元以上的划为大企业，5 亿元以下 5 000 万元以上的为中型企业；年销售收入和资产总额均在 5 000 万以下的为小型企业。参与划分的企业范围原则上包括所有行业各种形式的工业企业。

随着改革开放的深入，中小企业在国民经济和社会发展中发挥着越来越重要的作用。为了改善中小企业的经营环境，促进其健康发展，2003 年《中华人民共和国中小企业促进法》正式实施，中小企业发展问题开始为各界所关注。同年，国家经济贸易委员会、国家发展和改革委员会、财政部、国家统计局四部委联合下发了《中小企业标准暂行规定》，首次结合雇员人数、销售额、资产总额三个维度较为全面地明确了我国中小企业的划分标准，规定在标准以下的企业为小型企业，标准以上的为大型企业，具体划分标准见表 1.2。

表 1.2　　　　2003 年中型企业标准

行业	职工人数（人）	销售额（元）	资产总额（元）
工业	300~2 000	3 000 万~3 亿	4 000 万~4 亿
建筑业	600~3 000	3 000 万~3 亿	4 000 万~4 亿
批发业	100~200	3 000 万~3 亿	——
零售业	100~500	1 000 万~1.5 亿	——
交通运输业	500~3 000	3 000 万~3 亿	——
邮政业	400~1 000	3 000 万~3 亿	——
住宿餐饮业	400~800	3 000 万~1.5 亿	——

从以上企业划分标准来看，小微企业的概念一直合并在中小企业之中，直至 2010 年，国家在中小企业的支持方面将重点细化到了小型企业和微型企业上，小微企业的问题才引起各方面的重点关注。2011 年，为贯彻落实《中华人民共和国中小企业促进法》和《国务院关于进一步促进中小企业发展的若干意见》（国发［2009］36 号），工业和信息化部、国家统计局、发展改革委、财政部研究制定了《中小企业划型标准规定》，根据企业资产总额、营业

收入和从业人员等统计指标，将中小企业划分为中型、小型和微型企业，并确定了各行业的划分标准。以工业企业为例，从业人员在 1 000 人以下或营业收入 40 000 万元以下的为中小微型企业。其中，从业人员在 300 人及以上，且营业收入 2 000 万元及以上的为中型企业；从业人员在 20 人到 300 人之间（不含 300 人），且营业收入 300 万元到 2 000 万元（不含 2 000 万元）的为小型企业；从业人员在 20 人以下或营业收入 300 万元以下的为微型企业，具体见表 1.3。

表 1.3　　2011 年大中小微企业划型标准

行业名称	指标名称	计量单位	大型	中型	小型	微型
农、林、牧、渔业	营业收入（Y）	万元	Y≥20 000	500≤Y<20 000	50≤Y<500	Y<50
工业	从业人员（X）	人	X≥1 000	300≤X<1 000	20≤X<300	X<20
	营业收入（Y）	万元	Y≥40 000	2 000≤Y<40 000	300≤Y<2 000	Y<300
建筑业	营业收入（Y）	万元	Y≥80 000	6 000≤Y<80 000	300≤Y<6 000	Y<300
	资产总额（Z）	万元	Z≥80 000	5 000≤Z<80 000	300≤Z<5 000	Z<300
批发业	从业人员（X）	人	X≥200	20≤X<200	5≤X<20	X<5
	营业收入（Y）	万元	Y≥40 000	5 000≤Y<40 000	1 000≤Y<5 000	Y<1 000
零售业	从业人员（X）	人	X≥300	50≤X<300	10≤X<50	X<10
	营业收入（Y）	万元	Y≥20 000	500≤Y<20 000	100≤Y<500	Y<100
交通运输业	从业人员（X）	人	X≥1 000	300≤X<1 000	20≤X<300	X<20
	营业收入（Y）	万元	Y≥30 000	3 000≤Y<30 000	200≤Y<3 000	Y<200
仓储业	从业人员（X）	人	X≥200	100≤X<200	20≤X<100	X<20
	营业收入（Y）	万元	Y≥30 000	1 000≤Y<30 000	100≤Y<1 000	Y<100
邮政业	从业人员（X）	人	X≥1 000	300≤X<1 000	20≤X<300	X<20
	营业收入（Y）	万元	Y≥30 000	2 000≤Y<30 000	100≤Y<2 000	Y<100
住宿业	从业人员（X）	人	X≥300	100≤X<300	10≤X<100	X<10
	营业收入（Y）	万元	Y≥10 000	2 000≤Y<10 000	100≤Y<2 000	Y<100
餐饮业	从业人员（X）	人	X≥300	100≤X<300	10≤X<100	X<10
	营业收入（Y）	万元	Y≥10 000	2 000≤Y<10 000	100≤Y<2 000	Y<100
信息传输业	从业人员（X）	人	X≥2 000	100≤X<2 000	10≤X<100	X<10
	营业收入（Y）	万元	Y≥100 000	1 000≤Y<100 000	100≤Y<1 000	Y<100

表1.3（续）

行业名称	指标名称	计量单位	大型	中型	小型	微型
软件和信息技术服务业	从业人员（X）	人	X≥300	100≤X<300	10≤X<100	X<10
	营业收入（Y）	万元	Y≥10 000	1 000≤Y<10 000	50≤Y<1 000	Y<50
房地产开发经营	营业收入（Y）	万元	Y≥200 000	1 000≤Y<200 000	100≤Y<1 000	Y<100
	资产总额（Z）	万元	Z≥10 000	5 000≤Z<10 000	2 000≤Z<5 000	Z<2 000
物业管理	从业人员（X）	人	X≥1 000	300≤X<1 000	100≤X<300	X<100
	营业收入（Y）	万元	Y≥5 000	1 000≤Y<5 000	500≤Y<1 000	Y<500
租赁和商务服务业	从业人员（X）	人	X≥300	100≤X<300	10≤X<100	X<10
	资产总额（Z）	万元	Z≥120 000	8 000≤Z<120 000	100≤Z<8 000	Z<100
其他未列明行业	从业人员（X）	人	X≥300	100≤X<300	10≤X<100	X<10

注：大型、中型和小型企业须同时满足所列指标的下限，否则下划一档；微型企业只需满足所列指标中的一项即可。

2017年6月30日，《国民经济行业分类》（GB/T 4754—2017）正式颁布。同年8月29日，国家统计局印发了《关于执行新国民经济行业分类国家标准的通知》，规定从2017年统计年报和2018年定期统计报表起统一使用新分类标准。为此，统计局对2011年印发的《统计上大中小微型企业划分办法》进行修订，于2017年12月18日发布了《关于印发<统计上大中小微型企业划分办法（2017）>的通知》，对2011年颁发的小微企业标准又进行了调整。国家统计局在《关于印发<统计上大中小微型企业划分办法（2017）>的通知》中说明：本次修订保持原有的分类原则、方法、结构框架和适用范围，仅将所涉及的行业按照《国民经济行业分类》（GB/T 4754—2011）和《国民经济行业分类》（GB/T 4754—2017）的对应关系进行相应调整，形成《统计上大中小微型企业划分办法（2017）》。具体见表1.4。

表1.4　　2017年大中小微企业划型标准

行业名称	指标名称	计量单位	大型	中型	小型	微型
农、林、牧、渔业	营业收入（Y）	万元	Y≥20 000	500≤Y<20 000	50≤Y<500	Y<50
工业*	从业人员（X）	人	X≥1 000	300≤X<1 000	20≤X<300	X<20
	营业收入（Y）	万元	Y≥40 000	2 000≤Y<40 000	300≤Y<2 000	Y<300

表1.4(续)

行业名称	指标名称	计量单位	大型	中型	小型	微型
建筑业	营业收入（Y）	万元	Y≥80 000	6 000≤Y<80 000	300≤Y<6 000	Y<300
	资产总额（Z）	万元	Z≥80 000	5 000≤Z<80 000	300≤Z<5 000	Z<300
批发业	从业人员（X）	人	X≥200	20≤X<200	5≤X<20	X<5
	营业收入（Y）	万元	Y≥40 000	5 000≤Y<40 000	1 000≤Y<5 000	Y<1 000
零售业	从业人员（X）	人	X≥300	50≤X<300	10≤X<50	X<10
	营业收入（Y）	万元	Y≥20 000	500≤Y<20 000	100≤Y<500	Y<100
交通运输业 *	从业人员（X）	人	X≥1 000	300≤X<1 000	20≤X<300	X<20
	营业收入（Y）	万元	Y≥30 000	3 000≤Y<30 000	200≤Y<3 000	Y<200
仓储业 *	从业人员（X）	人	X≥200	100≤X<200	20≤X<100	X<20
	营业收入（Y）	万元	Y≥30 000	1 000≤Y<30 000	100≤Y<1 000	Y<100
邮政业	从业人员（X）	人	X≥1 000	300≤X<1 000	20≤X<300	X<20
	营业收入（Y）	万元	Y≥30 000	2 000≤Y<30 000	100≤Y<2 000	Y<100
住宿业	从业人员（X）	人	X≥300	100≤X<300	10≤X<100	X<10
	营业收入（Y）	万元	Y≥10 000	2 000≤Y<10 000	100≤Y<2 000	Y<100
餐饮业	从业人员（X）	人	X≥300	100≤X<300	10≤X<100	X<10
	营业收入（Y）	万元	Y≥10 000	2 000≤Y<10 000	100≤Y<2 000	Y<100
信息传输业 *	从业人员（X）	人	X≥2 000	100≤X<2 000	10≤X<100	X<10
	营业收入（Y）	万元	Y≥100 000	1 000≤Y<100 000	100≤Y<1 000	Y<100
软件和信息技术服务业	从业人员（X）	人	X≥300	100≤X<300	10≤X<100	X<10
	营业收入（Y）	万元	Y≥10 000	1 000≤Y<10 000	50≤Y<1 000	Y<50
房地产开发经营	营业收入（Y）	万元	Y≥200 000	1 000≤Y<200 000	100≤Y<1 000	Y<100
	资产总额（Z）	万元	Z≥10 000	5 000≤Z<10 000	2 000≤Z<5 000	Z<2 000
物业管理	从业人员（X）	人	X≥1 000	300≤X<1 000	100≤X<300	X<100
	营业收入（Y）	万元	Y≥5 000	1 000≤Y<5 000	500≤Y<1 000	Y<500
租赁和商务服务业	从业人员（X）	人	X≥300	100≤X<300	10≤X<100	X<10
	资产总额（Z）	万元	Z≥120 000	8 000≤Z<120 000	100≤Z<8 000	Z<100
其他未列明行业 *	从业人员（X）	人	X≥300	100≤X<300	10≤X<100	X<10

注：（1）大型、中型和小型企业须同时满足所列指标的下限，否则下划一档；微型企业只需满足所列指标中的一项即可。

（2）表中各行业的范围以《国民经济行业分类》（GB/T4754-2017）为准。带 * 的项为行业组合类别，其中，工业包括采矿业，制造业，电力、热力、燃气及水生产和供应业；交通运输业包括道路运输业，水上运输业，航空运输业，管道运输业，多式联运和运输代理业、装卸搬运，不包括铁路运输业；仓储业包括通用仓储，低温仓储，危险品仓储，谷物、棉花等农产品仓储，中药材仓储和其他仓储业；信息传输业包括电信、广播电视和卫星传输服务，互联网和相关服务；其他未列明行业包括科学研究和技术服务业，水利、环境和公共设施管理业，居民服务、修理和其他服务业，社会工作，文化、体育和娱乐业，以及房地产中介服务，其他房地产业等，不包括自有房地产经营活动。

(3) 企业划分指标以现行统计制度为准。①从业人员，是指期末从业人员数，没有期末从业人员数的，采用全年平均人员数代替。②营业收入，工业、建筑业、限额以上批发和零售业、限额以上住宿和餐饮业以及其他设置主营业务收入指标的行业，采用主营业务收入；限额以下批发与零售业企业采用商品销售额代替；限额以下住宿与餐饮业企业采用营业额代替；农、林、牧、渔业企业采用营业总收入代替；其他未设置主营业务收入的行业，采用营业收入指标。③资产总额，采用资产总计代替。

我国2017年规定的小微企业标准在当前仍然具有法律上的意义，在实践上对我国小微企业的统计、扶持政策等有着重要约束作用。

三、小微企业概念的学理探讨

官方所确定的小微企业的标准，为理论研究确定了基本指引，但是小微企业的界定仍然离不开学界的研究与理论指导。西方学者较早关注了小微企业问题，并对其概念进行了探讨。美国经济学家卡普兰认为：小企业通常是指管理权和所有权一致，没有执行个别职能的专业人员，没有专门进行研究和分析的机构，不能通过发行有价证券或依靠投资银行投入所需要的资本的办法来取得经营活动资金，在所有者和雇员以及消费者之间有着直接的关系，经营活动只和本地区有联系并完全依赖当地市场的企业。按照卡普兰的观点，小企业除了主要体现在管理权与所有权没有分离的基础上以外，还包括经营资本主要是自筹、经营活动范围有限等特征。

1995年，经济学家哈罗德·威特在区分了黄油、面粉、汽车以及玻璃容器制造业中的大企业与小企业之间的差异后指出，小企业具有如下特征：①主要依靠企业所在地的原材料供给；②具有较高的单位生产总成本；③只拥有一个工厂；④依赖大企业。经济史学家罗斯·罗伯逊认为，从相对的角度来定义“小企业”似乎是最好的，只要企业的主要投资者和主要经营者与企业的业务管理人员保持直接和稳定的联系，企业主与他的大部分雇员保持个人间的关系，这个企业就仍然是小企业。

美国经济发展委员会在20世纪80年代初给小企业所下的定义为，一个小企业必须符合以下四个特点中的至少两个：①独立经营管理，通常由企业主兼任经理；②个人或小集团提供资本并具有所有权；③企业主要在当地经营业务；④企业规模在本行业中相对较小。

我国对小微企业的研究起步时间相对较晚。在 2011 年以前，微型企业在我国还未正式确立身份，未纳入我国官方正式统计口径，但学界有关微型企业的研究已经展开，学者们纷纷提出了自己的观点。林汉川、魏中奇（2002）认为在对企业规模进行细分时，只需分出小型企业，无须再细分出特小型企业和微型企业等细类。但大多数学者赞同单独划分出小微企业，并提出了建议。史巧玉（2004）认为在对中小企业进行界定后，可进一步细分出微型企业，且强调了企业经营管理的独立性。蔡翔等（2005）提出界定微型企业应考虑的四个因素，并根据这四个因素将微型企业定义为“由贫困家庭拥有与经营的、员工不超过 7 人的企业”。许贤明、陈剑林（2006）认为微型企业是“雇工人数在 10 人以下、产权和经营权高度统一、自主经营、以家族式管理为主、在同行业中不占垄断地位的规模微小的企业”。蒋志兵等（2007）在前有理论的基础上，提出了类似定义。郑立成、张陆（2009）认为微型企业所有者不仅仅来源于贫困或失业人口，也来源于非贫困或选择性失业的人口。这些观点对小型企业和微型企业的划分主要考虑了员工人数、所有者创业动机和经营管理的独立性。杨春、蔡翔（2017）把微型企业界定为由贫困家庭或贫困者拥有与经营的、员工不超过 7 人的企业。至于其理由，一是我国微型企业大都处于劳动密集型行业，而且微型企业在解决就业中能够发挥重要作用；二是由于统计、会计等方面的原因，销售额、营业额、资产总额等难以准确确定，而且这些指标还容易受到人为调整和物价因素等的影响。三是定性指标强调了微型企业是“穷人的企业”的特点。

2011 年 6 月，我国发布了最新版本的《中小企业划型标准规定》，新规定在原先划分的中型、小型企业之外，增添了微型企业这一企业新类别。自此，微型在我国终于正式确立身份，纳入我国官方正式统计口径，微型企业也随之成为我国学界研究热点之一。同年 11 月，我国著名经济学家郎咸平教授开创性地将小型企业和微型企业合二为一，提出“小微企业”这一概念，同时也唤起了社会公众对曾经不起眼的经济组织的关注。至此，小微企业这一词语成为学术界讨论的热点。从国内外对小微企业概念确立的标准来看，可以发现小微企业概念存在如下特征：

第一，小微企业是一个相对性概念。小微企业是一个关于企业规模形态的相对概念。相对于大型、中型企业来说，小微企业是指生产、经营规模较小，或处于创业和成长阶段的企业，也包括那些规模在规定标准以下的法人企业和自然人企业。同时，小微企业也是一个不断发展的概念，不同国家有着不同的含义与衡量标准。即便同一国家，在不同的时期也有不同的标准。目前我国普遍认为小微企业是小型企业、微型企业、家庭作坊式企业、个体工商户的统称。①

首先，小微企业的概念具有空间相对性，表现在三个方面：①不同国家（地区），偏爱的定量标准可能不同。例如，巴西采用雇员人数标准，斯里兰卡则采用设备投资标准。而且，有的采用单一标准，有的采用复合标准。在复合标准的掌握上也有区别，有的要求同时符合两个或多个标准，有的只要求符合其中的一个标准，这是因为不同国家（地区）的政治、经济、文化等具体情况不同。②不同国家（地区）的同一标准，具体取值区间可能不同。这时因为在不同国家（地区），经济规模不同，劳动力、资本的丰缺情况各异。③在不同行业，标准或取值区间可能不同。例如，英国的制造业、建筑和采矿业采用雇员人数标准，而零售业则采用营业额标准；同为雇员人数标准，就取值区间而言，制造业为 0 至 200，建筑和采矿业为 1 至 25 人，这是因为不同行业的技术特征不同、要素构成各异。

其次，小微企业的概念具有时间的相对性。即使是同一国家（地区），同一行业，采用同一标准，在不同的经济发展阶段，取值区间也可能发生变化。例如，美国于 20 世纪 50 年代将制造业中的 250 人以下的企业界定为中小企业，现在则将上限提高到 500 人。无独有偶，印度的小企业标准也在不断演变。在 20 世纪 60 年代以前，印度把凡是资本在 50 万卢比以下的企业界定为小企业；从 70 年代初期到 1975 年 4 月，把这一指标提高到 75 万卢比；1975 年5 月则把固定资产投资额不超过 100 万卢比的企业和固定资产投资不超过 150 万卢比的附属企业均定义为小企业；1980 年 7 月又将小企业投资限额提高到 200 万卢比，把附属企业投资限额提高到 250 万卢比；1985 年又把固定资产投资不超过 350 万卢比的企业和固定资产不超过 450 万卢比的附属企业定义为小企业；1990 年 5 月把小型企业投资限额提高到 600 万卢比，附属企业投资限额提高到 750 万卢比，微型企业投资限额也从 20 万卢比提高到 50 万卢比。这是因为随着时间的推移，行业整体规模和结构也会发展变化。②

---

① 罗荷花，李明贤. 我国小微企业融资约束问题研究［M］. 北京：经济管理出版社，2016：21.

② 杨春，蔡翔. 小微企业的界定及划型标准研究［J］. 技术经济与管理研究，2016（5）：51.

最后，从本质上看，中小企业定量标准的相对性源于中小企业本身的相对性。所谓中小企业，指的就是相对于同行业中大型企业而言规模较小的企业。而且，中小企业会成长为大企业，大企业亦有可能衰退甚至故意分解为中小企业（如20世纪90年代西方许多大企业实行“瘦身计划”）。①

第二，小微企业是一个动态性概念。小微企业与大中企业可以相互转化。大型、中型、小型和微型企业的划分并非一成不变，而是时刻处于互相转化之中。在市场大潮中，若企业经营得法、创新经营思路理念，原为小微企业的，可以逐步成长为大中企业；反之不进则退，大中企业也有可能逐渐蜕变为小微企业。两次经济普查资料显示，在2008年第二次经济普查的全部32.7万个小微企业中，有3 761个企业按照2013年第三次经济普查结果可划分为大中企业；与此同时，在2008年9 000个大中企业中，有2 278个企业按2013年普查结果划型落为小微型企业。

考虑到小微企业的上述因素，我们在界定小微企业概念时需要遵循以下原则和方法：

（1）地域的差别性。不同国家和地区由于经济发展水平不一样，对企业规模的界定标准是不一样的，尤其是在雇佣人数或资产规模等定量指标的选取上。例如，欧美国家对小微企业划分的标准比较宽松，而亚洲各国或地区，尤其是韩国、日本等，对小微企业的划分标准比较严格。

（2）行业的差别性。由于资本有机构成不同，行业属性不同，不同行业所需的技术经济特征也各异，企业规模的界定标准也应该分别加以规定。例如，日本在企业规模划型方面选用一个具有参考价值的行业分类法，就很好地考虑了各种企业规模的不同行业差别性。日本把行业类别划分为机械制造业、批发业、零售业、服务业和高新技术业五种行业，然后再分别制定大、中、小和微型业的界定标准。小微企业多是分布在零售业、批发业、传统服务业、初加工业等劳动力密集型行业领域，这些企业平均从业人数肯定要比其他行业多，企业市场多服务于老百姓日常生活，多依赖于本地自然资源条件。因此，从这个角度看，小微企业规模界定标准也应与其行业属性具有一致性，即分不同行业来合理界定小微企业规模。例如，经济合作发展组织就明确指出，小微企业大多数从事劳动密集型的小作坊生产和小摊点服务。我国学者莫荣等也认为，微型企业多是“小作坊”“小店铺”和“小摊点”。

---

① 王德胜，余大胜. 基于成长视角的中小企业评价研究：五维度分层评价体系的构建［M］. 北京：经济科学出版社，2008：17-19.

（3）官方权威的明确性。一般而言，小微企业规模界定标准的严谨与否体现了一个国家政府对小微企业发展的重视程度。因此，重视发展小微企业的国家，都由政府部门制定出权威的小微企业标准，以保证国家支持政策的针对性、明确性。例如，美国政府早在1953年就制定了《小企业法》，并设立小企业管理局，在2000年美国国会通过的《微型企业自力更生法》中，美国首次明确界定微型企业为“由贫困人口拥有与经营，员工不超过10人的公司”。[①]学术研究在界定小微企业的概念时，必须考虑到官方对小微企业制定的标准。

综上所述，本书对小微企业概念的界定总体上采取了我国2017年确定的标准。但是为了研究的方便，本书兼顾了小微企业概念的学理性，把小微企业统称为企业营业收入、用工人数和资产规模较小，没有完全形成企业所有权与管理权、经营权分离的企业，包括小型企业、微型企业和个体工商户等。

第二节　小微企业成长环境的理论基础

一、企业成长理论

在经济学的研究中，企业成长问题的研究在很长时期内是被忽视的环节。即使在一些经济学家的观点中有所涉及，也只是经济学家们在研究价格、市场、成本时的附带产品。而在管理学领域，其研究的内容从本质上来讲，虽然都是围绕着企业的成长问题而展开，但是内容主要还是集中在管理职能的研究上。尽管企业战略研究对该问题涉及得较多，但是在研究内容与体系的侧重点上并未特别针对企业的成长。同时，由于企业成长是一个复杂的动态过程，影响因素很多，很难用一个简单的模型或者理论将这些因素囊括在一起，这也制约了人们对企业成长问题的研究。[②]但是随着经济理论研究的不断拓展，企业成长问题成为当前经济管理界关注和研究的重要内容，形成了诸多企业成长理论，但总体而言，迄今为止国内对于企业成长问题的研究还处于起步阶段，并没有形成一个统一的理论体系。越来越多的学者认为企业成长理论仍处在理论研究的“丛林”时代，而相当一部分国内企业可以说正处于成长的烦恼阶段。

（一）企业成长的劳动分工理论

许多学者认为，企业成长思想理论最早可以追溯到古典经济学家亚当·斯密。

① 杨春，蔡翔．小微企业的界定及划型标准研究［J］．技术经济与管理研究，2016（5）：51.

② 袁红林．小企业成长研究［M］．北京：中国财政经济出版社，2004：25-26.

在他的经济学巨著《国富论》中，第一章开篇第一句写道：“劳动生产力上最大的增进，以及运用劳动时所表现的更大的熟练技巧和判断力，似乎都是分工的结果。”他认为，作为一种分工的组织方式，企业存在的理由就是通过分工降低生产成本，以获取规模经济的利益，分工扩大导致市场规模的不断扩张，市场规模的扩张反过来又促进分工的进一步深化，分工的深化又给企业成长创造了更好的机会，因此分工与企业的成长是正相关的。由于专业化和分工协作所带来的报酬递增现象，是市场中一只看不见的手的作用，使企业的形成及扩张变得可能，同时使国民的财富实现增长。分工的规模经济利益是企业成长的主要诱因：企业中生产作业的分工和专业化提高了劳动生产效率，同时也促进了企业生产规模的扩大，而这又进一步深化了企业的分工协作，如此循环往复，最后通过企业规模经济的获得实现了企业的成长。

自亚当·斯密后，约翰·穆勒和艾尔弗雷德·马歇尔等古典经济学家对企业成长思想进行了进一步的研究。约翰·穆勒的企业成长理论主要集中于对于企业的规模和成长的探讨，他认为正是由于规模经济对资本的需要和企业规模经济所产生的作用，才出现了大企业代替小企业的企业成长趋势，其企业成长理论就是企业的规模经济理论。马歇尔在秉承斯密规模经济决定企业成长观点的同时，将生物学的理念引入企业成长的研究中，他在《经济学原理》（第2版）中用森林中树木的生长规律来阐述企业成长的原理，指出企业的成长是一个适者生存、自然淘汰的过程，他描述的是在纯粹竞争的市场条件下企业成长的规律。

虽然古典经济学家从分工理论等方面为企业成长问题提供了思路，但是并没有对企业成长做专门的思考。因此，严格来说，在新古典经济学中不存在独立的企业成长理论。在新古典经济学家的研究中，企业只是一个生产函数，企业的内部结构和运行规则是一个“黑箱”，企业也只是一个投入产出的转换器，在“黑箱”内部，一切都会顺利地运转。企业作为生产的最基本的单位，被假定在市场、成本、技术的约束条件下追求利润的最大化，企业成长的过程就是追求自身规模优化的过程。

（二）企业成长的规模经济理论

许多古典及新古典经济学家认为，企业成长的主要理由是企业为了追求规模经济。在20世纪全球范围内发生了几次企业兼并浪潮，经济学家们通常用“对规模经济的追求”来解释兼并浪潮发生的动因。企业成长必然涉及规模的问题，必然要考虑规模的决策问题。

从经济学说史的角度看，亚当·斯密是规模经济理论的创始人。亚当·斯密认为劳动分工是扩大生产的基础，它为技术改进以及大规模生产提供了途径，而劳动分工又以一定规模的批量生产为前提。因此，斯密的理论可以说是规模经济的一种古典解释。

真正意义的规模经济理论起源于美国，它揭示的是大批量生产的经济性规模. 典型代表人物有阿尔弗雷德·马歇尔（Alfred Marshal1），张伯伦（Chamberin），罗宾逊（Joan Robinson）和贝恩（Bain）等。马歇尔在《经济学原理》一书中提出：“大规模生产的利益在工业上表现得最为清楚。大工厂的利益在于：专门机构的使用与改革、采购与销售、专门技术和经营管理工作的进一步划分。”马歇尔还论述了规模经济形成的两种途径，即依赖于个别企业对资源的充分有效利用、组织和经营效率的提高而形成的“内部规模经济”和依赖于多个企业之间因合理的分工与联合、合理的地区布局等所形成的“外部规模经济”。他进一步研究了规模经济报酬的变化规律，即随着生产规模的不断扩大，规模报酬将依次经过规模报酬递增、规模报酬不变和规模报酬递减三个阶段。

美国哈佛大学教授哈维·莱宾斯坦（Harvey Leibenstein）进行了深入探讨，并提出了“X 非效率”。他认为，大企业特别是垄断性大企业，面临的外部市场竞争压力小，内部组织层次多，机构庞大，关系复杂，企业制度安排往往出现内在的弊端，使企业费用最小化和利润最大化的经营目标难以实现，从而导致企业内部资源配置效率降低，这就形成了所谓的“大企业病”。“X 非效率”所带来的“大企业病”，正是企业发展规模经济的内在制约。

马克思也是规模经济理论的重要支持者。马克思认为，社会劳动生产力的发展必须以大规模的生产与协作为前提。他认为，大规模生产是提高劳动生产率的有效途径，是近代工业发展的必由之路，在此基础上，才能组织劳动的分工和结合，才能使生产资料由于大规模积聚而得到节约，才能产生那些按其物质属性来说适于共同使用的劳动资料，如机器体系等，才能使巨大的自然力为生产服务，才能使生产过程变为科学在工艺上的应用。马克思还指出，生产规模的扩大，主要是为了实现以下目标：①产、供、销的联合与资本的扩张；②降低生产成本。显然，马克思的理论与马歇尔关于“外部规模经济”和“内部规模经济”的论述具有异曲同工的效果。

规模经济理论说明，企业的规模并非越大越好，而是有一个规模的范围，企业没有在这个范围内生产经营，必然不利于企业的竞争、盈利与投资效益。企业规模与效益之间存在着密切的相关性，规模选择失当，就会影响企业生产经营收益，以致无法实现企业投资收益的要求。因此，企业在投资生产经营规模的决策过程中，必须充分考虑规模经济理论的要求，选择合适的企业生产经营规模，以求得最大经济效益，并且能够相应地获得竞争力。①

（三）企业成长的创新理论

创新是企业成长的重要推动力量。社会在发展变化，企业的生存环境也随着变化。不变是暂时的、相对的，只有变化才是永恒的、绝对的。在日新月异的今天，企业的外部环境变得越来越不可捉摸，为了适应环境的变化，特别是企业竞争环境的急剧变化，企业不得不拿起“创新”这个有效的竞争工具，以求实现企业长久的生存和盈利。

1912 年，美国经济学家熊彼特出版了著名的《经济发展理论》一书，在该书中他提出，经济增长的最重要动力和最根本的源泉在于企业的创新活动，创新在经济发展过程中具有重大的作用。虽然熊彼特提出创新理论时，针对的是宏观经济的发展，但理论本身对企业成长有很大的指导意义。

熊彼特把创新定义为一种生产函数的转移，或是一种生产要素与生产条件的重新组合，其目的就在于获取潜在的超额利润。他把创新概括为以下五种形式：①生产新的产品；②引入新的生产方法、新的工艺过程；③开辟新的市场；④开拓并利用新的原材料或半制成品的供给来源；⑤采用新的组织方法。第一、二项可以归为现在所说的技术创新，第三、四项可归为市场创新，第五项归为管理创新。

学术界在熊彼特创新理论的基础上开展了进一步的研究，使创新的经济学研究日益精细和专门化，仅创新模型就先后出现了许多种，其代表性的模型有：技术推动模型、需求拉动模型、相互作用模型、整合模型、系统整合网络模型等，构建起技术创新、机制创新、创新双螺旋等理论体系，形成关于创新理论的经济学理解。

技术创新是企业创新的主要实现方式，是改善产品结构和提高产品附加值、保证企业可持续发展的根本途径，也是清除市场成熟化、替代化和发展新产业的有效途径，同时技术创新还能提高企业的竞争实力，在激烈的国际市场竞争中立于不败之地。在世界范围内，任何企业，包括那些年销售上千亿美元的跨国公司和握有最新技术成果的高技术企业，它们的命运总是与技术创新联系在一起。

市场创新主要通过市场领域的开拓创新和营销手段的创新，来实现企业所生产的产品或提供的服务的市场价值。市场是企业利润的实现场地，市场创新

---

① 刘彪文. 企业成长论［M］. 北京：线装书局，2010：14-15.

成为企业创新的归宿。

管理创新主要通过创造新的更有效的资源整合范式来达到提升管理水平的目的，它是企业创新的主导方面。管理创新主要包括提出一种经营思路并加以实施、创设一个新的组织机构并使之有效运转、提出一个新的管理方式、设计一种新的管理模式、进行一项制度的创新等方面。

（四）彭罗斯的企业成长理论

约翰·霍普金斯大学教授彭罗斯在1959年出版了一本专著《企业成长理论》，他因此被认为是现代企业成长理论的奠基者。其主要贡献在于修正了传统经济学研究企业的视角和方法，在企业成长经济学中融入了现代经营学的理论，即从企业资源有效利用的角度，提出了企业如何实现快速增长和提高增长质量的企业成长论。此外，传统经济学认为企业处于不同状态就具有不同的优势，而企业成长论认为，企业从某一状态向另一状态的变动本身就可能蕴涵着优势，这一研究思想是对传统经济学执着于企业成长的静态规模经济问题的超越。

彭罗斯认为，企业内在因素决定企业成长，企业是在特定管理框架之内的一组资源的组合，企业成长是其有效地协调其资源和管理职能的结果。彭罗斯认为，企业首先是一个管理型组织，企业主根据整体利益，制定企业政策，并用于企业内部各项活动的协调；其次，企业还是一个生产性资源的结合体，企业主通过决策来决定在何时及如何利用这些资源。

彭罗斯把企业视为一种有意识地利用各种资源获利的组织过程。她认为生产性资源（包括物质资源和人）是任何企业必不可少的，但对企业至关重要的并不是这些要素本身，而是对它们的利用，亦即生产性服务。作为一种“功能”，或“行动”，或“服务”，而非“资源”，才是每个企业独特性的根源。彭罗斯认为，生产性服务分为“企业家服务”和“管理服务”两个部分。前者用来发现和利用机会，后者用来完善和实施扩张计划。它们都是企业成长不可或缺的。不过，相比之下，企业家服务对企业成长的动机和方向的影响更深远，而且，企业家服务是企业持续成长的必要条件。①

彭罗斯指出，限制企业成长的因素主要有三方面，即管理竞争力、产品或要素市场以及风险与外部条件的结合。她认为，企业成长一方面“与其特定群体的人的意图有关”，另一方面又取决于企业内部存在部分未被充分利用的生产性服务，也就是企业成长的内部因素尚未得到足够的重视。真正限制企业

---

① 彭罗斯. 企业成长理论［M］. 赵晓，译. 上海：上海人民出版社，2007.

扩张的因素来自企业内部，受制于企业的管理服务。管理服务的实践可以产生新的知识，而知识的增加又会导致管理力量的增长，从而推动企业的成长。

（五）德鲁克的企业经营成长理论

德鲁克指出，企业对成长机会的把握取决于内部的成长准备。企业成长能力的关键在于本身有成长潜力的人为组织上。企业管理阶层不能只抱着对成长的希望和承诺，必须有一个切实合理的目标和一套相应的成长战略。他认为，一家企业所能成长的程度完全由其员工所能成长的程度决定。而经营成长的控制性因素是企业最高管理层。经营成长是企业最高管理层所面临的挑战性任务，需要其进行谋划和组织。因此，最高管理层必须从思想到行动做好不断改变的准备，尤其重要的是不断保持和加强企业的创业精神与创新精神。实行有效的创业管理是企业在急剧变革的时代中生存发展的先决条件。①

德鲁克认为，企业成长和员工成长是一致的，更强调企业与人的和谐一致、协调发展，这是企业成长理论的较高境界。在员工中，中高层管理者具有至关重要的作用，在某种程度上可以说其决定了企业的成长方向和成长速度。

（六）企业成长因素论

企业成长的理论和观点实际上集中在一个问题上，即什么因素影响并决定了企业的成长。这方面的研究成果构成了企业成长理论研究的一个重要流派。许多学者提出了各自的观点，并开展了实证研究工作予以验证，取得了一些很有价值的成果。

美国学者伊恩·蔡斯顿与特瑞·曼格尔斯在 1997 年提出，影响和决定企业成长的是一系列能力，包括识别市场缝隙的能力、开发商业计划的能力、针对市场缝隙提供优质产品和服务的能力、融资的能力、新产品开发和管理的能力、有效的人力资源管理能力、质量管理能力以及改进员工劳动生产率、信息技术和控制系统的开发运用能力等。

1985 年，约翰·吉尔出版了《影响企业生存与发展的因素》一书，对以往众多研究成果进行了归纳，提出了影响企业生存与发展的主要因素：①业主有 5 年以上的经验特别是财务管理经验，这对企业的生存与发展十分有益；②资金不足是导致企业失败的最主要原因；③市场营销经验和技能不足是导致企业失败的主要因素；④在推动企业成长的诸多因素中，发现、识别及把握机会的能力最重要；⑤企业成长的前提是内部效率的提升，没有特色的企业是危险的；⑥企业一旦开始成长，便极有可能丧失对问题的快速反应能力、控制能

① 刘彪文. 企业成长论［M］. 北京：线装书局，2010：32-33.

力、快速准确提供服务的能力等优势；⑦企业成长要经历不同阶段，不同阶段往往面临不同问题，如果企业不能很好地解决这些问题，那么就无法继续经营；⑧企业成长不是一个自动的过程，没有计划和控制的成长不如不成长；⑨企业成长的制约条件（力量）首先是管理能力；⑩成长阶段理论把企业成长看成系统性很强且具有高度可预测性的过程；社会学的观点把企业看成是一个社会组织，受业主的影响很大；⑪企业成长的一个难点在于业主如何从一个“手艺人”转向“职业管理者”；⑫人们创业的主要动力是个人独立、成就感、管理别人和挣钱；⑬在企业成长理论中，对企业家的非特质因素关心不够、研究不足；⑭企业家的成功与创业和经营经验有关；⑮创业之初的5年对企业来说十分关键，也非常艰难；⑯大部分企业忽视外界支持系统的服务，也不主动去寻找；⑰度过生存期的企业，容易出现三大失误，即过度贸易、过度借贷和投资于野心过于庞大的项目；⑱低成本或多样化特色更容易获得成功；⑲如果企业主具有很好的管理经验或背景，尤其是具有专业学位或证书的背景，那么企业往往表现出更快的成长速度。

英国学者大卫·斯托里从企业家、企业和战略三个方面探讨了影响企业成长的因素。他认为，只有当这三方面因素共同发挥作用时，也就是当它们恰当地结合在一起时，企业才能实现快速成长；而当其中某类因素不起作用或配合不佳时，企业成长就会很慢，甚至不成长或衰退。影响企业成长的企业家方面因素主要包括企业家动机、失业、教育、管理经验、企业创办者人数、曾经独立开业、家史、社会边缘性、专业技能培训、年龄、培训、早先经营失败、前期从业经历、以前所在企业规模、性别等。影响企业成长的企业方面的因素主要包括创办年限、产业部门、法定形式、布局、规模、所有权等。影响企业成长的战略方面因素主要包括员工培训、管理培训、外部资产、技术精密性、市场定位、市场调整、计划、产品、管理力量补充、国家支持、顾客集中度等。①

二、企业生命周期理论

所谓企业生命周期，是指企业也像人一样，有着诞生、成长、成熟和衰亡的过程。早在20世纪50年代末，就已有学者认识到企业与生命体之间的可类比性，并由此提出了企业生命周期理论。任何一个系统——无论是呼吸的还是不呼吸的——都有生命周期。我们知道，有生命的有机体——植物、动物和人

---

① 刘彪文. 企业成长论［M］. 北京：线装书局，2010：35-37.

类——都会出生、长大、衰老和死亡，其实组织也一样。当它们沿着其生命周期的轨迹发生变化的时候，系统遵从的是一种可预知的行为模式。在每一个阶段，这些系统都表现出某种挣扎——某种困难或暂时的问题——而必须将它们加以克服。有些时候系统无法成功地解决自己的问题，这就需要外部力量的干预，借助外部能量把系统从自己的困境中解脱出来。① 在此之后，众多学者又对企业生命周期理论进行了广泛的研究。企业生命周期理论于 20 世纪七八十年代达到繁荣，90 年代末至今又出现了新的研究热潮。迄今为止，已有 20 余种生命周期理论问世。

最早提出企业生命周期理论概念的是 Mason Haire。他在 1959 年指出可用生物学中的“生命周期”观点来认识企业，即把企业看作一个有生命的机体，认为企业也存在着从诞生到成长发育，最后衰退直至死亡的生命过程。企业由初生、成长、成熟、衰退直至死亡的过程就称为企业生命周期。此后，美国学者 J. W. 戈登尼尔（Gardner）于 1965 年以“怎样预防组织的停滞和衰老”为题，系统地讨论了组织生命力与生命周期的问题。他认为，与人类或者植物不相同的是，一个组织的生命周期是不可粗略预测的，一个组织在经历了衰退之后仍有再次恢复成长或成熟的可能性。戈登尼尔承认企业有生命周期的问题，但它和生物界的生命周期问题是不同的和有区别的。戈登尼尔提出了一系列组织更新强化的法则和具体实施的方法，这些方法有：聘请外部咨询顾问；鼓励内部批评；向关键岗位输送新鲜血液；安排职工在不同部门间轮换工作。从而，戈登尼尔得到了企业生命周期理论的早期理论。在他们之后，国外众多学者便开始从企业生命周期不同阶段的特征和其相应的管理方法两个方面进行了广泛而深入的探讨。②

企业生命周期理论把企业的成长发展看作一种有若干阶段的过程，研究该过程中各个阶段的特征与问题。企业生命周期理论的渊源有两个，即系统理论和权变理论。企业生命周期理论首先把企业看成是一个系统，其兴衰不是单一因素造成的，而是系统内外各种因素共同作用的结果。同时，企业系统在不同时期有不同的特征和问题，需要权变地选择解决问题的方法与战略。企业的生命周期遵循大致相同的规律，不同生命周期阶段有不同的特征和问题，这也正是企业生命周期理论的核心思想。

企业生命周期阶段划分是企业生命周期理论研究的基石。到目前为止，在

---

① 爱迪思. 企业生命周期 [M]. 赵睿，译. 北京：华夏出版社，2003：11.

② 曹裕. 复杂环境下我国企业财务困境模式及预警研究：基于企业生命周期的视角 [M]. 北京：清华大学出版社，2015：84.

国际学术界已经有20余种生命周期阶段划分模型出现，具体见表1.5（企业生命周期阶段划分表）。企业生命周期理论认为企业和生命体一样，其成长过程中要经历很多个阶段，每个阶段有其独特的阶段特征，因而可以结合企业特征实现企业生命周期阶段的划分。已有的企业生命周期阶段划分方法站在不同的角度，采用了不同的相关术语，而且他们所划分的生命周期阶段的数目也有所区别。

表1.5　企业生命周期阶段划分表

研究者	年度	所有术语	周期阶段数目	阶段划分的角度
McGuire	1963	成长阶段	5	经济增长阶段模型
Downs，Lippitt	1967	发展阶段	3	组织结构复杂程度
Steinmetz	1969	成长阶段	4	所有者对企业的控制方式
Scott	1971	成长阶段	3	组织结构复杂程度
Greiner	1972	成长阶段	5	管理风格
Galbraith	1982	生命周期阶段	5	针对高技术企业
Oumn，Cameron	1983	生命周期发展阶段	4	管理风格、组织结构
Churchill，Lewis	1983	发展阶段	5	管理风格、组织结构、运营系统、战略、业主与企业
Smith，Mitchell，Summer	1985	生命周期阶段	3	企业规模
Kazanjian	1988	成长阶段	4	产品或技术的生命周期
Timmons	1990	成长阶段	4	销售收入、企业年龄
Adizes	1989	生命周期阶段	10	实现企业目标（F）、行政（A）、创新精神（E）、整合（I）
Flamholt	1986	成长阶段	7	企业规模（以销售额计）
Rowe等	1994	生命周期阶段	5	组织规模、管理风格

资料来源：①风进，韦小柯．西方企业生命周期模型比较［J］．商业研究，2003（7）．②沈运红，王恒山．生命周期理论与科技型中小企业动态发展策略选择［J］．科学学与科学技术管理，2005（11）．③曹裕．复杂环境下我国企业财务困境模式及预警研究：基于企业生命周期的视角［M］．北京：清华大学出版社，2015：85.

企业和人一样都希望自己能健康成长、延长寿命、有所作为，而不希望中途夭折、早衰、碌碌无为，但是企业与人两者之间还是存在诸多差异。企业组织由于没有类似人的生理因素的限制，因而从理论上说可以无限延长，但是现实告诉我们，历史上长寿的公司是非常罕见的。诺贝尔经济学奖获得者萨缪尔逊曾说，大多数中小企业是今日开业明日关门，其平均寿命仅为6年。世界上历史最悠久的医药及化学公司，最大的普药生产商，总部位于德国达姆斯塔特市的默克公司创建于1668年，距今已有335年历史，现在是世界500强企业之一。瑞士的劳力士公司和美国的杜邦公司年龄都超过200岁。但从总体上说，世界上企业的平均生命周期都不长，企业组织整体上呈现出高死亡、短寿命的态势。所以现代社会中只有少量的企业组织历史比较悠久，大部分企业组织还很年轻。

关于企业生命周期阶段划分方法，国内外学术界对此还未能达成一致的意见和做法。美国管理学家爱迪思认为企业的生命周期包括三个阶段十个时期：第一个阶段为成长阶段，包括孕育期、婴儿期、学步期、青春期；第二个阶段为成熟阶段，包括盛年期、稳定期；第三个阶段为老化阶段，包括贵族期、官僚化早期、官僚期、死亡期。每个阶段都具有其鲜明的成长特点。①

国内学者大多通过建立相对复杂的数学方法来实现对企业生命周期阶段的划分，比如，范从来、赵蒲等学者采用销售收入增长率的指标来判定行业生命周期。但总的来说，学者们普遍认为企业的发展过程包括初创期、成长期、成熟期和衰退期等几个阶段，并且这几个阶段会表现出不同的特征。然而，作为一个演进的组织，企业的发展处于一个动态的复杂环境下，时刻要受到内部和外部环境的影响，因而企业不一定会按照预定的企业生命周期路径发展下去，甚至会在某个阶段突然死亡。当然，企业的死亡并非不可避免，比如，企业衰退后可能会通过蜕变而进入新一轮的生命周期。

目前对生命周期阶段的划分存在多种形式，其中较为通用的形式为根据组织演化规律，将企业成长过程划分为初创期、成长期、成熟期、衰退期四个阶段，并在抛物线模型基础上对企业生命周期进行描述。下面依此四个阶段，分别对企业生命周期各阶段特征进行具体分析。

（一）企业初创期

初创期是企业刚设立的时期，一般为新成立后的两年内，包含了爱迪思所说的孕育期和婴儿期。初创期的企业大多属于中小企业，产品结构比较单一，生产规模较小，市场占有率不仅分散而且容易变动。同时加之企业设立时间

---

① 张勇．现代企业生命力：现代企业生命周期论［M］．北京：机械工业出版社，2006：7.

短，缺少市场知名度，销售收入也偏低。公司治理上企业领导人需要承担管理企业的所有重大责任，通常也是采取相对集权型的管理方式。

初创期企业的生命力取决于社会对其产品和服务的需要以及初创期企业是否能够满足社会需要的能力。而初创期企业对社会需要的满足取决于其对社会需要的认知能力和对资源的筹划和安排能力。通常来说，初创期企业是在环境中出现好的盈利机会和生产条件下出现的，往往建立在一项或几项新技术的应用或者新的市场细分的基础上。由于先天的原因，初创期企业对环境变化非常敏感。在初创期，企业由于缺乏对生产经营活动以及外部环境的相关知识和经验，从而存在着非常高的创业风险。同时在多种不确定风险因素的作用下，企业找到符合自身特点的业务也比较困难，不好准确地进行市场定位，企业自身的决策和实践更多地依赖于不断试错、然后纠正的过程，这样使得企业会走很多弯路，大幅增加了企业的交易成本。若是出现较大的决策失误或者外部环境的迅速恶化，初创期的企业的夭折时有发生。

企业在初创阶段由于企业规模小，管理人员职责不清，管理制度没有走上正轨，没有一套较为完整的管理制度，企业会因管理上的失误而带来风险。最后，由于初创期企业的偿债能力很弱，而且资产抵押能力有限，大多缺乏信用和担保支持，因此很难获得信贷支持。而创业期企业要求较多前期投入，因而此时企业面临着现金流严重缺乏的问题，很容易导致企业陷入财务困境。经营能力差、缺乏管理经验以及资本不足给初创期企业生存带来严重困难。因此，初创期企业的基本目标是生存。

（二）企业成长期

企业在度过了创业阶段的困难时期过后，其各项业务开始出现高速增长的态势，这时企业就开始进入成长期。成长期的企业有形资源方面已经初具规模，人力资源、技术和市场知名度等无形资源也在迅速增加。此时企业的产品或服务已经打入市场，在目标市场上形成了一定的知名度，从而企业的产品或服务的销售数量也呈现逐步上升的趋势。销售收入的提高使得企业经营活动的现金流增加，从而进一步提高了企业的扩张实力。同时单位产品的成本由于生产规模的增加也逐渐降低，盈利能力提高，使得经营风险和财务风险也逐渐降低。伴随着企业规模的增长，企业对资金规模的需求也开始扩大，但是此时企业的融资能力也不断增强，企业不但可以通过债务融资，甚至也可以通过上市来进行权益融资。由于处于成长期，企业规模的扩大和高度复杂的生产运作对企业计划的要求不断提高，企业开始需要建立相应的规章制度来维持组织结构和企业运行的稳定性，从而使得组织结构和生产运作过程开始规范化、职能化与专业化。

（三）企业成熟期

企业经过一段时间的成长和扩张，其销售增长率与利润增长率达到某一点后趋向平稳，进入成熟期。这是企业走向衰落或得到新生的过渡期。在成熟期，企业拥有一定的市场地位、先进的管理理念、成熟的生产技术和相对稳定的客户群，企业人力资源充足，研发能力很强。企业的几种重点产品成功地占据了市场，甚至获取了优势地位，市场份额相对稳定，企业形象得以树立。企业生产规模得以扩大，盈利水平达到高峰。同时，成熟期阶段的企业筹措资本的能力很强，融资呈现多元化的特征，既可以获得银行贷款，也可以通过股票、债券、票据等形式筹集到庞大的资本。因此，成熟期企业的资本结构一般都比较合理，现金流转顺畅。另外，由于企业在市场中已经取得了比较稳固的地位，产品成本下降到较低水平，开始进入回报期。因此，出现正的经营性现金流是成熟期企业一个显著的财务特征。

成熟期企业的规章制度已经逐渐成熟，随着企业逐步成立各种职能部门，组织结构也逐渐稳固下来，企业的制度化工作逐步步入正轨。然而随着企业规模的扩大和管理层级的增多，成熟期企业在管理上可能逐渐出现官僚主义的作风，表现出大企业病的特征。

（四）企业衰退期

使得企业进入衰退期的原因有很多，例如，企业某个关键人物诸如创业者的离开；生产的技术或者工艺落后而失去了竞争优势；生产的产品或提供的服务的市场消亡；企业自身组织结构的僵化或老化，诸如官僚主义、本位主义泛滥，缺乏创新的精神动力；面对急剧变化的外部环境缺乏及时的应变能力等。具体来看，随着企业经营环境的变化和顾客需求的变化，衰退期企业面临着其产品市场的严重萎缩，利润空间越来越稀薄。处于这个阶段，企业常常也缺乏能力更新设备和创新产品，从而导致企业技术落后、产品过时、生产量少，效益低、产品同质化严重、产品供大于求。此时价格战的开展使得企业盈利能力下降，削弱企业的累积能力。企业经营绩效迅速下降，在市场的表现为市场份额下降、销售锐减、费用紧张。企业经营绩效的下降导致股价下跌，使得采用发行股票等直接融资方式变得更为困难，银行对衰退期企业的信贷也不断紧缩，企业筹资能力持续降低，导致企业的财务状况开始恶化。若企业想进入新的业务领域，则会面临新业务要求的大规模的投资、资源转移等，这使得企业竞争力更弱，财务风险加剧。在企业衰退阶段，企业思想日益僵化，创新意识严重缺乏。企业在这个阶段管理效率日益低下，人心不稳，企业的优秀员工容易被竞争对手挖走，企业员工懒散、责任心不强，企业制度繁多却行之无效，企业应对风险的抵抗能力下降。这个阶段管理者创新意识淡薄，盲目投资行为致使企业资金链断裂。而债权人对债权的、管理层对自身利益的追逐，加速了企业的破产。

从外部环境看，市场需求的变化或竞争的加剧给企业带来了许多威胁，企业容易被行业淘汰。衰退阶段的企业不像成长与成熟阶段的企业有很强的生命力，在宏观经济环境、技术因素的变化下，衰退阶段的企业不能做出及时的反应，适应外部环境的能力下降。

衰退期企业资本虽多但资本负债率高，生产规模虽大但包袱沉重，产品品种虽多但前途暗淡，规章制度虽多但组织矛盾突出，企业形象虽在但已成明日黄花。衰退期企业应该通过产业重组和管理创新来避免企业终结。①

三、企业环境理论

迄今为止，国内外的学者普遍认为，20 世纪初便产生了管理理论。20 世纪 20 年代末 30 年代初，由于资本主义世界经历了空前大危机，传统的经济学和管理学理论已难以解释现实经济和企业发展的问题，环境对企业的影响已有明显而突出的表现。可能是受这种环境变化的影响，1938 年，巴纳德出版了《经理人员的职能》一书，虽然该著作的核心内容仍是研究企业组织内部的管理问题，研究企业组织的协作系统和正式组织中经理人员的职能和工作方法，但其中对企业环境问题提出了一系列的基本理论观点，因而是这一阶段中关于企业环境理论研究的具有奠基性意义的著作。20 世纪 60 年代，随着开放系统理论和权变理论的提出，产生了企业环境理论。也就是说，企业环境理论是在系统理论和权变理论的基础上产生和发展起来的。1961 年和 1980 年，哈罗德·孔茨（Harold Koontz）先后发表了《管理理论的丛林》（1961）和《再论管理理论的丛林》（1980）两篇著名的论文，提出自 20 世纪 60 年代初以来，产生了众多的管理理论学派，形成了管理理论的丛林。同样，在这一时期，关于企业环境理论的研究也如雨后春笋般地发展起来，形成了“理论丛林”。20 世纪 60 年代初到 90 年代初这一阶段，不同学者从不同的学科背景出发，在不同的研究层次上，从不同的研究角度，对各自关注的不同核心问题做出了丰富多彩的解释，形成了众多的企业环境理论学派。如权变理论、战略选择理论、种群生

---

① 曹裕. 复杂环境下我国企业财务困境模式及预警研究：基于企业生命周期的视角［M］. 北京：清华大学出版社，2015：86-89.

态学、资源依赖学派、商业生态系统理论、新制度理论等。

（一）权变理论

权变理论是关于组织的管理方式和行为与特定环境相适应的理论。权变理论研究的核心问题是组织与其所在环境之间保持一致性，强调组织环境与任务变量的权变研究。以汤姆·伯恩斯（Tom Burns）和G. M. 斯托克（G. M. Stalker）、保罗·劳伦斯（Paul R. Lawrence）和杰伊·洛尔施（Jay W. Lorsch）、弗里蒙特·卡斯特（Fremont E. Kast）和詹姆斯·罗森茨韦克（James E. Rosenzweig）等为代表的权变理论学派，不同意传统的行政管理理论家试图寻求一种在任何时空都普遍适宜的组织原则的研究思路，认为不存在最佳的组织方式。最佳的组织方式有赖于组织环境的特质。因此，如伯恩斯和斯托克，通过对英联邦20个工业企业的考察，研究了这些企业管理实践的模式与外在环境的特定方面的联系，得出了两种不同的管理实践体系的结论：一是在环境相对稳定的条件下，更适宜“机械的”组织形式，即集权化、规范化、垂直的组织结构；二是在不确定性的环境中，则适宜“有机的”组织形式，即分权式的、灵活的组织结构。

1967年，劳伦斯和洛尔施出版了《组织和环境》一书，奠定了权变理论的基础。在该书中作者提出，目前大部分的研究成果与思想都是从对大型组织不同部分的研究中得来的，并通常暗示：一种情形中得出的成果可应用于其他所有处境，而且大部分组织研究都把注意力放在所有处境下组织管理的单一最佳方法上，经常把这些研究成果一般化地推广到所有组织。他们认为，困难在于，在一种经济与科技条件下为有效完成一个任务所需的组织要求可能与在不同环境中为完成其他任务所要求的不一样。对一个有效销售单位的组织要求可能与对一个有效生产单位的要求大相径庭。在一个稳定的市场中向少数客户销售标准化产品的企业所要求的组织形式与模式可能和一个在更动态的市场中生产高度复杂科技产品的公司所要求的相去甚远。该书的出版，标志着组织行为领域研究范式基本转变时代的产生。在此之前，该领域主要是研究什么是管理和组织的单一最好的方法，而该项研究成果，将基本问题转为何种管理风格与组织形式最适宜某种特定处境，或者说，焦点问题是如何使组织与其所在环境相符。

1970年，卡斯特和罗森茨韦克出版了《组织与管理：系统方法与权变方法》一书，进一步发展了权变理论。该书作者认为，组织是一个开放系统，是环境的分系统。由于社会变得越来越复杂，动态性越来越大，组织就需要对环境力量给予更多的注意。传统理论把组织作为一个封闭系统来研究，只集中注意它的内部作业，不考虑其环境的影响，这样比较简单，但这会导致错误的结论。因此，作者运用系统和权变的方法，在界定了环境与组织的基础上，对“环境超系统”和组织内部各子系统的关系进行了多视角、多层面的探讨，并将环境区分为“一般环境”和“具体工作环境”，建立了组织与环境关系的一般理论模型。①

（二）新制度理论

与其他的一些组织环境理论学派一样，新制度理论是在20世纪70年代才迅速发展起来，其最具代表性的人物是梅耶（Meyer）和罗文（Rowan）、迪玛奇奥（Dimaggio）和鲍威尔（Powell）。前者是新制度理论的奠基者、开创者，后者则对新制度理论进行了进一步的深化与发展。梅耶和罗文于1977年在《美国社会学杂志》发表了《制度化的组织：作为神话和仪式的正式结构》一文，开创了组织社会学领域中的新制度主义学派。

新制度主义学派的中心命题是强调合法性机制在组织结构内部以及在组织与制度环境互动中的重要作用。长期以来，效率机制的解释逻辑在组织领域中盛行，即认为观察到的组织现象是组织追求效率的结果。经济学中的效率机制与社会学中的功能主义在这一问题上十分相近。但是，梅耶和罗文的文章提出了与效率机制迥然不同的合法性机制，认为组织不仅追求适应所处的技术环境，而且受制于制度环境；许多组织制度和组织行为不是为效率所驱使，而是源于各种组织在当代社会中追求合法性以求生存发展的需要；而合法性机制常常导致了“制度化的组织”以及组织趋同性（即不同任务、技术的组织采纳相同组织制度和做法的趋势）。这些基本理论命题在组织研究领域产生了广泛的影响，成为指导研究的主题之一。②

新制度理论从制度环境的视角，研究组织与环境的关系，认为组织面对两种环境：技术环境和制度环境。两种环境对组织的要求是不同的，甚至是相互冲突的。前者强调效率机制，后者要求“合法性”机制。“合法性机制是指那些诱使或迫使组织采纳具有合法性的组织结构和行为的观念力量”，它不仅指法律制度，而且包括文化期待、社会规范、观念制度等为人们“广为接受”的“社会事实”。

过去组织理论的研究一般只关注技术环境，如权变理论认为要想提高组织的有效性，组织应根据经济、技术、市场等环境的不同而选择不同的组织形

---

① 赵锡斌. 企业环境分析与调适：理论与方法［M］. 北京：中国社会科学出版社，2007：34-36.

② 张永宏. 组织社会学的新制度主义学派［M］. 上海：上海人民出版社，2007：4-5.

式，即环境产生组织差异性。但梅耶的研究发现了与此相反的现象：组织的同构或趋同性。不同的组织有着类似的组织机构、内部制度和做法。而且，组织制定的很多规章制度与组织的内部运作毫无关系。产生这种现象的原因是社会构建的观念体系和规范制度对组织产生了巨大的影响，组织不得不接受制度环境中所构建的合法性的形式与做法，以提高组织的社会认同度（或被“广为接受”的能力）和生存的能力。因此，组织对环境的关注，不能只注重技术环境，或者只满足效率的要求，还必须考虑制度环境，满足“合法性”的要求。那么，如何应对可能相互矛盾的效率机制和合法性机制的要求？梅耶提出的一个重要对策是把组织内部的实际运作与形式上的组织结构分离开来。组织的正式结构变成象征性的，以应付制度环境，实际上对组织的内部运作并没有实质性意义。

如果说梅耶和罗文是从强意义上研究制度环境的合法性机制，那么，迪玛奇奥和鲍威尔则主要是从弱意义上探讨合法性机制以及组织形式和组织行为的趋同性的。他们认为，组织的趋同性源自三种机制：一是强迫性机制，即组织必须遵守政府的法律、法令，否则就不能生存，它具有强迫性；二是模仿机制，即当环境不确定时，组织通过模仿成功企业的做法，以减少不确定性；三是规范机制，即人们会不自觉地接受基本的社会行为规范。这三种机制的共同作用，导致了组织之间的同构或趋同性。

同时，迪玛奇奥和鲍威尔还提出了组织之间的依赖关系导致组织的趋同以及组织目标越模糊不清越会导致组织趋同等命题，认为组织之间的依赖程度越高，其组织结构的类似程度也越高，从而组织之间就越容易对话和进行资源交换；而组织的目标越不清楚，就越需要利用合法性机制，以得到制度环境的认同。这里，可以看到迪玛奇奥和鲍威尔的研究视角与梅耶和罗文的不同之处。后者强调的是一种自上而下的制度化过程，认为组织形式、组织行为是制度塑造的，组织和个人没有什么自主的选择性；而前者则强调了人们行为的功利性基础，组织的趋同性是利益基础上的有意识的选择，是从弱意义上分析制度环境对组织的影响。①

（三）商业生态系统理论

长期以来，人们形成了一种商场如战场的观念。在这个没有硝烟的战场上，企业与企业之间、企业的部门之间、顾客之间、销售商之间都存在着一系

---

① 赵锡斌．企业环境分析与调适：理论与方法［M］．北京：中国社会科学出版社，2007：40-41.

列的竞争与冲突，适用丛林法则。但是随着商业生态系统的提出，企业之间一改之前狼与狼的关系，而变成一根绳子上的蚂蚱。

所谓的商业生态系统，就是由组织和个人所组成的经济联合体，其成员包括核心企业、消费者、市场中介、供应商、风险承担者等，在一定程度上还包括竞争者，这些成员之间构成了价值链，不同的链之间相互交织形成了价值网，物质、能量和信息等通过价值网在联合体成员间流动和循环。不过，与自然生态系统的食物链不同的是，价值链上各环节之间不是吃与被吃的关系，而是价值或利益交换的关系，也就是说，他们更像是共生关系，多个共生关系形成了商业生态系统的价值网。

20 世纪 90 年代初，美国学者穆尔在《哈佛商业评论》上发表了《掠夺者和牺牲者：新竞争生态学》一文，首次提出了商业生态系统的概念。1996 年他又出版了《竞争的衰亡：商业生态系统时代的领导与战略》一书，进一步地系统论述了商业生态系统理论，标志着竞争战略理论的指导思想发生了重大突破。作者以生物学中的生态系统这一独特的视角来描述当今市场中的企业活动，但又不同于将生物学的原理运用于商业研究的狭隘观念。后者认为，在市场经济中，达尔文的自然选择似乎仅仅表现为最合适的公司或产品才能生存，经济运行的过程就是驱逐弱者。而穆尔提出了“商业生态系统”这一全新的概念，打破了传统的以行业划分为前提的竞争战略理论的限制，力求“共同进化”。

商业生态系统理论突破了传统的行业界限以及企业之间的单纯竞争或竞争与合作的关系，认为在快速变化的环境中，许多企业的活动已跨越了行业，行业的界限已越来越模糊，并从许多方面消失。企业与所有者及风险承担者、企业与消费者及竞争对手、企业与供应商及供应商的供应商、企业与顾客及顾客的顾客、企业与投融资机构、企业与代理商及渠道商、企业与为之提供互补产品及服务的组织和个人、企业与政府部门及立法者、企业与媒体及行业协会等之间的关系错综复杂。总之，以相互作用的组织和个体为基础的经济联合体，构成了商业生态系统。

穆尔认为，企业是商业生态系统有机体的组成部分。因此，企业的领导者必须扩大视野，不能只关注直接的竞争者，不能只考虑“合作竞争”的关系，也不能只考虑单个企业自身的完善或成功，还要密切关注企业所处的环境或商业生态系统中其他相关企业和经济环境的进化和影响，与企业所处的环境或商业生态系统“共同进化”，创造与其他生态系统相互生存的网络。因为，即使最出色的企业也可能被周围的条件或环境变化所毁灭。

穆尔站在企业生态系统均衡演化的层面上，把商业活动分为开拓、扩展、领导和更新四个阶段。商业生态系统在作者理论中的组成部分是非常丰富的，他建议高层经理人员经常从顾客、市场、产品、过程、组织、风险承担者、政府与社会八个方面来考虑商业生态系统和自身所处的位置；系统内的公司通过竞争可以将毫不相关的贡献者联系起来，创造一种崭新的商业模式。在这种全新的模式下，作者认为制定战略应着眼于创造新的微观经济和财富，即以发展新的循环来代替狭隘的以行业为基础的战略设计。

虽然商业生态系统理论也是从生物学的视角来分析企业与环境的关系，但与种群生态学的基本观点不同，商业生态系统理论提出了企业与环境“共同进化”这一核心观点。该理论认为环境通过商业生态系统影响企业，而企业也可以塑造新的商业生态系统。①

商业生态系统也是一种企业网络，是“一个介于传统组织形式与市场运作模式的组织形态”，但它不是一般的企业网络，它强调以企业生态系统的思想来看待自己和对待他人。强调这一点非常重要，Delic 和 Dayal 认为，无论是哪一种企业网络，它们共同的目标都是在一个不断进化和变化的环境中求得生存。要达到这个目标，一个企业网络必须能够快速准确地感知到环境的变化，明白其所处的状态，并制订出一套可行的方案。不仅如此，它还应当展现出良好的学习行为。所以，商业生态系统是一种新型的企业网络。

---

① 赵锡斌. 企业环境分析与调适：理论与方法［M］. 北京：中国社会科学出版社，2007：42.

第二章　小微企业成长环境体系系统分析

第一节　小微企业成长环境的含义

西方学者一般把环境看成组织界限之外的一切事物。小微企业作为重要组织，其成长环境就是指小微企业组织界限之外的一切事物。对小微企业成长环境的这一定义看起来包罗万象，事实上却显得非常抽象，难以把握其内在含义。

近年来，我国学界对企业成长环境有了较多的讨论，对企业成长环境的含义进行了一定研究，虽然表述不同，但是核心观点基本一致，当然这些研究主要集中于一般企业组织，而针对小微企业的情况并不多见。有学者从狭义与广义的角度对企业成长环境的含义进行了界定。狭义上讲，所谓“企业成长环境”是指以企业为主体并作用于这个主体的周围的物质世界，也就是企业赖以生存的天然的和人工改造的各种自然因素的综合体。广义上讲，企业成长环境可以包括物质环境和精神环境。尽管自然环境不涵盖精神环境，但社会环境中既包括物质环境，也包括非物质环境，如政治环境、精神环境。事实上，环境科学中所研究的环境主要是自然环境，同时还包括属于物质环境的那一部分社会环境。环境对企业的作用通过向企业输入物质、能量、信息来进行。①

企业成长，就是指企业从小到大、由弱到强的发展过程。它包括了两个方面：量的增长与质的提高。质的提高是企业成长更为本质的含义。企业成长是质与量的统一，同时也是质与量的互动。企业的成长环境，是指围绕企业创业

---

① 李柏洲，李晓娣，李海超，等，中国中小型高科技企业成长对策［M］．北京：经济管理出版社，2007：30.

和发展而变化，并足以影响或制约企业成长的一切外部条件的总称。针对中小企业的情况，有学者指出，中小企业成长环境是指伴随中小企业成长的全过程，并对中小企业成长产生有利和不利影响的一切外部条件的总称。有利的影响，一般称为环境机会；不利的影响，通常称为环境威胁。很显然，对于前者，中小企业应积极捕捉并加以利用；而对于后者，中小企业应尽量规避或趋害为利。[①] 类似表述还有，企业的成长环境是指围绕企业创业和发展变化，并足以影响其发展的一切外部条件的总称，它包括政治、经济、法律、科技、社会等诸多方面的因素，是这些因素相互交织、相互作用、相互制约而成的有机整体。[②]

从以上论述可以看出，学者们讨论的企业成长环境普遍指向了外部环境。虽然也有部分学者也提出了“内部环境”的概念，但要么是未对内部环境做明确的定义，要么是对内部环境和外部环境分别进行定义，回避企业环境的一般定义。或者给企业内部环境做了界定，但在对企业环境做定义或是在分析企业与环境的关系时，又回到了外部环境概念上来。如加雷思·琼斯等认为，“一些管理理论也指出了管理者必须理解和把握另外一种环境——内部环境。内部环境包括企业中来源于企业组织结构与文化的各种力量。虽然任务环境、一般环境与内部环境是相互关联、相互影响的，我们在这里将主要讨论任务环境和一般环境”。[③] 理查德·L. 达夫特在《管理学》一书中，也提出了“需要注意，组织还有其内部环境，它是由那些处于组织内部的要素所构成的”。[④]

当然，也有部分学者在提出了企业成长外部环境的同时，也提出了企业成长内部环境。国内学者刘延平认为，企业外部环境“是指存在企业之外的政治、经济、文化、法律等方面的环境，具有复杂性、动态性和不可改变性等特点”，“内部环境是一个综合概念，它涉及企业内部生产、经营、产品销售、管理经营机制等各方面”，“对企业来讲，内部环境是可以改变的”。[⑤] 这实际上也是从企业内外部环境构成及特点上所做的分析，似乎还不能认为是定义。

---

① 万兴亚，许明哲. 中国中小企业成长及软实力建设［M］. 北京：中国经济出版社，2010：57.

② 周国红，陆立军. 科技型中小企业成长环境评价指标体系的构建［J］. 数量经济技术经济研究，2002（2）：32-35.

③ 加雷思·琼斯，珍妮弗·乔治，查尔斯·希尔. 当代管理学［M］. 李建伟，严勇，周晖，等译. 2版. 北京：人民邮电出版社，2003：52-53.

④ 理查德·L. 达夫特. 管理学（原书第5版）［M］. 韩经纶，韦福祥，等译. 北京：机械工业出版社，2003：69.

⑤ 刘延平. 企业环境与国际竞争力［J］. 辽宁大学学报（哲学社会科学版），1995，23（5）：86-89.

席西民在《企业外部环境分析》一书中，认为企业“内部环境主要讨论企业内部的氛围、企业组织制度和政策形成的感受系统，而外部环境主要是企业发展必须依赖的和无法回避其影响的企业外部系统”。然后，他在该书中“只讨论企业外部环境及管理问题”。①

蒋晓岚、孔令刚结合企业成长环境各方面因素，提出了一个更为全面的观点：企业的成长环境是指围绕企业创业和发展而变化，并足以影响或制约企业发展的一切外部条件的总称。它包括政治、经济、法律、社会、自然等诸多方面的因素，是这些因素相互交织、相互作用、相互制约而构成的有机整体。企业的成长环境被划分为直接环境与间接环境。其中，直接环境指构成企业的生产要素并直接作用于企业成长的环境，包括基础设施环境、资本环境、技术环境、劳动力环境；间接环境指不直接作用于企业成长，但对其成长具有制约和引导作用的外部要素环境，包括社会服务环境、政策法律环境、经济环境和产业环境。② 这里从多因素分析了企业成长环境，但是总体上把这些环境看成是企业成长的外部环境。

我们结合已有研究成果以及小微企业成长环境的系统性、客观性、均衡性等特点，提出小微企业成长环境的一般概念，即指小微企业在成长过程中一些相互依存、互相制约、不断变化的各种因素组成的一个系统，是影响小微企业组织决策、经营行为和经营绩效的现实各因素的集合。这一定义，既包括了小微企业的外部环境，也包括了小微企业的内部环境；既包括了小微企业成长过程中的可控环境，也包括了不可控环境。它们共同组成了小微企业的环境系统，具有一般性，既反映了小微企业环境的内容、作用，又反映了企业环境的基本特征。

虽然上述对小微环境含义的表述较清晰地表达出了企业成长环境的含义，但对小微企业环境的理解仍然停留在表层。为了进一步加深对小微企业成长环境的理解，仍然需要从小微企业成长环境特征方面深入挖掘其中含义，因此，本书试图突破传统语义视角，从系统论、内生论、均衡与非均衡论等视角重新审视小微企业成长环境的含义，并分析其特点。

一、系统论

所谓系统是同类事物按照一定的秩序和内部联系组合而成的具有某种特性

① 席酉民. 企业外部环境分析［M］. 北京：高等教育出版社，2001：1.

② 蒋晓岚，孔令刚. 技术创新与工业结构升级：基于安徽的实证研究［M］. 合肥：合肥工业大学出版社，2008：286.

或功能的整体。通常情况下，系统由要素以及要素之间的联系和结构三个方面组成。系统论是研究系统的结构、特点、行为、动态、原则、规律以及系统间的联系，并对其功能进行数学描述的新兴学科。系统论的基本思想是把研究和处理的对象看作一个整体系统来对待。系统论的主要任务就是以系统为对象，从整体出发来研究系统整体和组成系统整体各要素的相互关系，从本质上说明其结构、功能、行为和动态，以把握系统整体，达到最优的目标。

任何事物都是一个系统，同时又是另一个系统的一部分（要素）。作为复杂的环境而言，更是一个典型的系统。我们通常所说的环境是以人类生存和活动为中心的自然环境。它是人类生存和发展所依赖的一定范围内的客观系统，是一个包括政治、经济、文化、人口、地理、天文、生态等在内的综合性的指标体系，即环境系统是由自然生态与社会经济两个子系统构成的结构，它们相互作用、相互影响、互相依存、互相制约，同时又独立运转。它们都有自己的发生、发展过程，因此，环境系统中的各要素都是保持动态平衡的，离开这一平衡，环境就要受到严重破坏，人类将会面临生存困难甚至毁灭性的打击和威胁。用哲学观点来说：环境系统就是一个运动着的物质世界，始终处于永无休止的运动状态，它是长期运动、演化的结果，而且处于不断的演化过程之中，而这种演化是不以人类的意志为转移的。

系统论为小微企业成长环境研究提供了新的视野。事实上，长期以来，诸多学者在界定企业成长环境概念时遭遇到了一种悖论：一方面认识到企业是一个开放系统，企业存在于环境系统之中；另一方面，又把环境界定在企业边界之外。如果从系统论的角度来看，这一悖论就可以迎刃而解。因此，我们就有必要从系统理论的视角，把企业环境作为一个整体性的概念进行研究。

系统环境观是我们认识和把握小微企业成长环境含义、研究小微企业环境理论的基本思想，也是科学发展观和认识论在研究企业环境中的具体体现。系统论首先告诉我们，小微企业成长环境首先是一个系统概念，是一个由政策、法律、市场、社会、文化等若干要素组成的整体，各种环境要素通过各种方式发生了一定关联，然后作为一个整体构成了小微企业环境系统。这些要素共同支配了小微企业的兴亡。实际上，小微企业成长环境也是一个系统、整体，它不仅包括企业的外部环境，还包括企业的内部环境。小微企业的外部环境和内部环境，构成了一个相互联系的有机整体——小微企业成长环境。正如《企业与环境》一书指出的那样：我们应当掌握组成企业整体环境的各种因素，环境是包括可控的和不可控的现实各种因素的集合。由此，他们建立起了一个整体环境的分析框架（见图 2.1）：

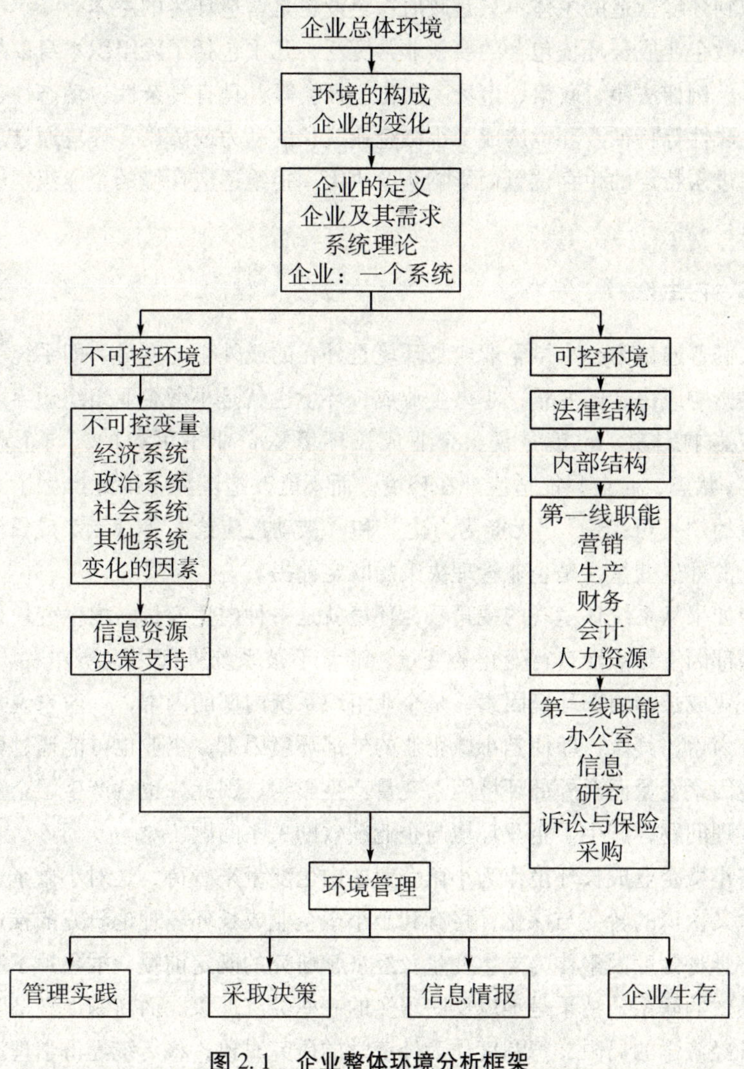

图 2.1　企业整体环境分析框架

因此，当关注小微企业成长环境时，就不能只是关注小微企业成长的外部环境，还必须关注小微企业成长的内部环境。小微企业内部环境与外部环境是相互依存、相互影响的有机系统，或者说是互为环境，两者之间存在着对立统一、“共同进化”的关系。当关注小微企业与环境的关系时，不能把企业和企业环境看成是两个相互对立的端点，而要把小微企业看成是企业环境的组成部分。当关注小微企业决策与企业环境的匹配时，不仅要考虑外部环境的性态，而且要考虑内部环境的性态；当关注如何营造良好的小微企业成长环境时，应当认识到环境营造的主体不只是政府，企业也是营造环境的主体。

小微企业成长环境包含的要素非常宽泛，几乎包括了除组织本身以外的一切成分，例如法律、政策、市场、文化、社会等，具有复杂性、动态性、多样性和关联性等特征。环境构成了小微企业成长的动力或障碍，环境通过迫使企业组织进入特定的生存位置而影响企业决策，拒绝适应环境的企业组织最终将走向衰亡。

二、内生论

人们普遍认为，小微企业成长环境是外在的或外生的变量，即系统受外部因素的影响或决定的变量，小微企业成长环境也就是小微企业组织边界之外的力量或影响因素。也就是说，企业成长环境是企业不可控的，与企业处在“敌对”状态，企业只能适应外在环境，而不能改造环境，因此产生了企业成长环境的“不可控论”“无能为力论”和“被动适应论”等观点。成长环境作为企业的外生变量，是企业管理决策的既定前提。

但如果从系统环境观的视角看，环境就是一种内生变量。内生变量是指由系统内部因素影响而自行变化的变量，通常不被系统外部因素所左右。首先，小微企业成长的内部环境因素，是企业组织系统内部的因素，一般来说是企业的可控因素；其次，即使是小微企业的外部环境因素，企业也可能通过调整内部环境因素变量而对外部环境因素变量产生影响。因此，也就产生了企业对环境的管理问题，产生了企业环境与企业绩效的关系问题。

将小微企业成长环境作为小微企业的内生变量来看待，是对小微企业成长环境含义认识的转变与深化，将有利于小微企业成长环境理论研究的推进。传统经济学将制度因素作为外生变量及经济学研究的既定前提，抽象掉了制度因素与绩效的联系，结果是难以反映现实的一些经济现象。而新制度经济学突破了传统经济学的局限，把制度作为经济学的研究对象，将传统经济学理论中假定为既定前提的制度因素纳入内生性分析，运用交易费用理论和产权理论，使制度安排与经济绩效建立起了直接的联系，从而提高了经济学的解释力，使经济学的发展上升到一个全新的阶段。如果我们把小微企业成长环境作为企业管理或企业决策的内生要素而不是既定前提，探讨管理、环境、绩效之间的联系，将会对小微企业环境的认识发生重大转变。

三、均衡与非均衡论

均衡与非均衡，是经济学中的核心概念。所谓均衡，是指在供给力量与需求力量充分作用的情况下，当它们在市场上各自达到某种位置时，经济中便出现了稳定，并在一段时间内不再发生变化，除非促成稳定的力量中有一方发生了变化，否则均衡状态将持续存在。均衡与非均衡恰似一架钟摆：尽管左右摆动，但它最终会停留在与地面垂直的线上，这种状态就是均衡状态；如果钟摆左右摆动后，由于经济中的某些因素的作用，钟摆并非在与地面垂直的线上停住，而是在这条垂直线的偏左或偏右的某一点停下来了，那么这种状态就是非均衡状态。这里实际上涉及社会哲学问题，即均衡状态意味着社会与经济的协调、意味着人与人之间的相互适应。①

在经济发展过程中，非均衡是常态，均衡只是一种“偶然”。凯恩斯对古典经济学的均衡理论提出批评时指出，均衡只是一种“偶然巧合”。他分析了非均衡经济（有效需求不足）以及实现从非均衡到均衡的途径。贝纳西吸收了凯恩斯等对非均衡理论的研究成果，系统地分析了非均衡经济，使非均衡经济学分析成为宏观及微观经济学的一般理论。他对非均衡经济的分析，是希望“为有关政策问题分析的模型结构寻找某些微观基础”和“处理市场非均衡状态”，有助于减少当前所经历的无论何种性质的非均衡。

经济学上的均衡与非均衡理论，对认识小微企业成长的含义及相关理论研究具有重要的启示作用。实际上，小微企业的成长过程，也是在非均衡的内外环境中不断寻求企业与环境之间从非均衡到均衡的过程。正如巴纳德指出的那样，组织的存在取决于协作系统平衡的维持，这种平衡开始时是组织内部的，是各要素之间的比例，但最终和基本的是协作系统同其整个外界环境的平衡。②

环境的动态复杂性及企业的异质性导致企业与环境之间处于非均衡状态，而这种非均衡将不可避免地对企业的经营绩效产生影响。Kondra 和 Hinings 对制度环境变迁的分析框架表明，与环境处于均衡状态的企业将获得环境平均的经营绩效，这种类型的企业称为环境遵从者，它们代表了大多数企业，是环境系统中的主体。而与环境不均衡的企业按照其经营绩效可以划分为三类：成功叛逆者的经营绩效明显高于环境平均水平，等同绩效者取得的绩效水平与环境遵从者大体相当，而失败者的经营绩效则明显低于环境平均水平。③

均衡与非均衡理论告诉我们，小微企业成长环境是一个不断变动的动态概

---

① 厉以宁．西方经济学［M］．4 版．北京：高等教育出版社，2015：409-410.

② 巴纳德．经理人员的职能［M］．孙耀君，等译．北京：中国社会科学出版社，1997：67.

③ 江若尘，黄亚生，王丹．大企业成长路径研究：中外 500 强企业之间的对比［M］．北京：中国时代经济出版社，2011：26.

念，它从一个非均衡环境走向均衡环境，然后再从均衡环境走向非均衡环境，即处于非均衡—均衡—非均衡—均衡的循环运动过程之中。而非均衡环境是常态，均衡环境只不过是“偶然的巧合”。通过均衡与非均衡环境的更替，小微企业获得了成长。如果小微企业没能在这些均衡与非均衡环境中更替，小微企业最终只会走向衰亡。

社会总是在不断发展变化的，小微企业成长环境的各种因素也总是在变化之中，使得企业成长发展环境出现多变的态势，形成了企业成长环境的动态性。随着生产力的发展和各种社会经济关系的迅速变化，企业环境的动态性愈加明显。构成企业成长环境的各种因素，其动态变化程度是不尽相同的，有的相对稳定，有的缓慢发展，有的则处于动荡不定的状态。①

第二节　小微企业成长环境系统构成要素分析

企业成长环境是非常复杂的，有必要依据一定的标准对其进行分类，以便更深入地分析各类型的关系及其对企业成长的影响方式。企业自身是一个有人参与的、开放的、具有自组织能力的，由自然、经济、社会、政治复合而成的，各种正负反馈结构和非线性作用相互“耦合”而交织在一起的复杂系统。环境的复杂性是造成系统复杂性的重要根源。在开放式系统的条件下，环境的复杂性增加了企业系统的复杂性，给企业决策者带来较大的扰动和极大的挑战，决策者必须面对不确定的企业环境因素。企业决策者不仅要关注企业组织内部经济与技术的合理性，也要关注企业组织如何适应新的组织外部环境和变动中的外部环境，从而做出适应性调整，以提高组织运作的效率和效能。② 尽管每一个企业成长过程中所面对的具体环境千差万别，对其影响也是各种各样，③ 但是一般来说，企业成长环境构成要素具有共性，每个企业成长的过程

---

① 李柏洲，李晓娣，李海超，等．中国中小型高科技企业成长对策［M］．北京：经济管理出版社，2007：30.

② 江若尘，黄亚生，王丹．大企业成长路径研究：中外500强企业之间的对比［M］．北京：中国时代经济出版社，2011：26-27.

③ 有学者提出，中小企业环境具有地域性、可变性等特点，即中小企业所处的地域不同，其成长环境也会有所不同。如果中小企业所处的法律政策环境较为完善、市场发育程度较好、社会化服务体系较为健全，则中小企业就有可能得到较快、较为健康的成长；反之，则会制约中小企业的成长。20世纪80年代以来，我国涌现的“温州模式”“珠三角模式”“苏南模式”等都在很大程度上得益于当地的优越环境。参见万兴亚，许明哲．中国中小企业成长及软实力建设［M］．北京：中国经济出版社，2010：58.

中都需要面临几乎一致的环境构成，无论是大企业还是小微企业。对于企业成长环境的构成要素，不同的学者从不同层面提出了各自不同的观点，值得关注。

一、内部环境与外部环境构成要素

内部环境与外部环境是企业成长环境中最为常见的划分方法。系统理论认为，企业组织是开放的系统，每个组织（企业）都是一个环境的分系统，它存在于整个环境系统之中，并在内外部环境之间物资、信息、技术等资源的交换、转换中，实现投入与产出。因此，如果将企业成长环境系统只界定为企业的外部环境，不考虑企业的内部环境，或者是在考虑企业的外部环境要素时，只注重经济、政治、科技、文化等宏观因素，而不是同时注重竞争者、顾客、供应商等市场因素，并据此进行企业环境分析，这就难以把握企业环境系统的全貌，难以认识和把握企业内部环境和外部环境之间的动态变化及其相互影响。

所谓企业成长的内部环境是指影响企业组织决策、经营行为和经营绩效的企业内部现实各因素的集合，如企业内部的管理水平、组织结构、制度安排、技术与人力资源状况、产品与服务状况、企业文化等。而企业成长的外部环境则是指影响企业组织决策、经营行为和经营绩效的企业外部现实各因素的集合，如经济（包括经济政策）与政治（包括政府）、科技、社会与文化、市场结构、市场容量、竞争规则、竞争对手、供应商、购买者等。①

企业成长的内部系统与外部系统又可以细分为若干子系统，如有学者把企业外部环境分为以下几个子系统：一是宏观环境子系统（或称之为社会环境子系统），主要包括政治环境、经济环境、社会文化环境、科技环境、法律环境、伦理环境等（PESTLE）。二是市场环境子系统，主要包括市场容量、市场结构、市场规则、竞争对手、供应商、购买者等。三是自然环境子系统，主要包括自然资源环境、生态环境、大气环境等。把企业内部环境子系统又分为企业的组织结构、生产与技术结构、财务及控制、人力资源、市场营销、研究与开发、企业文化等状态。

英国沃辛顿等学者在《企业环境》一书中将企业外部环境分为对公司日常运营产生直接影响的外部因素（即时或运营环境）和倾向于影响企业总体的外

---

① 赵锡斌. 企业环境分析与调适：理论与方法［M］. 北京：中国社会科学出版社，2007：69.

部因素（总体或背景环境）两种子系统。即时或运营环境包括供应商、竞争者、劳动力市场、金融机构和顾客，也可能包括贸易组织、行业土会，还可能包括母公司。总体或背景环境由宏观环境因素组成，如经济、政治、社会文化、技术和法律因素（具体见图 2.2）。这些影响不仅来源于地方和全国范围，而且来源于国际的和跨越国界的发展，从而会影响很多种类的企业。①

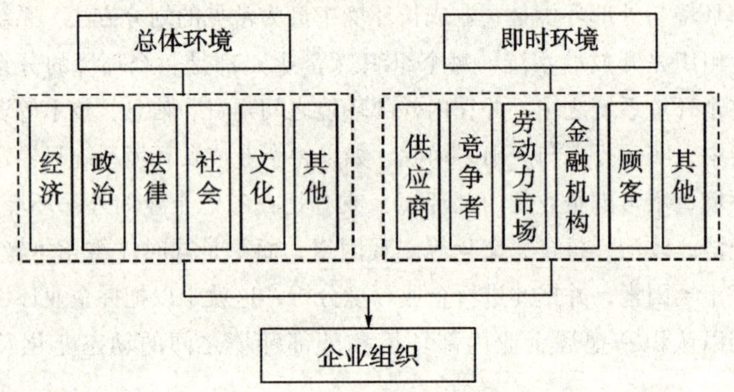

图 2.2　沃辛顿企业成长环境图

我国学者把企业成长的外部环境分为硬环境和软环境。硬环境又包括自然环境和基础设施建设，软环境则包括人文环境、经济环境、政治环境及市场环境和管理环境（政府环境）。对于硬环境，单个企业自然很难改变或扭转，但企业可以选择适宜于自己的环境去发展，如在自己认为合适的地方建立企业。然而从市场的角度看，企业仍然难以完全选择，因为企业不能因不喜欢一个地方的硬环境而随意地放弃该地方的市场。所以，即使是硬环境，企业也会有适应的问题。在软环境中，人文社会环境涉及文化、传统、观念、法律体系、人们的意识、道德、社会规范等，因此，在世界范围之内因民族、国度、地域的差异导致的软环境差异也会很大。②

企业的外部环境见图 2.3。

各环境子系统有各自不同、数量不等的环境构成要素，并有各自的运动规律。各环境子系统及其构成要素本身也是变化的，它们之间是互动的或互为环境：由于企业环境具有动态性、互动性的特点，因此，企业环境各构成要素在不同的条件下对企业的影响程度也是动态变化的，因而对企业环境的调适在不

---

① 伊恩·沃辛顿，克里斯·布里顿. 企业环境［M］. 徐磊，洪晓丽，译. 北京：经济管理出版社，2004：4.

② 席酉民. 企业外部环境分析［M］. 北京：高等教育出版社，2001：10-11.

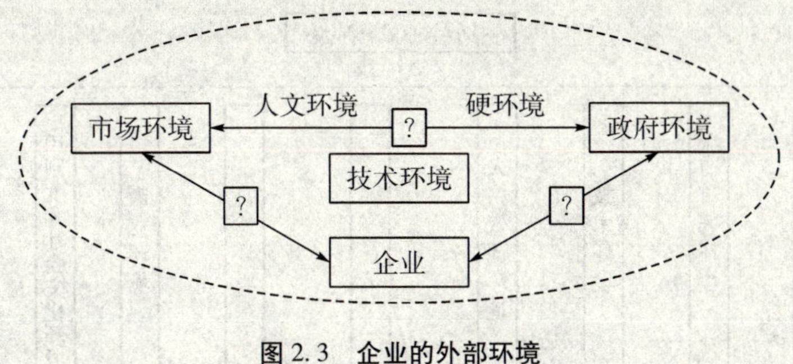

图 2.3　企业的外部环境

同时期、不同的情况下有不同的要求。①

二、宏观环境、中观环境与微观环境构成要素

按照成长环境的范围层次可以分为宏观环境、中观环境和微观环境。万兴亚、许明哲认为，中小企业的成长环境一般包括九个方面：法律和政策环境、信用制度与社会文化环境、产业环境、自然环境、融资环境、人力资源环境、技术环境、市场环境、社会化服务环境。他们还对这九个方面的环境，进行了分类：前四个方面属于宏观环境，而后五个方面则属于微观环境。这九个方面又各自包含若干内容，具体如图 2.4 所示。②

三、直接环境与间接环境构成要素

按照成长环境的影响程度和作用机制划分，可分为直接环境和间接环境。在构成企业成长环境的各项要素中，直接环境各要素形成一个类似于球体的直接环境子系统圈包围在企业的周围。直接环境是指通过与处于核心位置的企业进行能量与要素的交换，不断地促进企业成长的环境。直接环境也是由诸多要素构成的环境子系统。根据“短板效应”，由于子系统中各要素的发展状况参差不齐，其对于企业能够提供的支持力度也不一样，而最终能起到决定作用的往往是发展情况最差的那一项环境要素，因此，直接环境子系统也会对企业的成长产生限制。此外，直接环境子系统的各项组成要素也构成了企业的生产要素。企业直接环境子系统的构成要素包括融资环境、技术环境、人力资源环境

① 赵锡斌. 企业环境分析与调适：理论与方法［M］. 北京：中国社会科学出版社，2007：69.

② 万兴亚，许明哲. 中国中小企业成长及软实力建设［M］. 北京：中国经济出版社，2010：57.

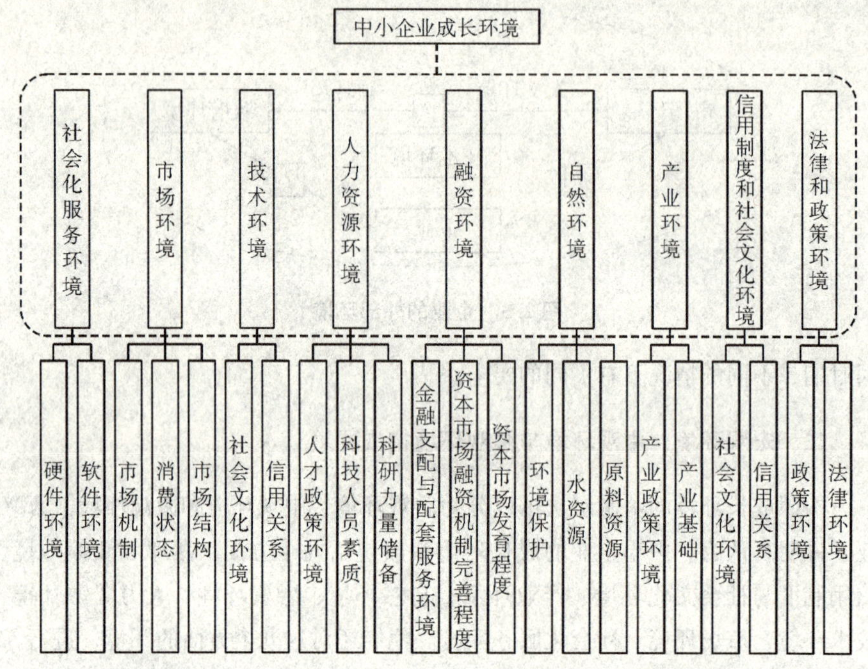

图 2.4　中小企业成长环境内容

和社会服务环境，它们直接与企业产生物质和能量的交换，并且构成科技型中小企业的生产要素，对企业产生最为直接的影响。

间接环境是指在构成企业成长环境的各项要素中，包围在直接环境周围，所形成的一个环境子系统。间接环境子系统通过不断地运动，与直接环境子系统圈的各项要素产生能量与要素的交换，而且构成间接环境子系统的各项要素的变化会对直接环境子系统产生影响，进而间接地影响着处于核心位置的企业；同时，在直接环境子系统圈适用的“短板效应”在间接环境子系统依然适用，发展状况最差的那项间接环境子要素最终会影响和制约处于核心位置的企业的成长状况。此外，间接环境子系统的优劣直接影响着直接环境子系统的各项组成要素的好坏。企业间接环境子系统的构成要素包括政策法律环境、社会文化环境、经济发展环境和产业发展环境。它们作用于直接环境子系统，并通过对直接环境的影响，间接地影响和制约着企业的成长过程。

四、一般环境与任务环境构成要素

理查德·L. 达夫特认为，“环境是由若干方面组成的，每个部分又是包含着有相似要素的外部环境子系统。对于任何组织，其环境领域都可从十个方面加以分析，这就是行业、原材料、人力资源、金融资源、市场、技术、经济形势、政府、社会文化及国际环境”。对大多数企业来说，“环境领域可以进一步细分为任务环境和一般环境两个层次。任务环境一般包括行业、原材料、市场等方面，还可能包括人力资源和国际环境，一般环境通常包括政府、社会文化、经济形势、技术以及金融资源等要素。①

加雷思·琼斯等人认为，影响组织运作的主要力量——包括任务环境，也包括一般环境。任务环境是指来自供应商、分销商、消费者及竞争对手，影响企业获取投入、提供产出的一组力量和条件；一般环境是指经济、科技、社会文化、人口、政治法律及全球力量等更大范围的影响企业及其任务环境的一组力量。②

五、其他环境分类中的构成要素

Emery 和 Trist 按照环境的确定性程度的逻辑，将企业发展过程中会面临的环境分为四类：第一类是平静的、随机的环境。这是一个最简单的环境，由于环境是平静的，企业没有动力和必要去预测环境发展趋势，同时环境是随机的，企业也失去了准确预测的可能性，因此在这种环境下企业不需要进行应对环境变化的策划。第二类是平静的、类聚的环境。其特征是环境尚未急剧变化且较容易预测，因此，环境策划变得重要。第三类是干扰的、反应的环境。其特征是资源集中，但环境变得不稳定，因为有多个相同类型的组织存在，且相互竞争。在这种情况下，这种环境对企业反应能力的要求增强，因此企业组织的弹性极为重要。第四类是动荡的环境。这是一个极其复杂、快速改变和难以预测的环境。可以想象随着全球化趋势的加强，许多大企业在相互融合、有相互差异的环境下经营，所有企业组织有向第四类环境移动的趋向，环境的演变已经走向更高程度的不确定性。

战略专家安索夫，认为企业外部环境的动荡程度或者不确定性程度有五个清晰的层次：稳定性（Stable）、反应性（Reactive）、预期性（Anticipatory）、探索性（Exploring）和创造性（Creative）。按照这五个层次可以把企业环境分为五种类型：稳定型、反应型、先导型（预期型）、探索型和创造型。我们可以将这五种类型看作是一个连续的频谱，频谱的一端是稳定型，即环境是几乎

---

① 理查德·L. 达夫特. 组织理论与设计［M］. 王凤彬，张秀萍，刘松博，等译. 10 版. 北京：清华大学出版社，2011.

② 加雷思·琼斯，珍妮弗·乔治，查尔斯·希尔. 当代管理学［M］. 李建伟，严勇，周晖，等译. 北京：人民邮电出版社，2003：52-53.

没有变化的元风地带，随后环境动荡性逐渐加强，而频谱的另一端则是创造型，在这种类型的环境中，企业所面临的技术、政治和经济等环境均发生着激烈的变动。①

我国学者李柏洲、李晓娣、李海超等将企业环境分成四个子系统：①社会环境系统（包括政治环境、经济环境、科技环境、法律环境、社会文化环境等）。②市场环境系统（包括市场容量、市场结构、市场规则、竞争对手、供应商、购买者等）。③企业内部环境系统（包括组织结构、生产与技术结构、财务与控制、人力资源、市场营销、研究开发与企业文化等）。④自然环境系统（包括资源环境、生态环境等）。每个环境子系统有各自不同的、数量不等的环境构成要素，并有各自的运动规律；每个环境子系统及其构成要素本身也是变化的，它们之间是互动的或互为环境的；由于企业环境具有动态性、互动性的特点，因此，企业环境各构成要素在不同的条件下对企业的影响程度也是动态变化的，因而企业与环境的相互调适在不同时期的不同情况下有不同的要求。②

第三节　小微企业成长与环境相互作用机理

一、环境与小微企业成长关系论

环境与企业成长之间到底是何种关系？不同的学者依据不同的理论和视角，得出了不同结论。迄今为止，主要形成了以下几种观点：

（一）环境决定论

环境决定论的基本内涵是，企业与环境的关系，如同自然界中的生物与环境的关系一样，遵循生物进化中的生存竞争、优胜劣汰的原则。其结论就是，企业是环境的必然产物，企业产生、成长、衰亡是由环境决定的。在企业的产生、成长、衰亡的过程中，环境是决定性的因素，环境主宰了企业，企业只有被动等待环境的最后裁判。只有那些适应环境的企业才能生存下来，而不适应环境和对环境适应较差的企业就会衰亡。在这一过程中，环境是很难由企业去

---

① 江若尘，黄亚生，王丹. 大企业成长路径研究：中外500强企业之间的对比［M］. 北京：中国时代经济出版社，2011：24-25.

② 李柏洲，李晓娣，李海超，等. 中国中小型高科技企业成长对策［M］. 北京：经济管理出版社，2007：32.

改变的，企业能做的事情很少，适者生存才是最高法则。因此，企业与环境之间的关系是环境选择企业，环境决定企业的生存与发展。因为环境规定了企业特定的活动范围，制定了企业生存的标准。企业要么按环境的要求去适应环境，要么被淘汰。“环境决定论”是对种群生态学基本理论观点的概括。

（二）环境适应论

与环境决定论的消极、被动的观点不同，环境适应论的基本内涵是，企业的组织方式和管理行为方式有赖于环境的特质，但企业可以采取权变的方法，对付其所处的环境，以使企业的组织形式和管理方式与环境的变化保持一致性。其强调了企业可积极、主动地去适应环境。战略选择理论的基本观点也可归入环境适应论中。因为，战略选择理论仍然是在既定环境下的选择，只是假定在既定环境中，企业有多种选择，实际上仍然是关注战略与环境的匹配或适应问题，是对现实环境的利用。不同的是，战略选择理论较之权变理论更进一步地强调了管理者的作用，认为虽然管理者的行为受制于其所处环境的局限，但决策者可自由地选择在哪种局限下行动，可决定环境影响力的限度，甚至有“设定环境”的权力。“环境适应论”是对权变理论的基本观点的概括。

（三）共同进化论

共同进化论是对商业生态系统理论的基本观点的概括。共同进化论的基本内涵是，系统内的行为都是共同进化的。“共同进化”是一个过程，是系统内要素相互影响、相互促进，共同推动整个系统演进的过程。在这一过程中，相互依存的物种在一个无穷的交互圈中进化。物种 A 的变化为物种 B 的自然选择变化提供了场所，相反，物种 B 的变化也为物种 A 的自然选择变化提供了场所。将生物学中的共同进化的概念运用于商业研究，是指以相互作用的组织和个体为基础的经济联合体，构成了商业生态系统。企业是商业生态系统有机体的组成部分。因此，企业的领导者不能只是关注直接的竞争者，不能只是考虑“合作竞争”的关系，也不能只是考虑单个企业自身的完善或成功，而且要密切关注企业所处的商业生态系统中其他相关企业和经济环境的进化和影响，与企业所处的环境或商业生态系统“共同进化”，创造与其他生态系统相互依存的网络。所以，企业与企业之间，以及企业与其他组织之间，就不仅有竞争或合作模式，也有共同进化的模式。随着环境的变迁和共同进化的继续进行，整个系统会变得更加协调。商业生态系统理论虽然也是从生物学的视角来分析企业与环境的关系，但与种群生态学的“环境决定论”的基本观点不同，商业生态系统理论提出了企业与环境“共同进化”的这一核心观点。而且认为环境通过商业生态系统影响企业，企业也可以塑造新的商业生态系统。①

共同进化论提出了企业与环境“共同进化”的这一核心观点，而且认为环境通过商业生态系统影响企业，企业也可以塑造新的商业生态系统，与“环境决定论”的基本观点差异较大。

（四）相互影响论

相互影响论是对资源依赖理论的基本观点的概括。企业是环境的产物，不同的环境会孕育出不同的企业组织及其成长方式。同时，企业也是环境的一部分，它会反作用于环境，影响环境的改变。企业的生存与发展是与其环境息息相关的。从某种意义上说，企业的经营战略、组织结构、内部管理方式就是环境选择的结果，也是主动适应环境的必然。企业是社会大环境系统中的一个子系统。在社会大环境系统中存在着文化、法律、制度、市场等环境因素，这些环境因素都会直接或间接地影响企业系统运行，这些环境因素有层次性、结构性和多变性，在不同的条件下，可以形成不同的组合，从而影响企业的成长。

与环境决定论和环境适应论不同，相互影响论认为，在企业与环境的关系中，企业不是消极的接受者而是积极的参与者。环境是企业的约束因素，因而环境影响企业；但企业可采取积极应对的态度，通过各种措施，如并购、联盟、政治活动等，实现其利益最大化，调整或改变自身以适应环境，也能努力改变环境使之有利于企业。因此，与其把环境看作是企业必须适应的给定条件，还不如认为环境是企业适应环境和改变环境的一系列过程的结果。而管理者则既是环境限制因素的适应者又是企业环境的操纵者，既管理组织又管理环境。在这里，企业与环境相互影响的观点得到了充分的体现。

二、环境与小微企业成长相互作用模型与机制

企业外部环境决定企业的组织结构及形态。美国哈佛大学的劳伦斯、洛奇及汤姆森等的研究表明：组织结构与环境密切相关，环境特性深深地影响着组织结构的复杂性、规范性和集权性，不同特性的环境需要相应的组织结构。环境稳定的程度与企业可以采取的组织方式有直接关系，外部环境越稳定，企业内部结构就越正规，多变的环境则使企业倾向于采取灵活有机的组织结构。在一个相对较长的时期内，处于相对不变化或变化很小的环境，组织呈现出机械的形态；反之，企业组织的形态倾向于有机的组织。

---

① 赵锡斌. 企业环境分析与调适：理论与方法［M］. 北京：中国社会科学出版社，2007：138-140.

企业在一定程度上可以影响或改变环境。企业是一种复杂的、追寻自己目标的、具有能动性的社会单元。企业一方面要适应外部环境，即根据环境的不同情况，采取适应性的符合环境要求的策略和手段，与环境进行有效或高效的交流、交换；另一方面，由具有能动性的人组成的企业为实现自身目标，提高与环境的交换效率，必然会在一定条件下发挥其主观能动性，通过采取一定的措施来影响环境，使之符合企业成长的需要，从而掌握生存的主动权。企业在强调效率的同时，也强调机动灵活性。①

（一）环境与组织变化和行为联系机制模型

普费尔和萨兰科在《组织的外部控制：资源依赖的视角》一书中，提出了"环境对组织变化的影响机制"问题。他们认为，要理解组织行为，必须详细阐明环境因素影响组织行为的过程。如果不考虑环境因素及其后果产生联系的具体形式，就不可能充分解释组织活动和组织结构与环境背景之间的关系。他们还以环境对组织内部权力和控制力的分布影响组织中总经理的解除与接替的视角，建立了一个环境与组织变化和行为联系机制的模型，② 见图 2.5。

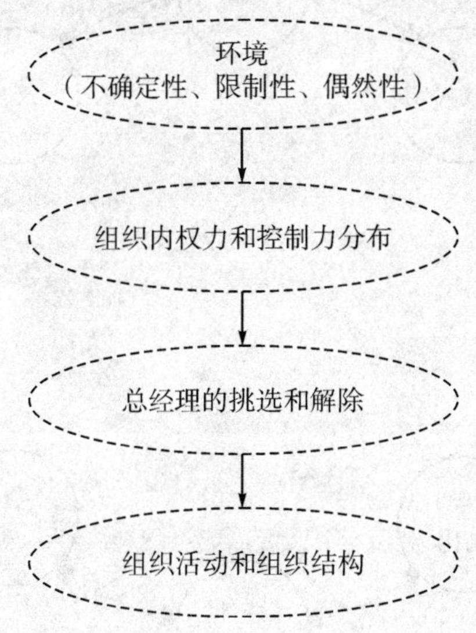

图 2.5　环境与组织变化和行为联系机制模型

① 江若尘，黄亚生，王丹. 大企业成长路径研究：中外 500 强企业之间的对比［M］. 北京：中国时代经济出版社，2011：27.

② PFEFFER J., SALANCIK, G R. The External Control of Organizations: A Resource Dependence Perspective. New York: Harper & Row, 1978: 225-253.

从以上模型可以看出，存在着三个由环境因素引致的组织行为和组织结构特征的因果链：首先，从根源上看，不确定性、限制性、偶然性的环境与组织内权力和控制力的分布之间存在着联系；其次，权力和控制力分布与总经理的选用和任期之间也存在着联系；最后，经理人员与组织行为和组织结构之间存在着关联性。因此，这一模型表明环境的变化引起组织内部政治的变化以及组织行为和结构变化的过程。他们认为，对管理人员的挑选是环境影响组织的渠道之一。在这一环境影响机制中，权力在组织与环境之间是一个重要的干扰变量。①

（二）环境与组织相互依赖的循环模型

理查德·斯格特在《组织理论：理性、自然和开放系统》一书中，在分析组织与环境的相互依赖关系时，建立了一个组织与环境相互依赖的循环模型（见图2.6）。

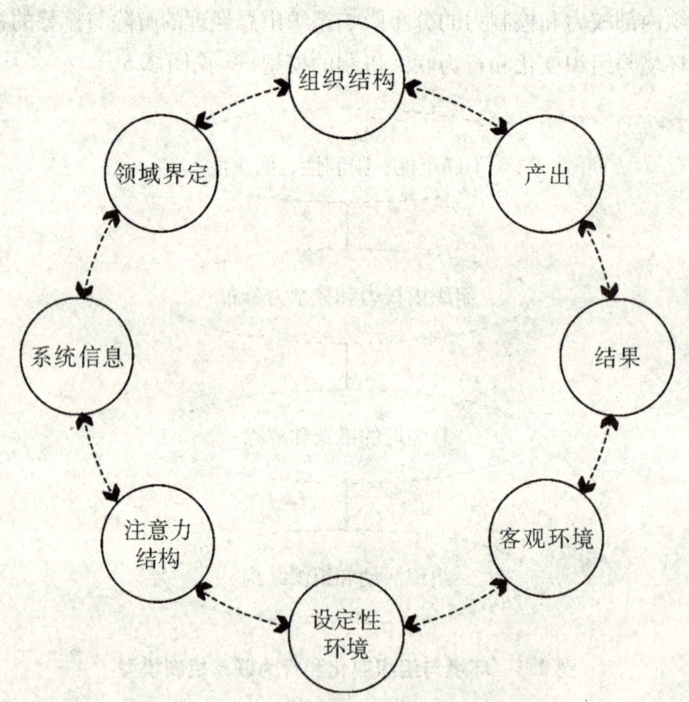

图2.6　组织与环境相互依赖的循环模型

---

① 赵锡斌. 企业环境分析与调适：理论与方法［M］. 北京：中国社会科学出版社，2007：115-116.

W. 理查德·斯格特通过引入马奇及其同事等的注意力结构（Attention Structure）概念，深入演进环境如何影响企业组织的过程模型。注意力结构理论关心的是如何分配有限的注意力，认为人们的注意时间和能力是有限的。人们无法同时注意到每件事，接收到太多的信号、太多与决策相关的情况。由于这些限制，决策制定理论常常被更恰当地称为注意力理论或研究理论，而不是决策理论。这一理论认为决定决策者注意力的因素有：最后期限、他人的创造精神、明确界定的选择权及失败的证据。除了这些较为“理性的”基础外，注意力还在很大程度上根据个人的职位和身份选择，并受其限制，同时还受到适于形势的法则的制约。①

在这一模型中，各因素的影响都是双向的。例如，如果从组织结构开始，组织结构影响决策者确定组织运作的领域，即选择商品和服务的范围；领域范围的选择影响所需要的信息种类；信息系统所收集的信息影响注意力结构，即对问题的关注点及重视程度；注意力结构影响环境的设定；环境的设定影响客观环境；客观环境影响组织的行为及结果，进而影响产出；而产出状况又影响组织结构。从逆向循环看，如果从设定性环境开始，设定性环境影注意力结构，注意力结构影响系统信息，系统信息影响领域界定，领域界定影响组织结构，组织结构影响产出，产出影响结果，结果影响客观环境进而影响设定性环境，等等。在这里，斯格特虽然没有提出研究企业与环境的相互作用机理，但其所描述的企业与环境之间相互依赖的循环过程，对我们进一步研究企业与环境相互作用机理及影响路径，具有重要的参考价值。②

（三）基于管理者感知与偏好的相互作用模型

企业能否充分识别成长环境所带来的机会或风险以利用机会或避免风险，取决于企业特别是管理者对环境的感知。企业对环境的感知主要通过管理者的感知来体现。然而，管理者个人的认知、知识、经验等具有局限性，有他个人的偏好，他不可能关注、感知和选择所有可能影响企业的环境要素，不同的管理者会做出不同的判断和选择，会有不同的经营结果。这就需要从管理者感知与偏好的角度探讨企业与环境相互作用的机理。为此，张光明、赵锡斌等学者从管理者感知与偏好的角度建立起了企业与成长环境相互作用机理模型（见图 2.7）。

---

① W. 理查德·斯格特. 组织理论：理性、自然和开放系统［M］. 黄洋，李霞，申薇，等译. 北京：华夏出版社，2001：130-131.

② 赵锡斌. 企业环境分析与调适：理论与方法［M］. 北京：中国社会科学出版社，2007：118.

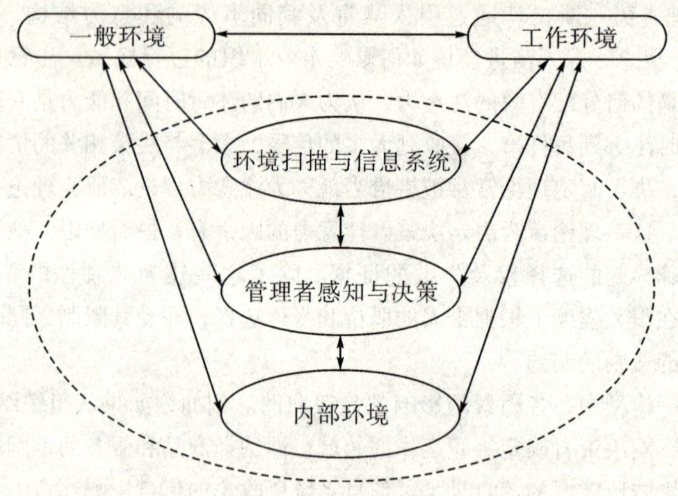

图 2.7　企业与成长环境相互作用机理模型

从管理者的视角看，环境就是企业特别是管理者对企业内外部一切活动要素的感知。从这个意义上来说，即使环境要素已经影响着企业的某些方面(如政策的变化对人的心理和行为的影响)，如果管理者没有感知到，企业管理就不会发生变化，直到他察觉到并采取措施为止。但是，管理者对环境的感知除了他个人通过各种渠道感知外，更重要的是要在企业内部建立起一套环境扫描信息系统及其传导交流机制作为管理者对环境感知的主要来源，以克服个人认知、知识、经验、学习能力等的局限性，也能在一定程度上弥补因为个人偏好导致对环境选择的不足。

图 2.7 描述了外部环境（一般环境和工作环境）、内部环境、环境扫描与信息系统及管理者感知与决策相互之间的作用关系，由此构成一个复杂的开放系统。虚线表示企业的边界，无论是内部环境还是环境扫描与信息系统都处在企业的组织边界内。整个模型就像一个人的头像，一般环境和工作环境犹如两只“眼睛”，是眺望外部世界的窗口；环境扫描与信息系统就是灵敏的“鼻子”，时刻嗅出环境的一切变化；内部环境犹如一张“嘴”，“吃”进来自外部和管理者的信息，对外部的变化做出反应，又将内部的信息传递到其他各方。管理者的感知是整个系统的神经中枢，选择环境信息，调适内外环境的关系。只有整个系统协调一致地运行，企业才能对环境的变化做出及时的反应。[①]

① 张光明，赵锡斌. 企业与环境相互作用机理研究［J］. 科技与管理，2005（6）：10-11.

（四）企业与环境相互作用过程模型

企业环境是一个复杂系统，其复杂性不仅表现在各子系统均有其独特的运动规律，以及内部组成要素间复杂的相互作用关系，还表现在各系统及要素间的作用力彼此纵横交织，从而构成了具有一定层次结构的网络系统。网络系统是环境决定过程模型的主要特点。企业环境各系统的诸要素构成这一网络系统的一个个结点。从某一要素起源的作用力到达另一要素可以存在多种不同的有效传导路径。在更大的尺度空间——社会环境系统、市场环境系统和企业内部环境系统三者之间也是以系统间多路径方式彼此影响的，见图 2.8。

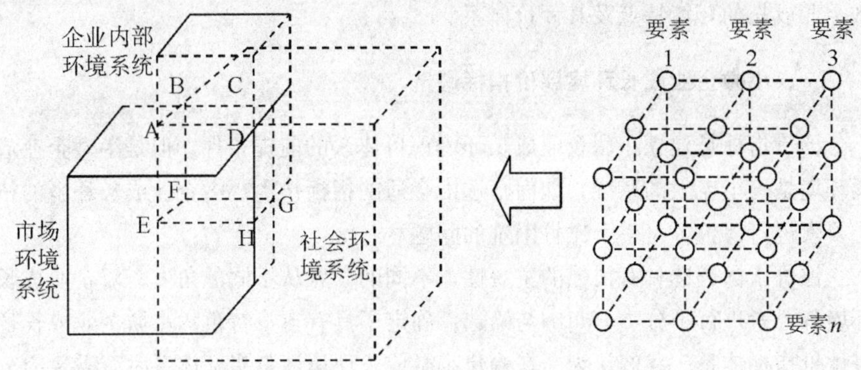

图 2.8　企业与环境相互作用过程模型

企业环境的每一个子环境系统的存在形式可以用空间点阵的结构来模拟表示，各环境子系统（社会环境、市场环境、企业内部环境）的内部要素就是相应空间点阵的节点。三个环境的空间点阵分别由三个从大到小的立方体表示。其中，企业内部环境的空间点阵也是企业的实体空间。三个环境子系统以互相嵌入的形式彼此影响，各种要素间的作用路径交织成立体网络，网络的结点是各个环境要素。三个环境子系统作用力场重叠的部分——立方体 ABCDEFGH 是企业受环境影响最强烈的部分。通过这个共同的部分，某一环境系统的要素作用可以互相传递，甚至到达另一环境系统较远的一端。①

① 赵锡斌，鄢勇. 企业与环境互动作用机理探析［J］. 中国软科学，2004（4）：93-94.

第四节 小微企业成长环境评价体系构建

小微企业的成长面临着一个多层次、多要素的复杂环境系统，而小微企业成长环境指标体系需要做到涵盖面广、内在逻辑性强、数量繁简适中、便于操作与运用。因此，需要在全面审视小微企业成长环境各要素的基础上，运用企业与环境基本原理，力求全面把握小微企业成长环境的特点，探索适合中国小微企业成长的环境特点及其评价体系。

一、小微企业成长环境评价指标遴选

评价指标是建立小微企业成长环境评价体系的前提条件，但是小微企业成长环境是一个庞大的系统，如何筛选出合适的指标作为小微企业成长环境的核心要素进行评价，是一个比较困难的问题。

评价指标遴选具有很强的主观性，不同的学者从不同的角度，对企业成长环境各要素进行了分类、归纳与筛选，确定了具有自身特色的小微企业成长环境评价指标体系。我们认为，在构建小微成长环境评价指标体系时，需要充分考虑各环境关键要素，在进行筛选的基础上进行修正和补充，确保所建立的评价体系具有静态评价和长期监测的双重功能，可以用来测度和分析我国小微企业成长环境。

为了筛选出环境指标，我们通过研究小微企业的成长环境分类，把小微企业成长环境划分为直接环境与间接环境两大类。其中，直接环境指构成企业的生产要素，直接作用于企业成长的环境，包括基础设施环境、资本环境、技术环境、劳动力环境（一级指标）；间接环境指不直接作用于企业成长，但对其成长具有制约和引导作用的外部要素环境，包括社会服务环境、政策法律环境、经济环境和产业环境（一级指标）。直接环境是小微企业成长的内因，偏重于生产力的范畴，是主导的方面；间接环境是小微企业成长的外因，偏重于生产关系的范畴，能动地反作用于直接环境。当间接环境适应直接环境时，能够促进小微企业的快速发展；反之，当两者不相适应时，必将阻碍中小型高科技企业的成长。

对直接环境与间接环境体系中的一级指标可以继续往下进行划分，从而生成二级指标。例如，直接环境中的一级指标基础设施环境包括了客运量、货运量、旅客周转量、货运周转量、公路密度、人均供水能力、人均供气能力、人均电力消费量、电话普及率、网络覆盖率、人均邮电业务量、人均居住而积、

人均公共绿地而积、污染治理投资完成比重、绿化覆盖率等指标（二级指标)。劳动力环境包括了科技人员素质、人才流动程度、管理人员素质等指标(二级指标)。间接环境中的一级指标经济环境下面包括了 GDP 总额、年工业总产值、社会商品零售总额、产业结构系数、技术密集型产业比重、市场化指数、全员劳动生产率、百元固定资产利税率、财政收入、GDP 增长速度、基本建设新增固定资产投资、基本建设新增固定资产投资增速、经济密度、人均 GDP、外贸进出口总额、外贸依存度、实际利用外资额等指标（二级指标)。间接环境中的一级指标产业环境下面包括了高新技术产业产值比重、新产品产值比重、新产品利润占总收入比重、新产品销售收入比重、自筹科技经费占收入比率、科技人员数量、政府科技经费比重等指标（二级指标)。当然，对这些二级指标还可以继续下分为三级指标、四级指标等。

从理论上说，上述所有二级指标都会与小微企业发生某种联系，对企业成长产生一定影响。但是事实上，不同企业受外界环境作用的大小差异很大，有些影响颇大，但有些却是微乎其微的，几乎可以忽略不计。例如，交通运输业受交通设施影响颇大，客运量、高速公路密度等在很大程度上决定了交通运输企业的成本与利润，而高科技企业受这些交通环境因素的影响则不大。因此，我们只能在抽象意义上针对普遍性的小微企业建立起一个环境评价指标体系。至于具体到微观企业，则需要联系该企业所处的产业行业等特点，再进一步进行环境指标筛选，提出该企业的成长环境指标体系。

二、小微企业成长环境评价体系构建

根据上述理论以及指标选取，我们可以构建如下小微企业成长环境评价指标体系（见表 2.1①)。

从表 2.1 可以看出，每一个二级指标下所包含的指标是不完整的，并且随着时间的推移这些环境指标也会发生很大的变化。此外，还需要注意的是，这些指标划分是相对的，直接环境与间接环境之间有些指标可以相互转化，一级、二级指标之间有些指标也可以相互转化。例如，表 2.1 中把政策法律环境归于间接环境之中，事实上，政策法律环境在许多情况下又可以归到直接环境之中，如人力资源环境、资本环境等直接环境中都有政策法律的相关因素，且起着重要作用。就直接环境与间接环境对小微企业成长影响的大小方面而言，

① 马永红，李柏洲，刘拓. 中小型高科技企业成长环境评价体系构建研究［J]. 科技管理研究，2006（3)：142-143.

也不是直接环境就一定影响大、间接环境一定影响小，有时正好相反。例如，间接环境中的市场环境、经济环境有时直接决定了小微企业的生死存亡。

表 2.1 小微企业成长环境评价指标体系

评价目标	指标	一级指标	二级指标
小微企业	直接环境	基础设施环境	客运量、货运量、旅客周转量、货运周转量、公路密度、人均供水能力、人均供气能力、人均电力消费量、电话普及率、网络覆盖率、人均邮电业务量、人均居住面积、人均公共绿地而积、污染治理投资完成比重、绿化覆盖率
		人力资源环境	科技人员数量、科技人员素质、人才流动程度、管理人员素质、工资劳保水平、培训激励制度
		资本环境	资本市场发育程度、融资渠道完善程度、资本退出渠道宽敞程度、担保体系完善程度、产业交易市场发达情况
		技术环境	高校数量、科研机构数量、科技费用比重、SE人均研发费用、科学事业费比重、科技三项费用比重、三项专利申请受理量、技术市场成交额、科技成果转化率、科技进步贡献率、企业挖潜改造资金比重、高校在校学生数
	间接环境	政策法律环境	政策法律执行程度、政策法律发展完善程度、政策法律对支持力度、税收制度、产业政策
		社会服务环境	社会文化及制度建设程度、服务支持力度
		社会文化环境	价值观念、团队合作精神、敬业精神、职业道德
		经济环境	GDP 总额、年工业总产值、社会商品零售总额、产业结构系数、技术密集型产业比重、市场化指数、全员劳动生产率、百元固定资产利税率、财政收入、人均 GDP 长速度、基本建设新增固定资产投资、基本建设新增固定资产投资增速、经济密度、人均 GDP、外贸进出口总额、外贸依存度、实际利用外资额
		市场环境	市场结构、消费者数量、消费者收入水平、竞争机制、市场准人情况、市场垄断情况、地方保护程度
		产业环境	高新技术产业产值比重、新产品产值比重、新产品利润占总收入比重、新产品销售收入比重、自筹科技经费占收入比率、科技人员中 SE 比重、科技人员数量、政府科技经费比重

第三章　我国小微企业成长制度环境及其优化

制度是一个具有非常宽泛意义的概念，包括了法律、政策、风俗习惯、传统文化。可以说，对人或组织发生约束的东西都可以被称为制度。从制度理论上来说，企业就是制度的产物，因制度而生，因制度而死。企业也被称为公司法人或合伙组织，在法律上是拟制的人，其生死存亡几乎都与法律制度相关。而政策法律是制度最核心的部分。因此，本章主要围绕政策法律展开对小微企业成长的制度环境问题进行探讨。我国是社会主义国家，社会主义市场经济的建立及企业的发展在根本上都受国家政策法规影响，尤其对我国小微企业而言更是如此，因其绝大部分是个体私营等非公有制企业。[①] 因此，发展非公有制经济的外部环境对于促进小微企业的发展具有极为重要的影响。改善小微企业生存和发展的外部环境，实际上在很大程度上都是围绕着改善非公有制经济发展环境展开的。因此，政策法律制度成为影响小微企业经营与发展的重要因素，而且认为小微企业发展的良好外部环境条件首先应该表现为政府宏观指导和支持、完善的政策法规、较强的执行力度及公平竞争等。因此，在分析小微企业成长环境时，首先应该对政策法规环境进行探讨。

第一节　我国小微企业制度环境现状

国家对小微企业重视是近几十年才出现的现象。19 世纪末 20 世纪初，随着产业革命的完成和机器大工业的建立，大企业、垄断企业迅速崛起，成为市

① 从所有制上来讲，如果不考虑少数大型民营企业，中小企业概念与民营企业基本重合。因此，在某种程度上，对中小企业的研究就是对民营企业的研究。参见：国务院发展研究中心企业研究．中国企业发展报告 2017［M］．北京：中国发展出版社，2017：87.

场经济的主宰，小微企业则失去了往日的辉煌，其重要性不断下降。但是资本主义危机此起彼伏，尤其是在第二次世界大战后爆发了越来越严重的世界性经济危机，诸多大企业遇到了原材料和能源价格上涨、资金短缺、环境保护、市场动荡等强大的外在压力，人们开始把视线转向中小企业，并开始强化中小企业在市场中的地位和积极作用。1973 年，英国学者舒马赫出版了著名的《小的是美好的》一书，揭露了发达国家的资本密集型、资源密集型产业的一些弊病，指出专业化、大型化生产导致了经济效率降低、环境污染、资源枯竭的后果，这样的产业寿命不会太长，指出我们可能采用小规模的优越性。① 当今世界各国和地区都已经意识到了小微企业在经济舞台上的重要性。无论是发达国家还是发展中国家，都积极采取各种措施，制定政策和法律，扶持小微企业的成长。

一、小微企业政策法规体系基本建立

在计划经济时代，除国有企业得到了一定支持和发展之外，其他企业都难有立足之地。改革开放以来，随着私有财产保护、社会主义市场经济日趋成熟，我国小微企业政策法律制度不断出台，迄今为止基本形成了较完善的小微企业政策法律法规体系，小微企业成长环境得到了很大改善。

1. 全国性立法

为了改善中小企业经营环境、促进中小企业健康发展、扩大城乡就业、发挥中小企业在国民经济和社会发展中的重要作用，国家于 2002 年 6 月 29 日颁布了《中华人民共和国中小企业促进法》（以下简称《中小企业促进法》）(2017 年修订)，从资金支持、创业扶持、技术创新、市场开拓、社会服务五个方面规定了支持中小企业发展的法律措施，规定“国家将促进中小企业发展作为长期发展战略，坚持各类企业权利平等、机会平等、规则平等，对中小企业特别是其中的小型微型企业实行积极扶持、加强引导、完善服务、依法规范、保障权益的方针，为中小企业创立和发展创造有利的环境”。《中小企业促进法》是小微企业发展的基本法，对保护和扶持小微企业发展、改善小微企业成长环境具有重要意义。

此外，为适应小微企业的成长，建立适合小微企业治理形式，国家还制定了《中华人民共和国个人独资企业法》（以下简称《个人独资企业法》）(2000 年 1 月 1 日起施行)、《中华人民共和国公司法》（以下简称《公司

① E. F. 舒马赫. 小的是美好的 [M]. 虞鸿钧，郑关林，译. 北京：商务印书馆，1984.

法》）（1993年颁布，1999年、2004年、2005年多次修正）、《中华人民共和国合伙企业法》（以下简称《合伙企业法》）（1997年颁布，2006年修订）等法律法规，为小微企业的存在与成长提供了基本的法律环境。

2. 国务院法规和地方性法规

为了实施《中小企业促进法》、优化小微企业成长环境，国务院及其各部委、地方人大、地方人民政府等国家机关出台了大量法律法规、抽象性行政法律文件等，健全了小微企业法规体系。截至2011年年初，已有23个省（自治区、直辖市）出台了促进中小企业发展的地方性法规，如江苏、浙江、辽宁、重庆等省市都颁布了《促进中小企业发展条例》，使中小企业的发展进一步有法可依。

2000年，原国家经济贸易委员会发布了《关于鼓励和促进中小企业发展的若干政策意见》，2005年2月，国务院颁布了《关于鼓励支持和引导个体私营等非公有制经济发展的若干意见》。2009年9月，国务院颁布了《关于进一步促进中小企业发展的若干意见》，提出进一步营造有利于中小企业发展的良好环境等8个方面29条意见。2010年，国务院颁布了《关于鼓励和引导民间投资健康发展的若干意见》，主要在扩大市场准入、推动转型升级等方面又系统提出一些政策措施，进一步拓宽了民间资本在国民经济领域的投资渠道和投资范围。2011年3月30日，国务院常务会议通过了《个体工商户条例》，取消了对个体工商户从业人员人数、申请设立者身份的限制，放宽了经营范围，规定了对个体工商户的扶持、服务措施和个体工商户从事经营活动基本行为规范。

2011年，财政部、国家税务总局发布了《关于小型微利企业所得税优惠政策有关问题的通知》，财政部、国家发展改革委发布了《关于免征小微企业部分行政事业性收费的通知》，小微企业真正进入人们的视野。国务院总理李克强在主持召开国务院常务会议时指出，需要进一步解决小微企业融资难的问题，加大融资支持。

3. 配套政策与措施

在上述法律法规和政策意见的指导下，国务院各有关部门和各级人民政府纷纷出台了相应的配套政策与措施。例如，针对《关于进一步促进中小企业发展的若干意见》，有关部门已出台了18个配套文件，山东等11个省（自治区、直辖市）已出台了具体政策和实施办法，其他部门与地区也在抓紧制定相关文件。落实《关于鼓励支持和引导个体私营等非公有制经济发展的若干意见》配套文件也基本出齐。近年来国家层面出台的小微企业配套政策与扶持措施的统计和总结见表 3.1。

表 3.1 我国小微企业发展的主要配套政策与扶持措施

时间	发文单位	政策标题	政策主要内容
2004 年 5 月	财政部	《中小企业服务体系专项补助资金使用管理办法（暂行）》	规范中小企业服务体系专项补助资金的管理，提高资金使用效益
2007 年 7 月	国家发展改革委办公厅	《关于做好 2007 年中小企业服务体系专项补助资金使用和管理工作的通知》	做好 2007 年中小企业服务体系专项补助资金的安排使用工作，提高资金使用效率
2007 年 10 月	国家发展改革委、教育部、科技部等	《关于支持中小企业技术创新的若干政策的通知》	激励企业自主创新，加强投融资对技术创新的支持，建立技术创新服务体系，健全保障措施
2009 年 3 月	工业和信息化部、国家税务总局	《关于中小企业信用担保免征营业税有关问题的通知》	对于符合条件的中小企业信用担保机构，各地税务机关应该办理免税手续，担保机构也可享受相关税收减税政策
2010 年 6 月	中国人民银行、银监会、证监会、保监会	《关于进一步做好中小企业金融服务工作的若干意见》	进一步改进和完善中小企业金融服务，拓宽融资渠道，着力缓解中小企业（尤其是小企业）的融资困难，支持和促进中小企业的发展
2011 年 10 月	国务院	国务院常务会议研究确定支持小型和微型企业发展的金融、财税政策措施	加大对小型微型企业的信贷支持；清理纠正金融服务不合理收费，切实降低企业融资的实际成本；细化对小型微型企业金融服务的差异化监管政策；促进小金融机构改革与发展；在规范管理、防范风险的基础上促进民间借贷健康发展
2011 年 12 月	工业和信息化部、科学技术部、财政部等	《关于加快推进中小企业服务体系建设的指导意见》	建立健全中小企业服务体系，促进中小企业加快转变发展方式，加快推进服务体系建设，实现持续健康发展的重要措施

表3.1(续)

时间	发文单位	政策标题	政策主要内容
2012 年 4 月	国务院	《关于进一步支持小微企业健康发展的意见》	充分认识进一步支持小型微型企业健康发展的重要意义；进一步加大对小型微型企业的财税支持力度；努力缓解小型微型企业融资困难；进一步推动小型微型企业创新发展和结构调整；加大支持小型微型企业开拓市场的力度；促进小型微型企业集聚发展；加强对小型微型企业的公共服务
2013 年 7 月	国家发展改革委	《关于加强小微企业融资服务支持小微企业发展的指导意见》	落实全国小微企业金融服务经验交流电视电话会议精神和工作部署，拓宽小微企业融资渠道，缓解小微企业融资困难，加大对小微企业的支持力度
2013 年 7 月	财政部、国家税务总局	《关于暂免征收部分小微企业增值税和营业税的通知》	为进一步扶持小微企业发展，自 2013 年 8 月 1 日起，对增值税小规模纳税人中月销售额不超过 2 万元的企业或非企业性单位，暂免征收增值税；对营业税纳税人中月营业额不超过 2 万元的企业或非企业性单位，暂免征收营业税
2013 年 8 月	国务院办公厅	《关于金融支持小微企业发展的实施意见》	确保实现小微企业贷款增速和增量“两个不低于”的目标；加快丰富和创新小微企业金融服务方式；着力强化对小微企业的征信服务和信息服务；积极发展小型金融机构；大力拓展小微企业直接融资渠道；切实降低小微企业融资成本；加大对小微企业金融服务的政策支持力度；全面营造良好的小微金融发展环境
2014 年 10 月	国家税务总局	《关于进一步加强小微企业税收优惠政策落实工作的通知》	进一步提高认识，切实把落实小微企业优惠政策列入各级税务机关重要议事日程；持续广泛宣传，进一步营造落实小微企业税收优惠政策的良好舆论环境；依托信息化手段，进一步为小微企业享受税收优惠政策提供便利；进一步加强工作督查和绩效考核，为落实小微企业税收优惠政策提供组织保证

表3.1(续)

时间	发文单位	政策标题	政策主要内容
2017 年 8 月	国家工商总局、银监会	《关于开展“银商合作”助力小微企业发展的通知》	为进一步落实党中央、国务院关于扶持小微企业发展的一系列决策部署，国家工商总局和中国银行业监督管理委员会决定在全国范围内开展“银商合作”，建立支持小微企业发展的信息互联互通机制，助力小微企业发展，促进大众创业、万众创新，推动商事制度改革成果惠及广大小微企业，缓解小微企业融资难、融资贵等问题
2017 年 10 月	财政部、国家税务总局	《关于支持小微企业融资有关税收政策的通知》	进一步加大对小微企业的支持力度，缓解融资难、融资贵
2017 年 12 月	国家税务总局	《关于小微企业免征增值税有关问题的公告》	增值税小规模纳税人销售货物或者加工、修理修配劳务月销售额不超过 3 万元（按季纳税 9 万元），销售服务、无形资产月销售额不超过 3 万元（按季纳税 9 万元）的，自 2018 年 1 月 1 日起至 2020 年 12 月 31 日，可分别享受小微企业暂免征收增值税优惠政策
2018 年 6 月	中国人民银行、中国银行保险监督管理委员会、中国证券监督管理委员会等	《关于进一步深化小微企业金融服务的意见》	加大货币政策支持力度，引导金融机构增加小微企业信贷投放；建立分类监管考核评估机制，着力提高金融机构支持小微企业的精准度；强化银行业金融机构内部考核激励，疏通内部传导机制；拓宽多元化融资渠道，加大直接融资支持力度；运用现代金融科技等手段，提高金融服务可得性；健全普惠金融组织体系，增强小微信贷持续供给能力；增强财税政策支持力度，减少各类融资附加费用；优化营商环境，提升小微企业融资能力

以上只是近些年来，我国小微企业发展的主要配套政策与扶持措施。事实上，国务院以及各部委、地方政府机关等还出台了大量小微企业发展扶持政策，为我国小微企业成长营造了一个相对有利的环境。

从政策法律法规文本上来看，我国已经基本建立起了以《中小企业促进法》为基本法的、其他配套文件基本齐全的小微企业成长政策法律环境。根据上述法律法规政策的精神，在具体政策措施层面，已经形成了非公经济发展、财税扶持、金融信贷、科技创新、创业就业、服务体系、市场开拓七大方面的扶持政策，我国促进中小企业发展的政策法律法规框架已经基本建立（见图 3.1）。①

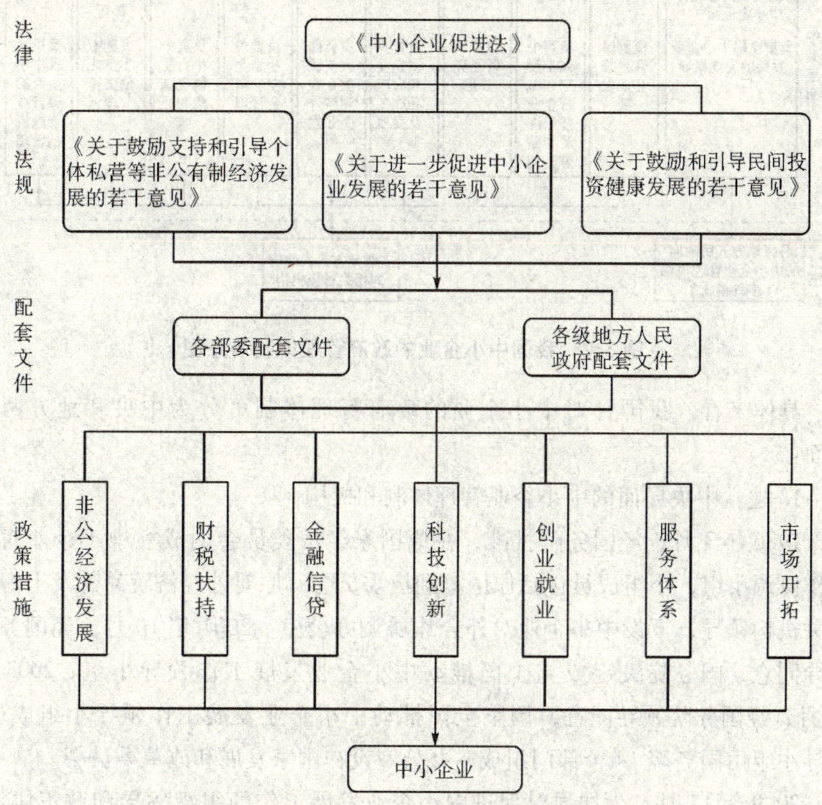

图 3.1　我国促进中小企业发展的政策法律法规框架图

二、小微企业组织管理体制基本建立

经过多年的改革调整，目前我国针对小微企业的政府管理体制逐步完善，已经形成了有国务院高层领导挂帅的“促进中小企业发展工作领导小组”统筹、以工业和信息化部中小企业司为主、科技部等其他九个部委各有侧重、地

① 国务院发展研究中心课题组．中小企业发展：新环境 · 新问题 · 新对策［M］．北京：中国发展出版社，2011：35-37.

方人民政府省地县三级分别有相应机构的中小企业政府管理体制（见图3.2）。

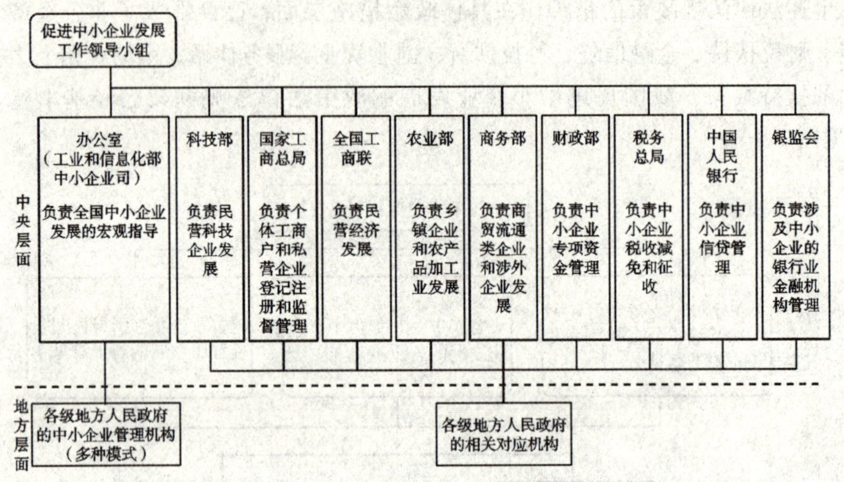

图3.2　我国中小企业的政府管理体制示意图

具体来看，我国针对中小企业的政府管理体制可分为中央和地方两个层面：

1. 建立中央层面的中小企业管理体制和机构

1986年3月，经国务院批准，在原国家经济委员会内成立中小企业对外合作协调小组，小组成员包括原国家经济委员会、原对外经济贸易部及上海市有关机构领导，下设中小企业对外合作协调办公室。2001年10月，经国务院领导同意，国务院决定成立全国推动中小企业发展工作领导小组。2003年11月，经国务院领导同意，调整全国推动中小企业发展工作领导小组成员，领导小组由国务院14个部门组成，办公室设在国家发展和改革委员会。

2009年12月，为加强对促进中小企业发展工作的组织领导和政策协调，国务院决定成立国务院促进中小企业发展工作领导小组，领导小组由国务院16个部门组成，办公室设在工业和信息化部。国务院设立促进中小企业工作领导小组。国务院促进中小企业发展工作领导小组的职责是，贯彻落实党中央、国务院决策部署，加强对促进中小企业发展工作的组织领导和政策协调，统筹指导和督促推动各地区、各部门抓好促进中小企业发展任务落实，协调解决促进中小企业发展工作中的重大问题，完成党中央、国务院交办的其他事项。领导小组办公室设在工业和信息化部，承担领导小组的日常工作，负责研究提出促进中小企业发展的政策建议，督促落实领导小组议定事项，承办领导小组交办的其他事项。领导小组办公室主任由工业和信息化部副部长王江平兼任，副主任由工业和信息化部中小企业局局长马向晖、财政部经济建设司司长孙光奇担任，办公室成员由各成员单位相关司局负责同志担任。

国务院工业和信息化部牵头承担促进全国中小企业发展的管理职能，其中小企业司是设在行业部门的综合管理职能部门。工业和信息化部中小企业司的职能是“承担中小企业发展的宏观指导，会同有关方面拟订促进中小企业发展和非国有经济发展的相关政策和措施；促进对外交流合作，推动建立完善服务体系，协调解决有关重大问题”。工作范畴为中小企业发展政策法规、中小企业发展中长期规划、中小企业发展专项资金项目申报、非国有经济发展政策、产业集群发展、中小企业节能减排、企业管理、中小企业对外交流合作政策、中小企业市场开拓活动、中小企业新型融资方式、中小企业信用担保、知识产权质押融资和评估管理、集合发债、创业辅导、培训工程、产业集群、服务体系。

除此之外，其他中央部门也参与了对中小企业的促进发展工作。具体而言，主要还有原科技部等九大部委参与的对中小企业的促进发展工作，各有侧重：科技部负责民营科技企业发展，原国家工商总局负责个体工商户和私营企业登记注册与监督管理，全国工商联负责民营经济发展，原农业部负责乡镇企业和农产品加工业发展指导，商务部负责商贸流通类企业和涉外企业发展，财政部负责中小企业专项资金管理，国家税务总局负责中小企业税收减免和征收，中国人民银行负责中小企业信贷管理，银监会负责涉及中小企业的银行业金融机构管理。也有学者把这些共同参与中小企业促进发展工作的部委所做的努力称为“九龙治水”。

2. 地方层面的中小企业管理体制

我国地方中小企业机构源自 1998 年国家经济贸易委员会中小企业司的设立。此时国家经贸委已组建 6 年，国家经贸委与各地方经贸委形成了完善的管理体制。在各地方经贸委内设立中小企业管理部门，这项工作得到全面落实，保持了与国家层面的一致性。其意义是开启了在地方政府部门内中小企业管理部门存在的先河。2003 年 3 月，十届全国人大一次会议决定不再设立国家经贸委。中小企业司划转到新设立的国家发展和改革委员会后，各地方中小企业管理部门随主管部门变化而变化。中小企业管理部门分别隶属地方政府组成部门的发改委、经贸委。2008 年 7 月，十一届全国人大一次会议批准设立工业和信息化部。中小企业司划入新设立的工业和信息化部后，各地方中小企业管理部门的归属和设立发生巨大变化。这种巨大变化体现了中小企业管理部门与我国经济社会发展、体现了包容性增长、适应和满足了不同区域内中小企业发展、顺应了服务型政府的时代特征和社会需求。2008年后，伴随着中小企业司划入工业和信息化部，各地方中小企业管理部门变化不一，呈现出不同的类型。

类型一：中小企业管理部门成了地方政府组成部门。如，辽宁省小企业厅，在业界被称为“天下第一厅”。

类型二：中小企业管理部门成了地方政府直属部门。如陕西省中小企业发展促进局。

类型三：中小企业管理部门成了地方政府管理部门。如重庆市中小企业发展指导局，既不是政府组成部门，也不是政府直属部门。

类型四：地方政府将经济（工业）和信息化委员会（厅）加挂中小企业管理局，实行“两块牌子，一班人员”的做法。如江苏省、吉林省、四川省、甘肃省、云南省等。

类型五：地方政府采取经济（工业）和信息化委员会（厅）归口管理，中小企业管理部门独立挂牌的副厅级机构。如广东省、浙江省、天津市、江西省、山西省、河北省、内蒙古自治区等。

类型六：中小企业管理部门依然放在经济（工业）和信息化委员会（厅）内，为处室管理。如北京、湖北、青海、宁夏、海南、新疆、广西、福建等。①

从以上分析可以看出，经过近几十年的发展，我国已经形成了从中央到地方多层次的组织管理体系，为小微企业政策法律的执行奠定了组织基础。

三、政策法律制度运行效果较为明显

（一）小微企业的经营领域不断拓宽

我国多数中小企业属于非公经济范畴。在《关于进一步促进中小企业发展和若干意见》等出台后，落实非公经济发展的配套文件基本出齐，有关部门对160万件法规、规章、政策性文件进行了清理，对其中限制中小企业和非公经济发展的6 000多项（件）予以废除或修订。各级政府思想不断解放，对中小企业和非公经济的认识不断提高，如江苏省委、省政府适时提出了“思想上放心放胆、政策上放宽放活、工作上放手放开”的“六放”方针，广东、江苏等省还专门召开了全省民营经济工作会议。以江苏省为例，广大中小企业开始进入原来基本上由国有企业控制和垄断的基础设施建设、石油、航天、军工、金融、文化等行业，有的已迅速成为行业优秀骨干企业。

① 国务院发展研究中心课题组. 中小企业发展：新环境·新问题·新对策［M］. 北京：中国发展出版社，2011：41-43.

（二）小微企业的财税扶持政策法律法规基本得到了落实

依据《中小企业促进法》和 2009 年《国务院关于促进中小企业发展若干意见》的要求，近年来财政不断加大对中小企业的资金支持力度，支持方式主要是贷款贴息，重点包括产业升级、科技创新、开拓市场、改善中小企业发展环境等，另外，近几年也开始做一些资本金投入方面的尝试。从资金规模上看，财政扶持资金逐年加大。2010 年中央财政安排了中小企业发展专项资金、科技型中小企业技术创新基金、中小企业国际市场开拓资金等 8 个扶持中小企业发展专项资金，共计 122.7 亿元；据财政部统计，从 2003 年中央财政有针对中小企业的专项资金以来，累计到 2010 年年底已经达到 433.1 亿元；在 2009 年、2010 年中央预算内企业技术改造专项投资中，每年安排 30 亿元用于支持工业中小企业特别是小企业的技术改造。各省级财政基本都设立了扶持中小企业发展的专项资金。如 2010 年辽宁省安排了中小企业发展专项资金 8 800 万元；2008—2010 年广东省财政每年安排 1.8 亿元中小企业发展专项资金，用于中小企业技术创新、改造、融资和担保补助及服务体系建设等；2009 年、2010 年，江苏省级财政共安排了 4.2 亿元的中小企业发展专项资金。

与此同时，近年来，从中央到地方，各级政府也积极减轻中小企业的税费负担。为促进中小企业的发展，尤其是为应对国际金融危机，我国出台了针对小型微利企业、高新技术企业及中小企业信用担保机构减免税的政策。对小型微利企业，2010 年 1 月 1 日至 2010 年 12 月 31 日，对年应纳税所得额低于 3 万元（含 3 万元）的小型微利企业，其所得减按 50%计入应纳税所得额，减按 20%征收企业所得税；小规模纳税人增值税率下调至 3%；困难企业职工社会保险实施“五缓、四减、三补、两协商”等。①

从这些统计数据来看，我国当前关于小微企业的各项政策法律措施基本得到了落实，并且出现了扶持力度越来越大的良好局面。

第二节　我国小微企业制度环境存在的问题

近年来，在党中央、国务院和各地方、各部门的高度重视下，我国促进小微企业发展的政策法律法规体系框架基本确立，并且建立了较完善的组织管理

① 国务院发展研究中心课题组. 中小企业发展：新环境·新问题·新对策［M］. 北京：中国发展出版社，2011：49.

体系，在实施方面取得了较大成绩，但还存在一些不足，有待进一步完善，具体表现在以下几个方面：

一、对小微企业地位和作用的认识程度不高

小微企业是国民经济和社会发展的重要基础，是创业富民的重要渠道，在扩大就业、增加收入、改善民生、促进稳定、国家税收、市场经济等方面具有举足轻重的作用。小微企业是缓解就业压力、保持社会稳定的基础力量。小微企业创业及管理成本低，市场的应变能力强，具有大企业无可比拟的优势。同时科技型小微企业蓬勃发展，是经济增长与社会进步的不竭动力。近年来，科技型小微企业悄然兴起并迅速发展，成为技术进步中最活跃的创新主体。改革开放以来尤其是党的十九大的召开，我国的小微企业发展迅速，在国民经济和社会发展中的地位和作用日益增强。

不可否认的是，受传统“抓大放小”思想的影响，以及现行体制、机制的制约，我国各级政府一向偏好大企业、国有大中型企业、三资企业的支持发展，各地方、各部门对中小企业还存有规模歧视，直接影响了相关政策的执行及其效果，导致对中小企业发展的重视仍然不够，对小微企业弃之不管，任其自生自灭。更有甚者，在许多时候，中小企业的发展还会受到某种程度的限制，在经营范围、市场准入、市场竞争等方面都处于不利地位。虽然近些年来，我国政府开始重视小微企业发展，出台了大量政策法律法规加以扶持，但是受传统意识与思维惯性的影响，国家和政府仍然把大中型企业作为重点发展对象，对小微企业只是出于一种政策应付的心态，没能真正让小微企业取得平等的发展机会。

二、小微企业基本法仍然存在诸多不足

我国 2002 年颁布了《中华人民共和国中小企业促进法》，并于 2017 年 9 月进行了修订。作为中小企业（包括微型企业）发展的基本法，该法在改善中小企业经营环境、保障中小企业公平参与市场竞争、维护中小企业合法权益、支持中小企业创业创新等方面发挥出了重要作用。但是不可否认，该法在保护与支撑小微企业发展方面还存在着诸多问题。

第一，立法对象界定范围上，把中型企业纳入该法律，势必挤压了小微企业扶持的效果。当时诸多代表希望能够更精准地瞄准小微企业，解决小微企业的问题，建议将本法改为《小微企业促进法》或《小微企业法》。同时，在附则里面加上一句，“中型企业可以参照小微企业的促进办法来执行”。但是这

些建议最后都没有被采纳。

第二，立法设定的措施方面，《中小企业促进法》的大量篇幅在扶持措施上，如专设章节规定财政资金政策、税收优惠政策、公共服务扶持政策等。而面对新形势，很多中小企业反映与其给扶持、给项目，不如给政策、给公平的保护。该法提出了政府扶持，但是对小微企业权益保护不够。例如，该法在修改时，有代表提出，政府和大型国企拖欠款项是中小企业发展的长期问题，草案虽然对此有所关注，但保护力度不够，还有待加强。中小企业在政策沟通和权益维护中处于弱势。

第三，《中小企业促进法》中存在部分条款可操作性不强的问题，只有促进鼓励的条款而没有问责条款。法律规定中许多“国家支持”“国家鼓励”都是“软性法律”，虚规定太多，在实践中企业很难感受得到，政府不做或做不到并不需要负责，更不会受到惩罚。因此，该法虽然对保护中小企业起到了一定作用，但对违反规定的行为却没有设置任何法律责任，特别是对于中小企业遇到乱收费、乱罚款、乱摊派甚至拖欠等不公平待遇时，没有赋予其基本的法律诉讼权，使得中小企业在合法权益受到损害时，或其职工在合法权益受到企业侵害时，没有明确的法律途径获得救济。

三、小微企业政策法规的系统性和针对性不足

虽然我国已经基本建立起了以《中小企业促进法》为基本法律的小微企业发展政策法律体系，但不可否认的是，现有小微企业政策法规体系的科学性、系统性在一定程度上存在不足，缺乏中长期、系统性的规划。首先，目前的政策法规缺乏相关的配套政策法规，如《中小企业促进法》虽然起到了基础性法律的作用，但法律条文只做了原则规定，配套性法规尚不健全，许多条款在执行中难以把握，操作上有较大难度。同样，在政策制定方面，《关于鼓励支持和引导个体私营等非公有制经济发展的若干意见》和《关于进一步促进中小企业发展的若干意见》，总体上来说是比较原则的纲领性的政策文件，要确保国家政策真正落到实处，还需要制定各领域的细化的法规政策。其次，现有政策法规的针对性也有所不足。例如，按照现行划型标准，我国企业的构成中大部分是小企业，但各项政策在实际操作中对中小企业进行扶持时，政策受益者往往是资产和盈利能力明显占优的中型企业，更需要资助的小型、微型企业由于自身实力不足及政府的不重视则受益很少。

四、小微企业各项配套制度仍不完善

一是中小企业统计监测制度仍不完善。国务院《关于进一步促进中小企

业发展的若干意见》提出，要“建立中小企业统计监测制度”，但与中小企业日益发展壮大的情况相脱节的是，目前我国尚未形成统一的中小企业统计体系，有关部门也未建立中小企业统计监测系统。当前，我国对小微企业的统计监测政出多门，缺乏统一完善的统计体系，对小微企业的总体结构、绩效等情况缺乏相对完整准确的数据。而且，所有部门在小微企业的统计监测中存在一个共性问题，即缺乏对小微企业在科技创新、技术成果转化方面的统计监测。

二是我国政府部门缺乏针对小微企业政策落实的追踪考核机制。从国际经验来看，美国利用政府机关和国会间的制衡关系来保证小企业政策实施效果，同时美国中小企业管理局在各自的政策领域都设定了目标和绩效，并进行评价；日本对政策进行事前和事后评估，并通过提高政策制定和实施过程的透明度来提高政策的实施效果；欧洲各国对政策实施效果的评定已进入常规化；欧盟 1999 年建立了外部评价机制，利用第三方机构实现对政策的客观性评价。我国在这方面则存在明显欠缺。

三是针对小微企业的政策法规宣传力度有待进一步加强。我们在调研中发现，相当多的中小企业对国家出台的各类优惠政策并不清楚，未能申请进而享受相关扶持，只有少数企业长期享受优惠政策。这其中既有中小企业能力不足的原因，更重要的原因是政府部门对法律法规政策宣传力度不够、服务不到位。

四是缺乏小微企业区域差异化政策法律制度。我国地域辽阔，经济社会发展极不平衡的问题突出，但小微企业政策缺乏地域的差别性。而其他国家往往有这方面的法律法规与政策，如韩国的《地区均衡发展和促进地区中小企业法》和《地区担保基金》，就通过促进地区性中小企业的发展，达到区域之间的均衡发展，值得我们学习借鉴。

五是缺乏规范大型企业与小微企业公平竞争制度。大企业实力雄厚，竞争力强，在市场竞争中往往容易通过市场垄断来打压、限制小微企业的发展。在发达国家，如日本就有专门限制大企业压制小企业发展的一些法律，包括为确保超市周围的中小商业经营活动能够正常发展而制定的《关于调整大规模零售店事业活动的法律》（俗称《大店法》）等，以此规范大企业与中小企业的关系，促进公平竞争。

五、现有政府管理体系有待进一步理顺

我国当前小微企业政府管理面临着许多困境，主要表现为“政策下不去，信息上不来，问题难解决”。政府在小微企业管理上的不足，制约了各项政策

作用的发挥。虽然近些年来国家对中小企业政府管理体制进行了频繁的改革，但大多只是名头的改变，迄今为止还没有实质性改革，其中中小企业政府管理中“分割”问题、政出多门等问题仍然存在：有关部委之间在中小企业管理上的条块分割、地方中小企业政府部门之间的条块分割、中央与地方在中小企业管理上的分割。在2008年的政府机构改革中，中小企业司归属工业和信息化部。作为一个司局级单位，中小企业司向上无法充分协调比它高一级别的发改委、商务部等与中小企业发展密切相关的中央部委，向下没有直接隶属关系的地方管理网络，造成中小企业司在中小企业管理上处境尴尬。现有的中小企业管理体制下，农业部的乡镇企业局管理乡镇企业，商务部管理出口型中小企业，科技部管理科技型中小企业，国家工商总局管理个体私营中小企业，在宏观管理上还涉及发改委、中国人民银行、国家税务总局等部门。

这种管理体制的弊端表现为：一方面无法覆盖全部类型的中小企业，另一方面重复交叉管理现象严重。例如，有的中小企业是乡镇企业、科技型企业、出口型企业、个体私营四者兼而有之，则需要受到四个部门的重复管理。而不属于这四类的众多中小企业则属于政府服务的边缘群体，得到的公共服务十分有限。对小微企业宏观管理有重要影响的主要行政管理权力分散于国家发展和改革委员会、商务部等部委，各个部委对自身又有不同的定位，对于中小企业政府管理上整体定位模糊，甚至相互抵触。中小企业政府管理政出多门，呈现出行政体系庞大、组织松散的状况，造成了小微企业政府服务中的公共产品短缺，不能满足小微企业在快速发展中对于政府服务的渴求。①

第三节　我国小微企业制度环境优化对策

近年来，我国小微企业政策法律环境有了很大的改善。2016年6月，工业和信息化部正式发布《促进中小企业发展规划（2016—2020年）》，明确了以提质增效为中心、以提升创业创新能力为主线、推动供给侧结构性改革、优化发展环境、促进中小企业发展的指导思想，从创业兴业、创新驱动、优化结构、推进改革等方面提出了基本原则，为小微企业政策法律环境优化提供了思路。本书结合党的十八大以来我国小微企业发展变化的新情况，提出我国小微

① 林汉川，李安渝．中国中小企业发展研究报告（2011）［M］．北京：企业管理出版社，2012：94.

企业政策法律环境优化的几点对策。

一、建立健全小微企业成长的法律制度

国外针对小微企业的发展已经建立了一套较为完善的政策法律制度体系。美国、日本等发达国家在长期的发展过程中，已经对小企业发展总结出了一套完备的适合本国的中小企业成文法，为本国的小企业发展奠定了一定的法律政策基础。尽管美国、日本、欧盟等国家和地区对小企业的探索过程不同，对小企业的支持力度和保护措施也有差别，但是在各自发展历程中都把立法作为保护和帮扶小企业发展的制度保障和基础。因此，我国应在《中小企业促进法》的基础上，加快立法步伐，扩大立法范围，拓宽立法层面，系统、科学地制定出适合小微企业成长的法律制度，使小微企业的各项发展促进措施都能通过立法的形式固定下来。

（一）加紧出台小微企业基本法

我国需要在进一步提高对中小企业重要地位和作用认识的基础上，尽早制定《中小企业基本法》，明确中小企业的立法宗旨是充分保护中小企业的合法权益，为中小企业发展创造一个自由进退、公平竞争的环境，促进中小企业的健康发展，使中小企业适应不断变化的运行环境、取得更好的经济效益和社会效益。各级地方政府要进一步转变思想观念和政府职能，切实为小微企业服务，从片面追求地区生产总值总量向以人为本的科学发展观转变，从减员增效向扩大就业和再就业转变，从重视大企业发展战略向大中小企业发展战略并重转变，从控制和管理向服务和支持转变。

我国当前实施的《中小企业促进法》所涉及的保护对象（中型企业、小型企业和微型企业三种）针对性不强、重点不突出的，不利于小微企业的成长。因此，制定《中小企业基本法》时首先需要对中型企业、小型企业、微型企业单独分章节进行规定。我国也可以根据小微企业成长规律、针对小微企业不同成长阶段对其分别制定相应法律措施，使处于不同发展阶段的小微企业都能获得法律的惠及，真正推动小微企业的持续、稳定和健康发展。需明确规定小微企业法规实施监督机制。最后，建议在《中小企业基本法》中明确规定设立直接对国务院负责的小企业局，统筹工业、商业、科技等各部门现有的涉及中小企业的管理职能，更好地促进中小企业发展。建议加入要求政府部门向人大立法机构就中小企业工作进行报告的内容，包括报告期间小微企业发展状况、创造就业机会成果、促进小微企业发展及其服务体系的统计数据等。

（二）健全小微企业配套法律保护体系

与美国、日本等发达国家制定的多种扶持小企业的法律法规及健全配套的

小企业法律实施支持体系相比，我国在小微企业法律建设方面还存在着严重不足。应该尽快制定较为长远、系统、科学、稳定的中小企业发展规划，进一步完善《中小企业促进法》的配套法律法规，进一步推进制定各领域促进中小企业发展的细化的法规政策，弥补现有政策存在的不足。

现行的《中小企业促进法》在许多方面仍然对小微企业所面临的问题没有真正厘清，也无法对具体问题做出明确的规定和说明，并且缺乏完善的相关配套法律制度。因此，有关部门需要在《中小企业基本法》的基础上，根据实际情况，尤其是各地方的情况，制定完善的配套法律制度，提高立法效力层次，健全法律保护体系和层次，在财政、金融、创新、信息和市场、经营管理等方面给小微企业成长提供更大的扶持力度，为政府在制定决策和政策时，提供具有强制力的法律遵循。我们建议我国制定出台小微企业区域法律政策，尽快出台创造公平竞争环境的准入、融资、信贷等领域的竞争政策和规制垄断政策、基础设施和垄断领域公私合营特许经营（PPP）法律。

（三）加强小微企业的知识产权制度

小微企业技术创新具有较强的技术溢出效益，这是小微企业在激烈的市场竞争中脱颖而出、战胜大企业的不二法门。当前世界诸多小企业最后成长为超级大企业，都是以其具有核心技术及知识产权作为基础的。因此，政府必须加大知识产权保护力度，注重知识产权立法，保护小微企业创新利益，这不仅是完善市场经济体制、促进企业自主创新的需要，也是参与国际市场竞争、开展国际经济合作的需要。各级政府部门应加大知识产权保护的实施与监督力度，真正使创新成为提升小微企业持续竞争力和实现持续成长的重要措施，激发小微企业开展创新的积极性和主动性。

与发达国家相比较，我国小微企业创新能力明显不足，同时知识产权管理水平不高也是科技型小微企业急需解决的问题。加强我国小微企业的知识产权建设，是加快科技型小微企业发展、提升科技创新能力、增强市场竞争力的重要举措，也是提升我国自主创新能力、增强国家核心竞争能力的有效途径。一是要增强商标权意识，加强商标权保护，及时将自己的商标进行注册，以保证自己的商标权；充分利用公开的商标文献和检索工具，进行各种信息收集，对发现各种商标侵权问题及时采取补救措施。二是加强专利权保护。小微企业，尤其是科技型小微企业在对开发项目进行预研究时，应开展专利检索，防止重复研究开发。对检索到的最新技术进行消化、吸收并改进创新，开发具有自主知识产权的产品和技术。三是积极构建科技型小微企业知识产权服务平台。知识产权服务平台集知识产权代理、评估、担保、运营、处置、流转、孵化投资等业务为一体，形成投保贷一体化的运作模式，减少各中间服务机构的协作成本和时间成本，专注于知识产权的运营和管理，有利于人才集聚，减少服务成本，从而提高效率、降低风险。

（四）建立健全小微企业统计监测制度

要建立和完善对小微企业的分类统计、监测、分析和发布制度，加强对规模以下企业的统计分析工作，及时、准确、全面地反映中小企业发展动态，为领导决策和社会发展提供科学依据。建立跨部门小微企业运行动态监测体系。建议国务院进行协调，建立跨部门的有效信息共享和联动协作机制，制定各部门信息记录的数据标准、接口标准、格式标准等，打破信息孤岛，推动工商、商务、税务、海关、质检、环保、交通、社保等部门的信息相互开放、互联互通、实时交换。统一小微企业公共服务平台，解决当前普遍存在的条块分割、各自为政问题，建立公共服务平台之间的互通互联机制。[①] 整合完善小微企业监测指标，统计监测指标与小微企业对社会的贡献相匹配，通过小微企业运营结果、过程与信心、政策的惠及度及预期三个维度进行统计监测，全面、客观地统计小微企业的现有运营状况、未来的稳定性及可持续性，为政策的制定提供决策依据。

二、进一步优化政府组织管理体系

（一）加强和完善小微企业政府管理体制

在各级政府关注民生、关注就业、关注稳定的新形势下，理顺中小企业政府管理体制、健全工作机制、确保中小企业稳定健康发展显得尤为重要。我国政府的中小企业管理部门应具备一定的权威性（包括中小企业全面政策制定和归口、向中央财政提交中小企业发展资金的汇总平衡预算草案、执行中央财政对中小企业发展预算的账户、支持建立国家中小企业发展基金）；对中小企业事务和中小企业发展具有跨部门、跨行业、跨所有制的协调和管理职能，成为促进中小企业发展的协调和融合服务平台；对中小企业事务和中小企业发展采取分类指导（指各类所有制中小企业）、分级管理（指中小微型企业及个体工商户）、分业统筹（指各行各业中小企业）、分区侧重（指不同区域和区域经济带）的原则；按中型企业、小型企业及微型企业实施差异化管理。为此，建议按照进一步明确职责、改善协调机制、强化基础的原则，加强和完善小微

---

① 国务院发展研究中心课题组. 中小企业发展：新环境·新问题·新对策［M］. 北京：中国发展出版社，2011：116.

企业政府管理体制，建立协调顺畅的工作机制。

我们具体提出三点建议：一是在现行管理体制架构下，充分发挥“促进小微企业发展工作领导小组”的领导作用，在各部门“三定方案”的基础上进一步明确和细化各自职责，重点加强和完善部门间的协调机制。二是在借鉴国际经验和考虑我国中小企业量大面广国情的基础上，将现有中小企业管理机构升格，增加编制，充实力量，加强小微企业管理工作。三是时机成熟时，可考虑设立高规格、有权威的专门机构，专司全国中小企业的管理和协调工作，并引导推动各地理顺中小企业的政府管理体制，从而建立起国家、省、市、县上下统一、协调一致、运转高效的中小企业管理体系。①

（二）成立国家中小企业局

进一步加强和完善小微企业管理体制。美国、日本等国家都在有限的政府机构中设立中小企业主管部门，这是发达的市场经济国家的通行做法。《中小企业促进法》规定“国务院负责企业工作的部门组织实施国家中小企业政策和规划”。在实践中，主要由工业和信息化部的中小企业司负责以工业为主的中小企业管理职能，并负责对全国中小企业工作进行综合协调、指导和服务。但由于这一部门级别较低，协调工作难度大。此外，中小商贸流通等服务业的中小企业工作由商务部商贸流通司负责，科技部还负责中小科技企业的发展工作。虽然在国务院层面上成立了国务院促进中小企业发展工作领导小组，但涉及十几个部委的协调，难度大、效率低。这不仅增加了政策间协调的难度，难以发挥政策的功效，而且容易造成这些相互独立的管理机构政策上的局限性与片面性，难以顾全大局。

从国际经验来看，各国政府为加强对中小企业的宏观管理和服务，都纷纷设立了中小企业的专门管理机构，统筹规划中小企业的发展。如美国专门通过《小企业法》设立了小企业管理局，局长由总统直接任命，明确规定小企业管理局由总统直接指导和监督，与联邦政府的其他机构或部门无隶属关系。并且小企业局设立首席律师，重点审查其他联邦政府机构的有关政策是否侵犯了小企业利益，审核和评估小企业管理局自身政策和活动对小企业发展的影响。

加强小微企业工作统筹协调力度，建立国家层面的小企业局，替代目前非常设机构的部际协调领导小组，切实把发展小微企业作为实现全面脱贫目标、全面建成小康社会、促进社会公平的重要抓手，把发展小微企业作为社会经济

---

① 国务院发展研究中心课题组. 中小企业发展：新环境 · 新问题 · 新对策［M］. 北京：中国发展出版社，2011：58.

转型成功、扩大就业、实现富民的根本之道，把发展小微企业作为实现“稳增长、调结构”的主要手段和催生经济发展新动力的重要措施。借鉴发达国家统筹协调小企业政策、实现政策协同效果的经验，在此基础上完善中小企业的综合统计体系，协调各部门涉及小微企业发展的政策和行政规范，维护中小企业合法权益。建议国家小企业局的职责主要应包括：加强宣传力度，让广大干部更加充分认识到扶持小微企业发展和促进“大众创业、万众创新”的重要意义，认识到小微企业发展的客观规律，自觉将扶持小微企业发展放在优先位置，改变过去“抓大放小、择强扶优”的政策思路；适应经济社会转型发展要求，重在改进企业发展环境、制定普惠性政策，以激发全社会的创造活力：加强政策引导培训，充分发挥有关行业协会、商会等中介组织的作用，推广扶持小微企业发展的先进经验，提高中小企业的社会责任意识，促进中小企业环保绿色转型发展、可持续发展。①

三、进一步优化政策服务体系

除了完善小微企业法律制度建设外，还需要相关的政策作为保障，才能使得小微企业在风险万变的激烈市场竞争中存活下来。在发达国家和地区，尤其是美国、日本、欧盟等国家和地区均已建立起了比较系统的小微企业扶持政策体系，包括财政、金融、科研、税收等多方面的政策支持措施。

（一）出台小微企业差异化社保政策，着实为小微企业减负

随着各省对养老保险、医疗保险等的收缴比例提高，全国层面上普遍已达到40%以上，这对于小微企业存活是一种巨大的压力。调查反映，小微企业的成本中五险一金等社保费率在人工成本中占比过高，已成为小微企业进一步扩大经营的瓶颈。尤其是，随着生态环保要求的提高，以及近几年以来经济形势的严峻，民间投资的大幅下滑，小微企业已经挣扎于生死存亡线上，降成本成为当前最为迫切的要求。人力资源和社会保障部响应2015年中央经济工作会议提出的降成本要求，出台了政策，将社保收缴比例降低了1个百分点。

建议对小微企业实施差异化社保缴费政策，给予其更大的降费比例，而不是与大企业一刀切地实施同样的缴费比例。一是小微企业本身处于发展的初级阶段，各方面实力都很弱。同样的社保缴费比例，其缴费额度占比及衍生出来的经办管理人员的财务成本，对大企业来讲占经营成本比例较低，但对小微企

---

① 国务院发展研究中心课题组．中小企业发展：新环境·新问题·新对策［M］．北京：中国发展出版社，2011：111-120.

业来说占比却很高，尤其是以高技术人才为主的科技型中小企业和主要以人工成本为主的服务业企业。二是在各种大型工程招投标以及政府采购方面，小微企业由于在资金保障、人员实力、技术储备、品牌等多方面不完善，也不具备大企业所具有的资质，因此，承担的社保费用义务应该与大企业有所差异。三是对于社保基金的收支压力来说，由于大企业社保缴费占整体收入比例很高，大企业降费 1 个百分点，对大企业的经营成本改善虽然有限，但对社保基金收入的影响较大；而小微企业社保缴费比例大幅度降低，对社保基金收入来说影响不那么大，但涉及的企业面却很广，对小微企业降成本的改善效果也非常明显。因此，建议根据企业的规模确定差异化的社保缴费政策。①

（二）进一步完善财税扶持政策，改善普惠性减税效果

财税政策是国家进行宏观调控的重要杠杆，政府通过这只有形的手对市场进行调节，经常具有立竿见影的作用。

一是要进一步扩大普惠性减税的覆盖面。扩大税收优惠的范围，如将小微企业免征增值税的标准提高至“月销售额不超过 5 万元”；区域性股权市场投资者建议参照新三板做法执行投资纳税规定；改进不利于创新的税制规定，如对知识产权入股实行延迟纳税，应在实际发生股权兑现或分红收益时再同步实行纳税，而不是统一规定为一个固定年限如 5 年，以鼓励科技成果转化；加大行业协会减税力度。

二是要以减税措施为抓手建立中小企业申报统计库，既提高中小企业的纳税人意识，也能够保证相关统计数据的完整性。

三是要将小微企业的免税起征点改为免征额。对月销售额未达到起征点的不予征税，对月销售额达到起征点的仅对超过部分予以征税，增加优惠政策普及面，减少征纳成本。

四是要建立并完善税银联动征信系统。将企业的纳税情况与贷款额度结合起来，有利于银行、担保、保险公司等金融中介及民间资本更好地识别优质小微企业，有利于降低小微企业参与市场融资的门槛，减少融资成本。

（三）加强监管，有效降低小微企业进入和退出门槛

一是坚持放管并重，重点解决监管不到位的问题。建立部门间的同步联动监管机制。工商部门应将已领照未办证的企业信息及时、精准地推送告知给卫生、食药监、质检、消防等后置许可审批监管部门，各监管部门要根据工商信

① 国务院发展研究中心课题组. 中小企业发展：新环境·新问题·新对策［M］. 北京：中国发展出版社，2011：114.

息加强上门服务、在线沟通，提醒和辅导新企业及时办证，改变过去“有证才监管”的工作思路，做到经营全覆盖。明确“先照后证”的取证周期。继续修订相关法律。尽快按“谁审批谁监管”“谁主管谁监管”的原则调整相关法律，如《互联网上网服务营业场所管理条例》，明确各部门的监管职责，避免部门之间互相推诿。建立符合“宽进严管”的新型市场监管体系。

二是深化简政放权，进一步降低市场准入门槛。把清理后置审批事项作为深化简政放权的重点。从中央到地方都要对后置审批事项进行系统梳理，形成后置审批事项清单，明确审批条件、时限等要求，并向社会公布；对确实需保留的许可审批事项要优化流程、提高办证效率。继续缩减工商登记前置审批事项。加快推进市场准入负面清单制度。

三是宽容接纳最能体现、最适合大众创业、万众创新的平台型公司业态。以自然人形态参与市场的个人创业者网店，虽然按照传统定义不算中小企业范畴，但从理论上来说，个体开展经营活动来谋生是一种天然的权利，不一定必须通过行政注册手续、缴验注册资本金、年审等才能谋生。工商登记制度、行业监管、税收制度要去适应个体谋生活动形势的变化，而不应该为了管理和收税的便利性而剥夺个体谋生的经营权利。新的创新业态下，法律制度存在空档期，要明确法无禁止则行，积极去适应中小企业创新发展实践。因此要完善工商登记注册制度，适应信息经济下的市场主体运行规律。税收体系上也需要尽快由间接税改向直接税、由生产型增值税改向消费型增值税。

四是加强商事制度改革的宣传、沟通，着力解决不配套问题。“三证合一”“一照一码”改革给企业带来了极大便利，还要处理好“新旧合一”过渡期出现的各种不配套问题。

五是加快开展简易注销试点工作。扩大试点地区，尽早发现和解决简易注销中的问题与障碍。

六是完善小微企业破产法律规范，实现企业的有序退出。逐步增强破产制度的社会接受度、建立健全失信惩戒机制、积极探索破产程序类型多样化。既要有适用于所有企业破产的“普通程序”，又要有适用于中小企业的“简易程序”，还要有适用于极少数情况下的“特别程序”。对简单破产案件，可通过指定个人管理人、改进债权人会议制度和表决方式、加快审理进度等简化破产程序，实现社会资源的重新分配。①

---

① 国务院发展研究中心企业研究所．中国企业发展报告（2016）［M］．北京：中国发展出版社，2016：119-120.

（四）进一步实施政府信息披露制度，落实政府相关管理责任

一是落实并完善《政府信息公开条例》，建立政府部门及财政资助部门的信息公示清单制度，以公开为原则、不公开为例外，促进政府有关部门信息公开的常态化、制度化，切实落实政府信息公开。规定相关部门在信息公开方面的责任义务，对小微企业注册登记、行政执法、行政审批、享受扶持政策及政策实施等相关信息都应公开。

二是对政府信息披露情况开展第三方评估，防止少数机构以各种理由拖延信息公开。有序扩大政府涉企信息对社会的开放，促使政府相关部门、金融机构及其他社会组织之间信息的整合和有效利用，促进中国人民银行征信体系、税务、工商等信用信息系统向商业银行、保险、征信机构等开放和共享，优化信用调查、信用评级和信用管理等行业的发展环境。推动征信行业相关管理规范的制定和出台，规范征信机构的行为，提升征信机构的公信力。

三是积极培育社会征信机构和评级机构，鼓励和支持第三方征信发展，拓宽具备个人征信业务资格的商业机构经营范围，促进第三方信用服务。

四是建立健全小微企业政策执行追踪考核机制。借鉴国际经验，建立相应的政策执行追踪考核机制，加大对政策执行和反馈的监督力度，切实为小微企业的发展营造良好环境。此外，有关部门应加强法规政策的宣传力度，积极向广大小微企业免费发放信息，明确告知广大小微企业可享受哪些优惠政策和服务，并明确告知申请流程和方式方法，并可设置专门机构或专人加以辅导。

第四章　我国小微企业成长金融生态环境及其优化

将生态系统理论和观念应用于金融领域，并创造性地提出"金融生态"概念，是近年来的事。这一概念的提出，为目前处在困境中的中国金融体系的完善和重构在战略、手段和方法上指明了一条切实可行的改革方向。也就是说，中国金融体系的重构，不仅要着眼于金融系统内部在政策、制度和管理方面的改革和完善，更要重视和加强金融体系赖以健康和有效运行的外部环境的健全和建设。所谓金融生态环境，是依照仿生学原理来建立和发展金融体系的良性运作发展模式。广义上的金融生态环境是指与金融业生存、发展具有互动关系的社会、自然因素的总和，包括政治、经济、文化、地理、人口等一切与金融业相互影响、相互作用的方面，主要强调金融运行的外部环境，是金融运行的一些基础条件。狭义上的金融生态环境包括法律制度、行政管理体制、社会诚信状况、会计与审计准则、中介服务体系、企业的发展状况及银企关系等方面。在金融生态链条中，法治环境是根本，制度环境是保障，信用环境是基础，三者缺一不可。从仿生学的角度来看，金融生态环境为小微企业提供的是其赖以生存的温度和湿度等气候条件，只有适宜的气候条件和生态环境才能有助于小微企业的健康成长。

第一节　我国小微企业金融环境现状与问题

如果说政策法律制度是小微企业成长的骨架，那么金融则是小微企业成长的血液。金融生态环境作为小微企业赖以存在的外部环境，在小微企业的成长历程中起着举足轻重的作用。和谐健康的金融生态环境可以在很大程度上促进小微企业的发展。但是在竞争激烈的金融市场中，处于弱势的小微企业几乎没有生存的优势，处处都是关卡，小微企业的融资基本都是被拒之门外。经过近几年的努力，我国小微企业的金融环境得到了一定程度的改善，但是小微企业融资难、融资贵的状况没有得到根本改变。

一、我国小微企业融资环境现状

近年来，由于党和国家对小微企业的重视程度越来越高，对小微企业的金融服务不断完善。小微企业的金融环境得到了很大改善，为小微企业成长奠定了基础。

（一）商业银行对小微企业扶持力度增强

根据中国银监会的统计，2010 年小微企业贷款余额达到了 7.5 万亿元，分别比 2008 年和 2009 年增加了 1.7 万亿元和 3.1 万亿元，小微企业贷款增速明显高于全部贷款平均增速，所占比重也有大幅度增加。其中主要商业银行对中小企业贷款余额的平均增速达 35.53%，小微企业贷款余额平均增速达 58.84%。截至 2018 年一季度末，全国小微企业贷款余额已经达到 31.76 万亿，2018 年一季度新增了 0.96 万亿，小微企业贷款户数已经达到 1 545 万户，涉农贷款余额也接近 32 万亿，比年初增长了 1.1 万亿。①

一是普惠金融的机构体系在加快建设和不断地丰富完善。金融服务覆盖面不断扩大。现在各主要商业银行都已经成立了普惠金融事业部，此外，1 600 多家村镇银行和 17 家民营银行相继获准设立，它们主要为“三农”和小微企业服务，是推动普惠金融的重要力量。截至 2017 年年末，全部银行业金融机构营业网点 22.86 万个，网点的乡镇覆盖率和基础金融服务行政村覆盖率都超过了 90%。农业保险乡村服务网点已达 36 万个，协保员 45 万人，网点乡镇覆盖率达到 95%，村级覆盖率超过 50%。普惠金融机构服务体系已经初步建立，覆盖面在不断地提升。

二是不断建立和完善相应的激励考核机制。在银行内部，要设立专门的部门，要有专门的信贷计划，要有针对性的考核指标，要相应地降低内部资金成本，同时也对基层的工作人员给予特别的激励，做到尽职免责。监管方面也采取了一系列的差异化政策，包括在每年对银行的监管评价中，专门将普惠金融作为一项重要内容，实行针对性的考核。对小微企业、“三农”贷款的风险权重也实行差别化，对不良贷款率也有一定的容忍度，以促使银行更积极性做好普惠金融。另外也有一些外部激励政策。在所得税、增值税方面，对小微企业、“三农”都给予了特别的优惠支持，央行对致力于推动普惠金融，发放小

---

① 童芬芬. 一季度末小微企业贷款余额 32 万亿 [N]. 中华工商时报，2018-05-04 (1).

微企业、三农贷款的银行有针对性地给予再贷款支持，实行有差别的存款准备金制度。

三是融资成本得到合理控制。银监会要求商业银行除了贷款利率以外，尽量减免各种收费项目，以降低融资成本。银行业全年比上年多减费让利440亿元。针对小微企业贷款，禁止银行收取承诺费、资金管理费，严格限制收取财务顾问费、咨询费。贷款利率总体控制在合理区间，稳中有降。特别是国有大型银行，对小微企业、“三农”的贷款利率大大低于地方金融机构和其他小型金融机构的贷款利率水平，在缓解小微企业和“三农”融资贵方面发挥了重要作用。同时鼓励有条件的银行业金融机构在市场上发行专项金融债，扩大为小微企业提供服务的资金来源，也鼓励大型商业银行和政策性银行更多向中小金融机构提供长期稳定低成本资金，以推动小微企业融资成本的降低。

（二）小企业在直接融资领域获得了一席之地

外源融资包括直接融资和间接融资两个方面。其中，直接融资主要指不借助银行等金融机构，直接与资本所有者协商融通资金的融资方式。根据各发达国家的经验，创业板市场、风险投资市场、私募股权基金和天使投资是中小企业在直接融资中最重要的几种直接融资方式。

2004年5月，经国务院批准，中国证监会批复同意深圳证券交易所在主板市场内设立中小企业板块。中小企业板的建立是构筑多层次资本市场的重要举措，也是创业板的前奏，中小企业板所肩负的历史使命必然使得这个板块在未来的制度创新中显示出越来越蓬勃的生命力。中小板企业多数是一些在各自细分行业处于龙头地位的小公司，拥有自主专利技术的接近90%，部分公司被列为国家火炬计划重点高新技术企业和国家科技部认定的全国重点高新技术企业。中小板企业大多位于东南沿海等经济发达的地区，在50家企业中，浙江、广东、江苏三省共31家，占62%。沿海区域的经济发展为中小企业的发展提供了巨大的空间。

中小企业板块的进入门槛较高，上市条件较为严格，接近于现有主板市场。为此，我国又建立了创业板市场，进一步降低进入门槛，上市条件较为宽松。我国创业板市场是专门协助高成长的新兴创新公司特别是高科技公司筹资并进行资本运作的市场。创业板市场为中小企业提供了新的直接融资渠道，同时也为风险投资提供了退出渠道，促进风险投资的发展。我国创业板市场起始于2009年10月30日，至2011年上市中小企业数量达到200家，募集资金总额超过10 000亿元。

中小板与创业板企业首次发行股票筹资2 991亿元，构成了2010年资本市场首次发行股票融资主体。股份报价转让系统目前挂牌企业共83家，总股本29亿元。另外，截至2010年年底，中小微企业通过发行短期融资券、中小企业集合票据等债务融资工具累计募集资金64.77亿元。[①] 小企业的融资渠道有所拓宽。

（三）政策性金融为小微企业开辟融资渠道

政策性金融，是指在一国政府支持下，以国家信用为基础，运用各种特殊的融资手段，严格按照国家法规限定的业务范围、经营对象，以优惠性存贷利率，直接或间接地为贯彻、配合国家特定的经济和社会发展政策，而进行的一种特殊性资金融通行为。它是一切规范意义上的政策性贷款，一切带有特定政策性意向的存款、投资、担保、贴现、信用保险、存款保险、利息补贴等特殊性资金融通行为的总称。虽然政策性金融同其他资金融通形式一样具有融资性和有偿性，但其更重要的特征却是政策性、金融性和优惠性。政策性金融内涵的界定主要有以下本质特征：①政策性，主要是政府为了实现特定的政策目标而实施的手段；②金融性，是一种在一定期限内以让渡资金的使用权为特征的资金融通行为；③优惠性，即其在利率、贷款期限、担保条件等方面比商业银行贷款更加优惠。这三个本质的特征充分显示了政策性金融同财政和商业金融的区别。

我国对小微企业提供的政策性金融主要体现在税收与专项资金上，加大对小微企业的政策倾斜和支持力度。国务院总理李克强在2017年9月27日主持召开的国务院常务会议上提出，从2017年12月1日到2019年12月31日，将金融机构利息收入免征增值税政策范围由农户扩大到小微企业、个体工商户，享受免税的贷款额度上限从单户授信10万元扩大到100万元。2017年，财政部、国家税务总局印发的《关于支持小微企业融资有关税收政策的通知》中规定，自2017年12月1日至2019年12月31日，对金融机构向农户、小型企业、微型企业及个体工商户发放小额贷款取得的利息收入，免征增值税。并将金融机构利息收入免征增值税政策范围由农户扩大到小微企业、个体工商户，进一步加大对小微企业的扶持力度，有效缓解小微企业融资烦、融资难、融资贵问题。

中小企业发展专项资金（以下简称“专项资金”），是指中央财政预算安排，用于支持中小企业特别是小微企业科技创新、改善中小企业融资环境、完善中小企业服务体系、加强国际合作等方面的资金。专项资金综合运用无偿资

① 张承惠. 中小企业融资现状与原因问题分析［J］. 理论学刊，2011（11）：37-39.

助、股权投资、业务补助或奖励、代偿补偿、购买服务等支持方式，鼓励创业投资机构、担保机构、公共服务机构等支持中小企业，充分发挥财政资金的引导和促进作用。2004 年，中央设立中小企业发展专项资金，专项资金主要用于支持和鼓励科技型中小企业研究开发具有良好市场前景的前沿核心关键技术，借助创业投资机制促进中小企业科技创新。支持中小企业围绕电子信息、光机电一体化、资源与环境、新能源与高效节能、新材料、生物医药、现代农业及高技术服务等领域开展科技创新活动。

中小企业发展专项资金是根据《中华人民共和国中小企业促进法》，由国家发改委、工业和信息化部和财政部发布，中央财政预算安排，主要用于支持中小企业专业化发展、与大企业协作配套、技术进步和改善中小企业发展环境等方面的专项资金（不含科技型中小企业技术创新基金）。专项资金的管理和使用应当符合国家宏观经济政策、产业政策和区域发展政策。2011 年中央财政安排中小企业专项资金 128.7 亿元，2012 年专项资金总规模扩大至 141.7 亿元。2012 年依法设立国家中小企业发展基金，中央财政安排资金 150 亿元，重点用于支持中小企业特别是小型微型企业发展，分 5 年到位，2012 年安排 30 亿元。国家用于扶持中小微企业的专项资金投资力度不断加大。政策性银行在保持对小微企业贷款稳定增长的同时，利用各自的特点，加强了对小微企业的引导和扶持。

2015 年 7 月，财政部发布《中小企业发展专项资金管理暂行办法》，对于中小企业发展专项资金的运行管理，专门作出规定。

（四）金融政策环境日趋完善

自 2011 年起，国家相继出台了一系列扶持小微企业的发展政策，不断优化小微企业成长金融环境，为小微企业输入新鲜血液，以实现小微企业健康、良好的发展。

1. 提升对小微企业的贷款额度方面

2011 年，国务院出台九项金融财税政策措施支持小型和微型企业发展。加大对小微型企业的信贷支持政策如下：银行业金融机构对小型微型企业贷款的增速不低于全部贷款平均增速，增量要高于上年同期水平，对达到要求的小金融机构继续执行较低存款准备金率，商业银行重点加大对单户授信 500 万元以下小型微型企业的信贷支持。

2011 年，银监会印发《关于支持商业银行进一步改进小企业金融服务的通知》，引导商业银行继续深化六项机制（利率的风险定价机制、独立核算机制、高效的贷款审批机制、激励约束机制、专业化的人员培训机制、违约信息通报机制），按照四单原则（小企业专营机构单列信贷计划、单独配置人力和财务资源、单独客户认定与信贷评审、单独会计核算），进一步加大对小企业业务条线的管理建设及资源配置力度，满足符合条件的小企业的贷款需求，努力实现小企业信贷投放增速不低于全部贷款平均增速。

2013 年，银监会发布了《关于进一步做好小微企业金融服务工作的指导意见》，明确要求各银行业金融机构应在商业可持续和有效控制风险的前提下，单列年度小微企业信贷计划，充分发挥信贷资产流转、证券化对小微企业融资的支持作用，将盘活的资金主要用于小微企业贷款，力争实现“两个不低于”目标，即小微企业贷款增速不低于各项贷款平均增速，增量不低于上年同期。相关部门要对小微企业贷款增长情况按月监测、按季考核，确保各地区实现“两个不低于”目标。

2015 年 3 月银监会发布《关于 2015 年小微企业金融服务工作的指导意见》，将 2015 年银行业小微企业金融服务工作目标由以往单纯侧重贷款增速和增量的“两个不低于”调整为“三个不低于”，从增速、户数、申贷获得率三个维度更加全面地考查小微企业贷款增长情况，即：在有效提高贷款增量的基础上，努力实现小微企业贷款增速不低于各项贷款平均增速，小微企业贷款户数不低于上年同期户数，小微企业申贷获得率不低于上年同期水平。

2. 降低小微企业融资成本方面

2011 年，国务院出台九项金融财税政策措施支持小型和微型企业发展。降低小微企业融资成本措施如下：清理纠正金融服务不合理收费、切实降低企业融资的实际成本。除银团贷款外，禁止商业银行对小型微型企业贷款收取承诺费、资金管理费。严格限制商业银行向小型微型企业收取财务顾问费、咨询费等费用。

2013 年，银监会发布了《关于进一步做好小微企业金融服务工作的指导意见》，要求银行业金融机构建立科学合理的小微企业信贷风险定价机制，进一步规范小微企业金融服务收费。

2014 年，国务院出台《关于多措并举着力缓解企业融资成本高问题的指导意见》，优化商业银行对小微企业贷款的管理，通过提前进行续贷审批、设立循环贷款、实行年度审核制度等措施减少企业高息“过桥”融资。

2015 年 3 月，银监会发布《关于 2015 年小微企业金融服务工作的指导意见》，其中对规范服务收费、切实降低融资成本的意见如下：商业银行要及时清理收费项目，进一步规范对小微企业的服务收费。要在建立科学合理的小微企业贷款风险定价机制基础上，努力履行社会责任，对诚实守信、经营稳健的优质小微企业减费让利。要缩短融资链条，清理各类融资“通道”业务，减少搭桥融资行为。

3. 拓宽小微企业融资渠道方面

2011 年，国务院出台九项金融财税政策措施支持小型和微型企业发展。其中拓宽小型微型企业融资渠道的措施如下：逐步扩大小型微型企业集合票据、集合债券、短期融资券发行规模，积极稳妥发展私募股权投资和创业投资等融资工具。进一步推动交易所市场和场外市场建设，改善小型微型企业股权质押融资环境。在规范管理、防范风险的基础上促进民间借贷健康发展。严格监管，禁止金融从业人员参与民间借贷。

2011 年，银监会印发《关于支持商业银行进一步改进小企业金融服务的通知》，鼓励商业银行先行先试，积极探索，进行小企业贷款模式、产品和服务创新，根据小企业融资需求特点，加强对新型融资模式、服务手段、信贷产品及抵（质）押方式的研发和推广。

2013 年，国家发改委发布了《关于加强小微企业融资服务　支持小微企业发展的指导意见》，首次提出支持金融企业发行企业债券。

2013 年，银监会发布《关于进一步做好小微企业金融服务工作的指导意见》，指出充分利用互联网等新技术、新工具，研究发展网络融资平台，不断创新网络金融服务模式等。

2014 年，国务院出台《关于多措并举着力缓解企业融资成本高问题的指导意见》，强调支持中小微企业依托全国中小企业股份转让系统开展融资；继续扩大中小企业各类非金融企业债务融资工具及集合债、私募债发行规模；降低商业银行发行小微企业金融债的门槛，简化审批流程，扩大发行规模；大力发展相关保险产品，支持小微企业、个体工商户等主体获得短期小额贷款。

2014 年，近年来快速发展的保理业务迎来第一个具有规章效力的监管文件——《商业银行保理业务管理暂行办法》，其作为服务小微企业融资的一个重要方式，为银行与小微企业自觉发起的金融创新从法律层面予以规范和指导。

2014 年，国务院印发《关于扶持小型微型企业健康发展的意见》，鼓励各级政府设立创业投资引导基金，积极支持小型微型企业；积极引导创业投资基金、天使基金、种子基金投资小型微型企业；引导银行业金融机构针对小型微型企业创新产品和服务，单列小型微型企业信贷计划。

4. 增设金融服务机构方面

2011 年，国务院出台九项金融财税政策措施支持小型和微型企业发展，强化小金融机构重点服务小型微型企业、社区、居民和“三农”的市场定位。在审慎监管的基础上促进农村新型金融机构组建工作，引导小金融机构增加服务网点，向辖内县域和乡镇地区延伸。

2011年，银监会印发《关于支持商业银行进一步改进小企业金融服务的通知》，对连续两年实现小企业贷款投放增速不低于全部贷款平均增速且风险管控良好的商业银行，在满足审慎监管要求的条件下，积极支持其增设分支机构。同时鼓励小企业专营机构延伸服务网点，对于小企业贷款余额占企业贷款余额达到一定比例的商业银行，支持其在机构规划内筹建多家专营机构网点。鼓励商业银行将部分分支行改造为专门从事小企业金融服务的专业分支行或特色分支行。

2014年，国务院印发《关于扶持小型微型企业健康发展的意见》，鼓励大型银行充分利用机构和网点优势，加大小型微型企业金融服务专营机构建设力度；引导中小型银行重点支持小型微型企业和区域经济发展；大力推进具备条件的民间资本依法发起设立中小型银行等金融机构。

2015年3月银监会发布《关于2015年小微企业金融服务工作的指导意见》，要求加大小微企业专营机构的建设力度，增设扎根基层、服务小微的社区支行、小微支行，提高小微企业金融服务的批量化、规模化、标准化水平；地方法人银行要坚持立足当地、服务小微的市场定位，向县域和乡镇等小微企业集中的地区延伸网点和业务；进一步丰富小微企业金融服务机构种类，支持在小微企业集中的地区设立村镇银行、贷款公司等小型金融机构。

5. 完善融资担保体系方面

2013年，银监会发布了《关于进一步做好小微企业金融服务工作的指导意见》，指出要充分发挥融资性担保机构对小微企业融资的增信作用，银行业金融机构要牢固树立以客户为中心的经营理念，持续丰富和创新小微企业金融服务方式；要针对不同类型、不同发展阶段小微企业的特点，为其量身定做特色产品，并全面提供开户、结算、贷款、理财、咨询等基础性、综合性金融服务；大力发展产业链融资、商业圈融资和企业群融资。

2014年，国务院出台《关于多措并举着力缓解企业融资成本高问题的指导意见》，强调进一步完善小微企业融资担保政策，加大财政支持力度。大力发展政府支持的担保机构，引导其提高小微企业担保业务规模，合理确定担保费用。

2014年，国务院印发《关于扶持小型微型企业健康发展的意见》，提出要进一步加大对小型微型企业融资担保的财政支持力度，综合运用业务补助、增量业务奖励、资本投入、代偿补偿、创新奖励等方式，引导担保、金融和外贸综合服务企业等为小型微型企业提供融资服务。

2015年，由保监会、工业和信息化部、商务部、中国人民银行、银监会联合发布《关于大力发展信用保证保险服务和支持小微企业的指导意见》，鼓励保险公司与银行合作，针对小微企业的还贷方式，提供更灵活的贷款保证保险产品；并鼓励保险公司针对自主品牌、自主知识产权、战略性新兴产业等小微企业，细化企业在经营借贷、贸易赊销、预付账款、合约履行等方面的风险合约种类，创新开发个性化、定制化的信用保证保险产品。

2015年3月银监会发布《关于2015年小微企业金融服务工作的指导意见》，提出建立健全主要为小微企业服务的融资担保体系，积极发展政府支持的融资担保和再担保机构。

6. 加大对小微企业税收优惠力度方面

（1）企业所得税优惠政策。2008年起实施的《中华人民共和国企业所得税法》，就将小型微利企业纳入了优惠范围，减按20%的税率征收企业所得税，比正常税率低5个百分点，相当于减轻税负20%。2010年起，小型微利企业所得税减半征收政策生效，年应纳税所得额低于3万元（含3万元）的小型微利企业，其所得减按50%计入应纳税所得额，按20%的税率缴纳所得税。2012年起，小型微利企业所得税减半征收的年应纳税所得额提高至6万元。2014年起，减半征收的应纳税所得额再次调高至10万元，并将核定征收企业纳入优惠范围。2015年1月1日起，小型微利企业减半征收企业所得税的标准由年应纳税所得额10万元以下扩大到20万元以下，小微企业税收优惠力度进一步加大。2015年10月1日起到2017年年底，减半征收企业所得税的标准扩大到30万元以下。

（2）增值税优惠政策。自2017年12月1日至2019年12月31日，对金融机构向农户、小型企业、微型企业及个体工商户发放小额贷款取得的利息收入，免征增值税。另外，为支持小微企业发展，自2018年1月1日至2020年12月31日，继续对月销售额2万元（含本数）至3万元的增值税小规模纳税人，免征增值税。

（3）印花税等税收优惠政策。自2011年国务院出台九项金融财税政策措施支持小型和微型企业的发展起，对金融机构向小型微型企业贷款合同三年内免征印花税。自2014年11月1日至2017年12月31日，对金融机构与小型、微型企业签订的借款合同免征印花税。自2015年1月1日起至2017年12月31日，对按月纳税的月销售额或营业额不超过3万元（含3万元），以及按季纳税的季度销售额或营业额不超过9万元（含9万元）的缴纳义务人，免征教育费附加、地方教育附加、水利建设基金、文化事业建设费。

二、我国小微企业融资环境存在的问题[①]

小微企业融资难是一个具有普遍性的世界难题。从目前我国小微企业发展来看，其所遇到的最大问题就是资金问题。即使在西方发达国家，小微企业的融资条件也明显劣于大型企业，许多小微企业融资需求得不到很好地满足。在我国，近几年来党和国家非常重视小微企业的发展，出台了一系列支持小微企业健康发展的政策措施，加大力度建设中小企业金融支持体系，初步建立了多种融资渠道，小微企业的融资需求得到了一定程度的满足。但我国小微企业融资难问题并没有得到根本解决。总结我国小微企业融资现状，可以发现有如下几个方面的困境：

（一）小微企业融资结构性矛盾突出

目前，我国小微企业主要融资方式是内源融资，外源融资严重不足。我国商务部数据统计显示，我国65%左右的中小企业发展资金主要来源于自有资金，25%左右的中小企业发展资金来源于银行贷款，10%左右的中小企业发展资金来源于民间集资，有2/3的中小企业普遍感到发展资金不足。[②] 对于小微企业而言，在不同的生命周期内其融资的难度又有较大差别。研究显示，处于创业和生存阶段的企业主要融资来源是业主投资、民间借贷和商业信用，内源融资依赖度高。生命周期各阶段融资情况可以参见表4.1。[③]

表4.1　　　　生命周期各阶段融资情况表

融资方式		创业期	生存期	成功期	扩张期	成熟期
内源融资	业主投资	主要来源	主要来源	次要地位	很少	极少
	留存收益	没有	很少	主要来源	主要来源	主要来源

① 本节部分相关内容笔者曾发表在《人民论坛》（2013年29期），标题为《小微企业的融资困境与出路》。

② 路晓静．中小企业融资探讨：基于OTSW分析法［J］．中国商贸，2011（23）：115-116.

③ 何长见，何毅．中国中小企业发展的系统性障碍与制度创新［M］．北京：中国大地出版社，2007.

表4.1(续)

融资方式		创业期	生存期	成功期	扩张期	成熟期
外源融资	银行贷款	很难获得	开始少量短期贷款	短期和中期贷款	较多中长期贷款	中长期贷款，但比重有所下降
	发行证券	不能	不能	不能，作用渐弱	开始发行股票	较多发行股票
	民间借贷	主要来源	主要来源	作用渐弱	次要地位	作用很小
	商业信用	主要来源	主要来源	作用渐弱	次要地位	作用很小
融资限制		融资渠道单一，资金成本高	融资渠道单一，资金成本高	中长期贷款数量少	融资竞争力大、发行证券障碍较高	融资竞争力大、发行证券障碍较高
常用融资策略		1+5+6	1+5+6	2+6	2+3	2+3

梅耶斯的最优融资顺序理论认为，企业内源融资是首选，其次是债券融资，最后是股票融资。从表4.1可以看出，我国小微企业在总体上融资处境艰难，融资渠道比较单一，证券与股票都受到很大程度的限制，尤其是在创业期、生存期，基本上都是依赖业主自己投资，融资比例严重失调。

尽管我国大量的小微企业为中国经济增长贡献率约60%，但其贷款总额却达不到正规金融机构贷款总额的20%。反观我国国有大中型企业，其对国家经济增长贡献率约40%，但是金融机构对其贷款总额达80%。[①] 我国银行业金融机构普遍认为，给小微企业融资风险大、成本高、收益低，因此都不太情愿冒风险给小微企业贷款。有学者通过对浙江省台州市小微企业信贷研究表明，小微企业在存在贷款需求的前提下，银行信贷抑制平均值达到81.4%，信贷抑制较为严重。[②] 世界银行2000年《世界商业环境调查报告》显示，在东亚国家（中国、马来西亚、新加坡、泰国）中，中国中小企业融资困难的比例最高。对于小企业而言，这一现象更为严重，具体难度系数见表4.2、表4.3的比较[③]。

① 杨再平，闫冰竹，严晓燕. 破解小微企业融资难最佳实践导论［M］. 北京：中国金融出版社，2012：88-117.

② 杨再平，闫冰竹，严晓燕. 破解小微企业融资难最佳实践导论［M］. 北京：中国金融出版社，2012：88-117.

③ 蒋正华，张俊喜，马钧，等. 中国中小企业发展报告No.1［M］. 北京：社会科学文献出版社，2005.

表 4.2　　中小企业发展融资障碍程度比对表

	无障碍	微小障碍	中等障碍	严重障碍
中国	10.7	8	12	69.3
马来西亚	28.2	26.9	19.2	25.6
新加坡	44.1	14.7	29.4	11.8
泰国	4.3	18.1	33.5	44.1

表 4.3　　小企业发展融资障碍程度比对表

	无障碍	微小障碍	中等障碍	严重障碍
中国	6.7	11.1	6.7	75.6
马来西亚	18.4	26.5	22.4	32.7
新加坡	23.1	17.9	46.2	12.8
泰国	4.9	15.4	35.8	43.9

（二）小微企业融资成本高

2011 年以来，随着国家宏观调控政策的实施，在外部运行环境总体偏紧的情况下，小微企业融资成本增加，进一步加大了小微企业的融资难度。小微企业规模小，贷款数额一般不高，但银行提出的利率相对上浮，加大了小微企业的融资成本。2011 年受宏观因素影响，银行对中小企业的贷款利率上浮基本上都在 30%左右，年利率达到 8%左右，贴现率提高到 4%至 5%，小企业融资成本进一步提升。据《2011 年中国工业经济运行秋季报告》，2011 年 1—8 月小微企业利息支出同比增长 36.1%，增幅比同期规模以上的工业高出 3.7 个百分点。受银行利率提高的影响，民间借贷利率也随之不断攀升，一般折合年率为 15%以上，有的过桥贷款利率高达 30%以上。①

根据北京大学国家发展研究院 2011 年发布的《浙江省小企业经营和融资困境调研报告》，浙江的民间借贷利率多为 2 分/月 ~3 分/月（年息 24%~36%），较高的则达 4~5 分（年息 48%~60%）。如此高的利率，压榨小微企业利润，是小微企业不能承受之重，最终可能导致小企业因无力偿还而倒闭。

不同企业主体的融资成本差异明显。约 85%的符合国家产业政策的大型企

① 杨再平，闫冰竹，严晓燕. 破解小微企业融资难最佳实践导论［M］. 北京：中国金融出版社，2012：88-117.

业能以基准利率或基准利率上浮 5%~10%获得银行贷款。但是中小企业能以基准利率或基准利率上浮 5%~10%的利率水平获得贷款的比例不到 20%，而且主要集中在中小企业中的规模较大的企业。小微企业的银行贷款利率通常上浮 30%以上；如果没有合适抵押物和担保，贷款利率可上浮 200%。

小微企业的融资成本主要包括三个部分：一是贷款利息费用。其通常由金融机构在贷款基准利率（或贷款基础利率）和市场基准利率基础上，综合评估企业风险状况浮动加点确定。上浮点数与企业所在行业及企业自身特点紧密关联。二是与融资相关的服务收费。这部分费用主要来源于三个方面：①行政部门收费，包括抵押资产（以商地、房产为主）登记费、公证费、环评费、产品设备质检费等；②中介机构收费，包括抵（质）物评估费、动产资产评估费、财务报告审计费、律师费等；③金融机构收费，主要是与融资相关的各类金融业务收费，包括票据、承诺、财务顾问、保函、保理、信用证、咨询、保荐承销、登记托管、兑付等服务收费。三是企业改制成本。这是指在融资过程中，因机构或市场准入条件限制，企业为获得融资在财务、法人治理、税务等方面实施规范化改制而付出的交易成本和机会成本。此类成本属于企业融资的隐性成本，虽然难以准确计量，但是可能会对企业的融资决策产生重大影响。①

（三）小微企业融资门槛高

当前小微企业普遍选择传统融资方式进行融资，主要原因就是存在融资门槛过高的问题。在直接融资方面，资本市场中的股权市场和债券市场都对企业发行具体的证券品种设置了较高的发行条件，对于绝大多数的小微企业而言依然很高。小微企业对沪深证券交易所、全国中小企业代办股份转让系统的上市要求难以企及。区域股权市场虽然降低了企业的挂牌要求，但由于市场交投清淡而使大多数小微企业难以满足融资需求。而通过发行债券的形式筹资的限制性条款也较为严格，为了保护债券发行中债权人的利益，往往会规定很多限定性的条款，这些条款比长期借款和融资租赁要严格得多，也使小微企业的投融资活动受到较多的限制。

在银行贷款融资方面，根据银监会测算，目前我国大企业贷款覆盖率为 100%，中型企业为 90%，小企业仅为 20%。由于小微企业中大多数处于行业发展的初创期，与商业银行所要求的贷款条件存在较大差距，究其原因主要是

---

① 封北麟．我国企业融资成本分析及降成本的对策：基于广东、浙江、江苏三省企业调查数据［J］．南方金融，2016（12）：82．

部分小微企业存在欺诈行为，影响了小微企业整体的信用形象，商业银行从降低风险目的出发对小微企业贷款普遍设置了高标准、严要求的贷款审批门槛。

（四）小微企业融资环境不容乐观

融资环境对企业融资具有决定性影响。小微企业由于自身发展规模、管理等方面的问题，受融资环境的制约性更大。近几年来，我国小微企业融资环境趋于恶化，越来越不利于小微企业融资。首先，国家金融环境恶化不利于小微企业融资。2008 年以来，由美国次贷危机引发的金融风暴快速席卷整个国际金融市场，最后演变成全球性金融危机。世界经济出现明显下滑，整体陷入衰退。受其影响，我国对外出口连续下滑，对出口型小微企业造成了重大影响。其次，国内经济发展环境不利于小微企业融资。为维持我国经济可持续性发展，我国采取了财政紧缩政策，适当减缓经济发展，这也加大了小微企业的融资难度。再次，我国金融市场环境不利于小微企业融资。受计划经济体制的影响，我国金融市场受国家干预颇大，许多金融机构为避免金融风险不愿意对小微企业进行融资。最后，我国小微企业信用环境、法律制度环境等，对小微企业的融资也构成了许多不利影响。

三、我国小微企业融资困境的原因探析

造成小微企业融资困境的原因很多，许多学者对此进行了研究。我们主要从小微企业自身障碍、信息不对称及资本偏好产生的“麦克米伦缺口”等五个方面对此问题进行探讨。

（一）小微企业自身障碍

小微企业的自身特点是影响金融机构不愿意为其融资的重要原因。小微企业规模小、人员少、资产有限，经营稳定性差，抗风险能力差，易受内外环境的影响。因此，小微企业普遍寿命不长，自身经营和发展面临极大的不确定性。据统计，我国中小企业平均寿命为 3.7 年，小微企业的平均寿命则更短，为 2.9 年。[①]

首先，小微企业管理相对落后。由于规模小、人员少，小微企业一般采用家族式管理模式，所有权与经营权高度统一，很难采用现代企业制度。这种管理模式的优势在于能凝聚所有人的力量为企业发展尽心尽力，但是劣势也非常明显，如领导权过于集中，越权行事、监控不严、信息封闭等。小微企业融资

---

① 杨再平，闫冰竹，严晓燕. 破解小微企业融资难最佳实践导论［M］. 北京：中国金融出版社，2012：88-117.

规模小，经济效益不佳，单位融资成本比较高，造成小微企业信用等级低、资信相对较差。此外，小微企业资产少，甚至没有独立的资产可以用作贷款抵押。这些都是金融机构不愿意为小微企业融资的原因。

其次，小微企业融资条件缺乏。小微企业生命周期短，寿命低，且自身拥有的厂房、大型机器设备等固定资产偏少，导致其在申请金融机构的融资服务时遇到的最大障碍是无法提供合格、有效的抵押品，也无法寻找到合适的担保人、信用担保公司提供担保，无法满足金融机构严格的融资条件，导致小微企业融资具有融资条件缺乏、融资效率较低、融资渠道单一、融资复杂性较大等特征，从而使小微企业在经营发展过程中难以获得金融机构的信贷资金，面临着融资约束难题。而大中型企业的资产实力较强，往往可以提供厂房、大型机器设备、原材料等合格的抵押品或者寻求有实力的信用担保公司或其他企业来进行担保，从而具备金融机构所要求的融资条件，因此能够便捷地获得所需的融资服务。

再次，小微企业产权界限不清晰。小微企业大多数属于合伙企业、个人独资企业、个体工商户等，这些企业大多属于家族式经营，个人财产与公司财产之间没有做出明确的区分，有些甚至处于混同状态，导致个人财产与公司财产界限模糊，金融机构很难针对公司进行融资。

最后，小微企业仍存在不守信行为。许多小微企业的从业人员素质偏低，在经营管理过程中存在许多不规范的行为，不懂得企业的经营管理和市场运作，也没有专业的会计人员管理会计账目，先进的管理经验和管理思想严重缺乏，造成了许多小微企业的生产经营存在盲目性。由于小微企业在管理等方面多数采用家族式管理模式，一些不法分子甚至通过注册公司的行为，骗取银行等金融机构的贷款，严重影响了小微企业的形象，导致诸多金融机构不愿意冒风险给小微企业进行融资。

（二）小微企业与金融机构之间信息不对称

信息不对称是造成小微企业融资难的一大重要原因。小微企业信息不够透明，降低了其融资效率。小微企业由于自身经营的特点和竞争需要，往往对企业的经营状况、技术、资金流向等方面的信息实施不公开政策。目前我国小微企业大多数是劳动密集型企业，企业拥有的竞争优势主要取决于专有技术、与大中型企业之间的供货关系、与客户的关系等，而这些竞争优势所依托的技术、资本门槛较低，导致企业进入门槛较低，企业之间的竞争很激烈，一旦公布其信息，很容易导致企业的技术、产品被其竞争对手模仿或者复制。小微企业信息不透明，无法让银行准确地掌握企业真正的盈利、现金流等情况，导致银企之间信息不对称，银行不愿意为小微企业提供融资服务，加剧了小微企业融资难度。而大中型企业的财务报告、企业资金投向、主要管理人员调动等信息都是面向社会公开的，企业与金融机构之间信息相对对称，因此其很容易获得融资①。

由于小微企业一般实行家族式管理模式，大多数内部信息处于封闭状态，外界很难知晓。小微企业在信贷市场上信息不对称主要表现在以下三个方面：①投资风险认识不对称。小微企业认为可行的项目，金融机构等出资者可能认为风险太高。②盈利与亏损负担的不对称。小微企业可以借用财务杠杆为公司赚取更多的财富，但一旦亏损，则可能需要出资者埋单。③经营能力的不对称。② 小微企业在决策能力、营销能力等方面都无法与金融机构相对称。

由于信息不对称，小微企业对自己生产经营情况比较清楚，但是银行等金融机构则对小微企业的经营风险、发展状况和发展前景等不甚了解。这样就造成了即使银行有钱、小微企业发展看好，但是由于信息不对称，银行业也无法及时对小微企业进行贷款融资。信息不对称甚至可能诱发小微企业融资过程中的欺诈行为，通过隐瞒不利于自己的信息进行融资。银行业金融机构作为资金的供给者，为防范可能产生的金融风险，就会惜贷或要求更高的风险补偿，造成了小微企业融资成本的增加和效益的减少。

（三）资本偏好产生的“麦克米伦缺口”

1929 年，历史上第一次席卷整个资本主义世界的经济危机爆发，英国政府为了制定摆脱危机的措施，指派以麦克米伦爵士为首的金融产业委员会调查英国金融业和工商业。1931 年，该委员会提出报告，即《麦克米伦报告》，建议政府采取一系列拯救危机的措施。该报告还指出，在英国金融制度中，中小企业在筹措必需的长期资金时，存在融资困难。自此，理论研究中常把金融制度中存在的对中小企业融资的壁垒现象称为“麦克米伦缺口”（Macmillan Gap）。③

资本的趋利性决定了小微企业很难从现有商业银行获得间接融资。银行信贷资本不仅要面对小微企业经营差、不确定性强、利润低等风险因素，还需要配置更多的人力、物力来完成利润相对更低的业务，因此银行缺乏动力去调整

---

① 罗荷花，李明贤. 我国小微企业融资约束问题研究［M］. 北京：经济管理出版社，2016：25.

② 杨再平，闫冰竹，严晓燕. 破解小微企业融资难最佳实践导论［M］. 北京：中国金融出版社，2012：88-117.

③ 陈永奎. 民族地区中小企业融资研究［M］. 北京：民族出版社，2009：71.

信贷方向。银行等金融机构为降低成本，提升利润，势必会把这种小微企业的融资问题放在次要的位置。

资本的风险性偏好也决定了小微企业很难从资本市场上直接融资。预防风险是银行等金融机构首先需要考虑的第一原则。由于小微企业资质不够、征信体系不完善、信息不对称等问题，资本市场的参与者，包括证券公司、风险投资基金、创业投资，都不敢贸然为小微企业进行股票和债券融资。

（四）金融政策的操作存在执行真空

2011 年 10 月国家出台了加大对小微企业信贷支持、降低企业融资实际成本等六条支持小微企业发展的金融措施，2013 年 8 月继续出台了《关于金融支持小微企业发展的实施意见》。这些政策传递了两个重要的信号：一是政策更加明确地指向“小微企业”，为未来出台一系列相关政策打下基础；二是小微企业信贷“两个不低于”或将成为未来商业银行资产结构调整的重要方向。在风险总体可控的前提下，确保小微企业贷款增速不低于各项贷款平均水平、增量不低于上年同期水平。这些政策要求虽然明确了方向，但由于没有面向小微企业的专属金融平台，各种措施的具体落实还缺少可操作性，小微企业仍无法摆脱融资难的尴尬局面。研究结果表明，这些政府政策支持对小微企业融资的金融政策效果并不显著。

在政府顶层设计的过程中，没有充分考虑到小微企业的融资需求，没有切实保护好小微企业的发展利益，使小微企业融资受到严重限制。如何突破这种瓶颈，改善小微企业的融资环境，制定切实可行的扶持政策，是现阶段政府应着力解决的问题。

目前金融法治不完善，小微企业贷款出现市场性风险或信用风险时，法律执行环境差，“法律白条”大量存在，对银行债券的保护能力比较低，小微企业逃废银行债务现象难以完全杜绝。民间借贷法律化进程缓慢。有关小微企业信用担保和风险基金等相关法律尚属空缺，这些与小微企业融资相关的配套法律制度缺乏，都对小微企业的融资产业造成了不利影响。

（五）资本市场不成熟

经过近几十年的努力，我国金融发展取得了很大成就，已经基本建成了种类齐全、分工合理、功能完善、高效安全的金融服务体系。但不可否认的是，我国金融服务体系，尤其是针对小微企业的金融服务体系仍然“发展不足”，没有专门针对小微企业的融资平台，不能适应小微企业的融资需求。小微企业“短、频、快”的融资特点，对金融市场及其服务要求颇高。没有反应灵敏、服务到位的金融市场，小微企业的融资就很难得到满足。

受我国经济体制的影响，我国银行业金融体系与国有大中型企业有着难分难解的利益关系，一旦国有大中型企业出现经营困难，政府和银行都会采取多种措施进行资助，且商业银行承担的风险较小。因此，相对小微企业而言，银行业金融机构信贷资金更青睐国有大中型企业。而小微企业能提供的抵押资产少，经营前景不确定，多数银行业金融机构为规避风险更愿意追大放小，不去选择小微企业进行放贷。

资本市场的形成有一个不断发展的过程，一般情况下企业融资关系的形成第一步是私募，第二步是ESOP和资产证券化等，第三步是产业基金、信托基金等，第四步才是一级市场、二级市场、三板市场等。中国的资本市场几乎是一步就跨到了第四步。由于第四种方式融资门槛很高，对于初步发展的小微企业来讲融资成本巨大，使得资本市场在对小微企业的金融资源配置方面存在严重的畸形。

第二节　我国小微企业融资模式及其选择

融资模式对企业具有十分重要的意义。这关系到企业资金是否充足、渠道是否丰富的问题。近年来，随着改革开放的深入和经济的快速发展及资本市场的逐步开放与完善，企业融资环境逐渐宽松，融资方式也更加多元化。企业融资模式种类繁多。按照性质可以将企业融资模式分为债权融资、股权融资、内部融资和贸易融资、项目融资、政策融资；按照来源可以将企业融资模式分为内源融资和外源融资；按照有无中介可以将企业融资模式分为直接融资和间接融资；按照企业性质可以将企业融资模式分为科技型企业融资、商业连锁业融资、互联网企业融资、服务业融资等。

一、小微企业内源融资模式

内源融资是指经济主体通过一定的方式在自身内部进行的资金融通，如企业通过自身的利润留成和折旧进行的融资。内源融资是小微企业初期启动时最主要的融资模式。小微企业在创立之初走的是原始积累的道路，但随着企业规模的扩大，技术更新周期的缩短，小微企业单纯依靠自我积累无法满足持续发展的生产对资金的需求，而只有通过外部融得足够的资金才能保证持续发展。在小微企业的持续经营中，内源融资虽然比例逐渐减少，但是仍然起着不可忽视的作用。从财务理论上看，内源融资由于减少了企业的对外融资费用，也不用对外支付利息、股利等，所以不会影响企业的现金流出，缓解了企业的现金流压力，对小微企业来说是非常重要的。但是内源融资方式也有其缺陷性，最关键的制约因素是数量受限制，中小企业的性质决定了这一点，所以必须从外部进行融资，满足企业不断发展壮大的需要。在当前小微企业外源融资难的社会背景下，小微企业融资要立足自身的经营规模，充分挖掘内部潜力，增强盈利能力，拓展内源融资渠道。

（一）内部集资模式

吸收员工入股，一方面可以缓解资金的不足，解决企业融资难的问题；另一方面将公司的利益和员工的利益结合起来，职工可以通过持股参与企业的决策、管理、监督，有利于企业的民主管理，增加企业的经营收益。有的小微企业以借款的形式向员工或股东集资借款，并按双方约定支付固定利息。这类融资的企业往往资金异常紧张，员工集资款主要用于日常经营，集资员工很可能不能如期收回集资款。这种集资方式在早期的国有企业出现得比较多，而现在，这种情况往往出现在小微企业，而这些企业只能依靠自身的努力而存在，员工集资款项存在风险。一旦企业经营恶化到一定程度，企业的经营状况会因为内部员工的不稳定而迅速恶化，而且会因此走向极端。

（二）留存盈余模式

企业税后利润的处理可以划分为两种用途：一是以分红派息的形式发放给股东，使股东能够从对企业的投资中获得投资回报；二是以留存收益的形式保留在企业当中，以满足企业进一步经营发展的需要。后者融资的模式称为留存盈余融资模式。留存盈余融资主要源自企业内部正常经营形成的现金流，是企业内源融资传统的重要模式，而且融资成本低、风险小、方便自主，其主要的表现形式是向股东配股。从企业的发展阶段来看，留存盈余融资是企业成长阶段的首选融资方式。企业在创业期间规模较小，赢利较少甚至为负，获取银行等外部融资渠道的资金比较困难。所以，只有通过留存盈余融资才可以得到方便自主、风险小的资金。特别是那些前景看好的高新技术企业，股东也会为获得长期的利益而愿意放弃股利分红或者少拿股利分红而继续增加资本金。

（三）固定资产折旧模式

固定资产折旧融资其实是一种企业自身对机会成本和对折旧方式造成的前期差价的利用。折旧具有“税收抵挡”的作用，被称为“非债务税盾”，但其作用在我国中小企业中的运用还不充分，企业的融资决策常常与资产折旧因素无关。在金融危机这样特殊的经济背景下，小微企业获得融资的渠道狭窄。如果小微企业可以利用折旧的抵税效应获得内源融资，就可以在一定程度上减轻资金压力，从而更有利于小微企业的发展。我国应提高小微企业的资产折旧率，并按照行业或地区为小微企业设定不同的资产折旧率。例如，从事高新技术研发的中小企业的资产折旧率应高于其他行业，这样可以提高这些企业进行研发的积极性和自身积累能力，并通过“非债务税盾”缓解企业研发资金不足的问题；中西部地区小微企业的资产折旧率应高于东部地区，这样可以提高西部地区招商引资的能力，从而促进西部地区经济社会的发展。

（四）纳税筹划融资模式

目前我国中小企业的税负也较高，不能享受到实在的税收优惠，无法利用税收筹划增强内源融资能力。因而，中小企业纳税筹划获得的税收利益就显得更为重要。税务筹划在给小微企业带来税收利益的同时，也存在着相应的风险。小微企业要加强对税收法律法规的理解，及时掌握税收政策的调整，重视企业相关制度，科学准确判断经济环境和行业发展，防范纳税筹划风险。小微企业要合法合理地运用各种纳税筹划技术进行增值税的纳税筹划，并运用概率统计方法对纳税筹划的可靠性进行计量，估计纳税筹划风险，在战略上把握纳税筹划策略的风险程度，使企业能针对变化及早采取应对措施。经营战略决定纳税筹划的边界，但有时又必须根据纳税筹划的需要进行调整，这样才能使企业尽可能地享受税法提供的优惠政策，获得最大经济利益。

（五）现金与应收账款管理模式

现金管理的核心是加速资金的周转速度，敦促客户及时付款甚至提前付款。小微企业要提高现金的使用效果，加速现金周转，应尽快加速收款。企业加速收款的任务就是要使顾客尽量早付款，并尽快将这些付款转化为现金。小微企业应设法减少客户付款的邮寄时间，减少企业收到客户支票及兑付的时间，减少资金存入自己结算银行的时间，具体可以采用集中银行、锁箱系统等措施。小微企业在现金支出时要合理运用现金“浮游量”，可以适当减少现金数量，节约现金，为企业内部提供现金流。

（六）存货质押融资模式

存货质押融资主要包括就地仓储融资、信托收据融资和质押单存货融资三种形式：一是就地仓储融资，银行根据协定雇用第三方（通常称为就地仓储公司）充当存货控制人（银行）的代理人来管理存货。二是信托收据融资，借款人将货物存入公开仓库，或就地保存但无须第三者参与货物保管，当货物销售后，借款人当天应将销售收入转到贷款者账户。三是质押单存货融资，是近年来国外银行普遍开展的存货质押贷款业务。存货质押融资适用于质押、仓储方式可实现转移占有的贸易流通类企业，可满足中小型商业和贸易企业的融资需要。

（七）出售或盘活资产融资模式

小微企业在急需资金时，通过变卖多余和低效的资产，可以筹集到必要的资金，同时还可以改变企业的经营结构和方向，提高企业的资本运营效率。出售资产融资可让小微企业凭借本身的资产来满足其短期或中长期的集资需要，能使企业充分运用资产，使资产与负债互相配合，并满足有关流动资金的需求。对不存在实体形态的资产，如专利权、经营权，都可以通过资产出售或盘活进行融资，从而实现对企业资产价值的充分利用。随着金融市场和技术的发展，盘活资产融资可容易实现。比如，某企业拥有汽车这一实物资产，它以前只能通过变卖汽车获取资金，现在可以以汽车运营产生的现金流为基础来融资。这种新思路、新融资技术推动资产融资进一步标准化、资产证券化。资产证券化作为资产融资的高级形态，带来了整个融资技术的提高。

（八）股权出让融资模式

股权出让融资是指企业出让部分股权，以筹集企业所需要的资金。企业进行股权出让融资，实际上是吸引直接投资、引入新的合作者的过程，但这将对企业的发展目标、经营管理方式产生重大的影响。按出让企业股权比例划分，小微企业的股权出让融资可以划分为出让企业全部股权、出让企业大部分股权和出让企业少部分股权。这三种融资方式的关键在于是否通过融资而使企业的控制权转移，企业的发展模式和经营管理是否得到加强，企业的技术优势是否得以保存。因此，股权出让对象的选择必须十分慎重而周密；否则，企业就可能失去控制权而处于被动局面。

（九）内部资本市场融资模式

已颇具规模或已上市的小微企业可以通过股权联结建立内部资本市场。联合方通过相互（环形或交叉）持股形成企业集团，则可以建立内部资本市场。企业集团一方面可以利用各成员企业的现金流互补盘活存量资金；另一方面可以利用集合优势，通过集中融资或在集团规划下分散融资，从外部资本市场获取更多的资金。在内部资本市场中，企业总部与各部门同属一个大家庭，获取的信息更真实，并且所花的费用也较少。公司经理和部门经理可以获得充分廉价的信息，而且总部可以协调各部门集体合作。内部资本市场有利于更好地重新配置企业资产。企业经过兼并、重组建立内部资本市场后，总部可以有效地发挥内部资源配置方面的优势，优化资源配置。①

---

① 吴庆念．中小企业内源融资的渠道和模式［J］．企业经济，2012（1）：155-157.

二、小微企业外源融资模式

外源融资是指资金短缺者通过一定方式向其他的资金盈余者筹措资金的融资方式，如，向银行借款、发行债券或股票向公众或特定机构筹措资金。此外，企业之间的商业信用、融资租赁在一定意义上说也属于外源融资的范围。随着企业生产规模的扩大，单纯依靠内源融资已很难满足企业的资金需求，外源融资已逐渐成为企业获得资金的重要方式。

（一）债务融资模式

债务融资是指通过银行或非银行金融机构贷款或发行债券等方式融入资金。从现有的融资渠道看，债务性融资主要包括三种方式：银行贷款融资、民间借贷和发行债券融资。

1. 银行贷款融资

从银行借款是企业最常用的融资渠道。从贷款方式来看，银行贷款可以分为三类：①信用贷款方式，指单凭借款人的信用，无须提供担保而发放贷款的贷款方式。这种贷款方式没有现实的经济保证，贷款的偿还保证建立在借款人的信用承诺基础上，因而，贷款风险较大。②担保贷款方式，指借款人或保证人以一定财产作抵押（质押），或凭保证人的信用承诺而发放贷款的贷款方式。这种贷款方式具有现实的经济保证，贷款的偿还建立在抵押（质押）物及保证人的信用承诺基础上。③贴现贷款方式，指借款人在急需资金时，以未到期的票据向银行融通资金的一种贷款方式。这种贷款方式中，银行直接贷款给持票人，间接贷款给付款人，贷款的偿还保证建立在票据到期付款人能够足额付款的基础上。

总体上看，银行贷款方式对于创业者来说门槛较高。出于资金安全考虑，银行往往在贷款评估时非常严格。因为借款对企业获得的利润没有要求权，只是要求按期支付利息，到期归还本金，因此银行往往更追求资金的安全性。实力雄厚、收益或现金流稳定的企业是银行欢迎的贷款对象。对于创业者来说，由于经营风险较高，银行一般不愿冒太大的风险借款，即使企业可能在未来拥有非常强劲的成长趋势。不仅如此，银行在向创业者提供贷款时往往要求创业者必须提供抵押或担保，贷款发放额度也要根据具体担保方式决定。这些抵押方式都提高了创业者融资的门槛。同时，出于对资金安全的考虑，银行往往会监督资金的使用，它不允许企业将资金投入那些高风险的项目中，因此，即使成功贷款的企业在资金使用方面也常常受到掣肘。因为这些特点，对于新创企业来说，通过银行解决企业发展所需要的全部资金是比较困难的，尤其是对于准备创立或刚刚创立的企业而言。

2. 民间借贷

在债务类融资方式中，民间借贷是一种相当古老的借贷方式。近几年来，随着银行储蓄利率的下调和储蓄利息税的开征，民间借贷在很多地方又活跃起来。由于将资金存储在银行的收益不高，那么将资金转借给他人开办企业或者从事商业贸易活动，则更能够获得较高的资金收益。从经济发达的浙江到欠发达的甘肃，从福建到新疆，民间借贷按照最原始的市场原则形成自己的价格。

从法律意义上讲，民间借贷是指自然人之间、自然人与企业（包括其他组织）之间，一方将一定数量的金钱转移给另一方，另一方到期返还借款并按约定支付利息的民事行为。因此，民间借贷的资金往往来源于个人自有的闲散资金，这一特定来源决定了民间借贷具有自由性和广泛性的特征，民间借贷的双方可以自由决定资金借贷和偿还方式。民间借贷的方式主要有口头协议、打借条的信用借贷和第三人担保或财产抵押的担保借贷三种方式。随着人们的法律意识、风险意识逐步增强，民间借贷也正朝着成熟、规范的方向发展。在民间借贷市场上，供求是借贷利率的决定要素。在经济发达的江浙地区，民间借贷因资金充裕而尤为活跃；而在经济欠发达的中西部省份，资金供给不足使借贷利率趋高。在资金面吃紧的时候，尤其是在央行接连提升法定存款准备金率后，民间借贷利率也随着公开市场利率上涨。当然，在民间借贷市场中，借贷人的亲疏远近、投资方向的风险大小也对利率的高低有影响。

民间借贷对于创业者短期困难的解决有很大帮助。一方面，民间借贷手续灵活、方便，利率通过协商决定，借贷双方都能接受，因此民间借贷对于资金供给方与需求方都有好处。但是另一方面，民间借贷的风险非常大，这主要是它的不规范性所引起的。在借贷时，如果是找亲戚朋友借钱，往往缺少一份正式、规范的借贷合同，这样，一旦借贷双方出现问题，很容易造成纠纷，难以保证双方的利益。

3. 发行债券融资

在债务性融资方面还有一种方式是发行债券融资。债券融资与股票融资一样，同属于直接融资。在发行债券融资方式中，企业需要直接到市场上融资，其融资的效果与企业的资信程度密切相关。显然，在各类债券中，政府债券的资信度通常最高，也最容易融得到资金，大企业、大金融机构也具有较高的资信度，而刚刚创立的中小企业的资信度一般较差。

从我国金融市场的发展现状来看，中小企业或者新创企业采用发行债券的方式进行融资的操作空间较小，往往是政府部门、大型企业、大金融机构具备得天独厚的优势。但是同时也应当看到，随着政策的逐步放开和调整，企业债务市场也会逐渐成为中小企业融资的重要渠道。创业者也应当做好准备，积极面对未来可能的融资机遇。

（二）股权融资模式

所谓股权融资是指企业的股东愿意让出部分企业所有权，通过企业增资的方式引进新的股东的融资方式。股权融资所获得的资金，企业无须还本付息，但新股东将与老股东同样分享企业的赢利与增长。股权融资的特点决定了其用途的广泛性，既可以充实企业的营运资金，也可以用于企业的投资活动；债权融资是指企业通过借钱的方式进行融资，债权融资所获得的资金，企业首先要承担资金的利息，另外在借款到期后要向债权人偿还资金的本金。债权融资的特点决定了其用途主要是解决企业营运资金短缺的问题，而不是用于资本项下的开支。按融资的渠道来划分，股权融资主要包括私募发售、公开市场发售等。

1. 私募发售融资

所谓私募发售，是指企业自行寻找特定的投资人，吸引其通过增资入股企业的融资方式。因为绝大多数股票市场对于申请发行股票的企业都有一定的条件要求，例如《首次公开发行股票并上市管理办法》要求公司上市前股本总额不少于 3 000 万元，因此对大多数中小企业来说，较难达到上市发行股票的门槛，私募成为民营中小企业进行股权融资的主要方式。

私募发售在当前的环境下，是所有融资方式中，民营企业比国有企业占优势的融资方式。其产权关系简单，无须进行国有资产评估，没有国有资产管理部门和上级主管部门的监管，大大降低了民营企业通过私募进行股权融资的交易成本，并且提高了融资效率。私募成为近几年来经济活动最活跃的领域。对于企业，私募融资不仅仅意味着获取资金，同时，新股东的进入也意味着新合作伙伴的进入。新股东能否成为一个理想的合作伙伴，对企业来说，无论是当前还是未来，其影响都是积极而深远的。在私募领域，不同类型的投资者对企业的影响是不同的，在中国有以下几类的投资者：个人投资者、风险投资机构、产业投资机构和上市公司。

个人投资者，虽然投资的金额不大，一般几万元到几十万元，但在大多数民营企业的初创阶段起了至关重要的资金支持作用，这类投资人很复杂，有的人直接参与企业的日常经营管理，也有的人只是作为股东关注企业的重大经营决策。这类投资者往往与企业的创始人有密切的私人关系，随着企业的发展，在获得相应的回报后，一般会淡出对企业的影响。

风险投资机构，是20世纪90年代后期在中国发展最快的投资力量，其涉足的领域主要与高技术相关。在2000年互联网狂潮中，几乎每一家互联网公司都有风险投资资金的参与。国外如IDG、Softbank、ING等，国内如上海联创、北京科投、广州科投等都属于典型的风险投资机构。它们能为企业提供几百万元乃至上千万元的股权融资。风险投资机构追求资本增值的最大化，它们的最终目的是通过上市、转让或并购的方式，在资本市场退出，特别是通过企业上市退出是它们追求的最理想方式。

2. 公开市场发售

所谓公开市场发售就是通过股票市场向公众投资者发行企业的股票来募集资金，包括我们常说的企业的上市、上市企业的增发和配股都是利用公开市场进行股权融资的具体形式。

通过公开市场发售的方式来进行融资是大多数民营企业梦寐以求的融资方式。企业上市一方面会为企业募集到巨额的资金，另一方面，资本市场将给企业一个市场化的定价，使民营企业的价值为市场所认可，为民营企业的股东带来巨额财富。与其他融资方式相比，企业通过上市来募集资金有如下突出的优点：①募集资金的数量巨大；②原股东的股权和控制权稀释得较少；③有利于提高企业的知名度；④有利于利用资本市场进行后续的融资。但由于公开市场发售要求的门槛较高，只有发展到一定阶段，有了较大规模和较好赢利的民营企业才有可能考虑这种方式。

与银行贷款类似，小微企业上市在国内的资本市场难度非常大，也面临不公正的对待。由于小微企业自身的性质和特点，小微企业很难以普通股票融资的形式筹集到发展所需要的资金。从私募股权的发展历程看，一般只有小微企业采取PIPE交易进行融资。

（三）融资租赁模式

融资租赁是指出租人根据承租人对租赁物件的特定要求和对供货人的选择，出资向供货人购买租赁物件，并租给承租人使用，承租人则分期向出租人支付租金，在租赁期内租赁物件的所有权属于出租人所有，承租人拥有租赁物件的使用权。租期届满，租金支付完毕并且承租人根据融资租赁合同的规定履行完全部义务后，对租赁物的归属没有约定的或者约定不明的，可以协议补充；不能达成补充协议的，按照合同有关条款或者交易习惯确定；仍然不能确定的，租赁物件所有权归出租人所有。

融资租赁是集融资与融物、贸易与技术更新于一体的新型金融产业。由于其融资与融物相结合的特点，出现问题时租赁公司可以回收、处理租赁物，因而在办理融资时对企业资信和担保的要求不高，所以非常适合中小企业融资。

中国的融资租赁是改革开放政策的产物。改革开放后，为扩大国际经济技术合作与交流、开辟利用外资的新渠道、吸收和引进国外的先进技术和设备，1980 年中国国际信托投资公司引进租赁方式。1981 年 4 月第一家合资租赁公司中国东方租赁有限公司成立，同年 7 月，中国租赁公司成立。这些公司的成立，标志着中国融资租赁业的诞生。发展到今天的融资租赁，形成了多种形式，主要有如下几种：

（1）简单融资租赁。简单融资租赁的特点：①由承租人选择需要购买的租赁物件，出租人通过对租赁项目风险评估后出租租赁物件给承租人使用；②在整个租赁期间承租人没有所有权但享有使用权，并负责维修和保养租赁物件；③出租人对租赁物件的好坏不负任何责任，设备折旧在承租人一方。

（2）回租融资租赁。回租租赁是指设备的所有者先将设备按市场价格卖给出租人，然后又以租赁的方式租回原来设备的一种方式。回租租赁的优点在于：一是承租人既拥有原来设备的使用权，又能获得一笔资金；二是由于所有权不归承租人，租赁期满后根据需要决定续租还是停租，从而提高承租人对市场的应变能力；三是回租租赁后，使用权没有改变，承租人的设备操作人员、维修人员和技术管理人员对设备很熟悉，可以节省时间和培训费用。设备所有者可将出售设备的资金大部分用于其他投资，把资金用活，而少部分用于缴纳租金。回租租赁业务主要用于已使用过的设备。

（3）杠杆融资租赁。杠杆租赁的做法类似银团贷款，是一种专门做大型租赁项目的有税收好处的融资租赁，主要是由一家租赁公司牵头作为主干公司，为一个超大型的租赁项目融资。

（4）委托融资租赁。一种方式是拥有资金或设备的人委托非银行金融机构从事融资租赁，第一出租人同时是委托人，第二出租人同时是受托人。这种委托租赁的一大特点就是让没有租赁经营权的企业，可以“借权”经营。电子商务租赁即依靠委托租赁作为商务租赁平台。第二种方式是出租人委托承租人或第三人购买租赁物，出租人根据合同支付货款，又称委托购买融资租赁。

（5）项目融资租赁。承租人以项目自身的财产和效益为保证，与出租人签订项目融资租赁合同，出租人对承租人项目以外的财产和收益无追索权，租金的收取也只能以项目的现金流量和效益来确定。出卖人（即租赁物品生产商）通过自己控股的租赁公司采取这种方式推销产品，扩大市场份额。通信设备、大型医疗设备、运输设备甚至高速公路经营权都可以采用这种方法。其他还包括返还式租赁（又称售后租回融资租赁）、融资转租赁（又称转融资租赁）等。

（6）经营性租赁。在融资租赁的基础上计算租金时留有超过10%以上的余值，租期结束时，承租人对租赁物件可以选择续租、退租、留购。出租人对租赁物件可以提供维修保养，也可以不提供，会计上由出租人对租赁物件提取折旧。

（7）国际融资转租赁。租赁公司若从其他租赁公司融资租入的租赁物件，再转租给下一个承租人，这种业务方式叫作融资转租赁，一般在国家之间进行。此时业务做法同简单融资租赁无太大区别。

融资租赁模式对小微企业来说负担不大，较为可取，但是也存在融资方向太单一的问题，企业只能融入机器设备一类的固定资产，而企业想筹措用于科研开发、市场拓展的资金就有些无能为力了。

（四）其他渠道模式

其他渠道融资包括典当融资等，这些方式在小微企业融资中都会起到一定的作用，但是不可能长期、稳定、大量地为企业提供资金支持。

典当融资，指中小企业在短期资金需求中利用典当行救急的特点，以质押或抵押的方式，从典当行获得资金的一种快速、便捷的融资方式。与银行贷款相比，典当贷款成本高、贷款规模小，但典当也有银行贷款所无法比拟的优势。首先，典当行对客户的信用要求比较低，典当行只注重典当物品是否货真价实，动产与不动产质押均可受理。其次，到典当行典当物品的起点低，千元、百元的物品都可以当。再次，与银行贷款手续繁杂、审批周期长相比，典当贷款手续十分简便，大多立等可取，即使是不动产抵押，也比银行要便捷许多。最后，客户向银行借款时，贷款的用途不能超越银行指定的范围，而典当行则不问贷款的用途，钱使用起来十分自由。

三、小微企业融资模式的选择

（一）融资顺序理论选择

融资顺序理论（Pecking Financial Order Theory）由Mayers（1984）提出。融资顺序理论认为，公司根据成本最小化的原则依次选择不同的融资方式，即首先选择无交易成本的内部融资，其次选择交易成本较低的债务融资，而对于信息约束条件最严、并可能导致企业价值被低估的股权融资则被排在企业融资顺序的末位。该理论解释了在特定的制度约束条件下企业对增量资金的融资行为，但是没有揭示出企业成长过程中资本结构的动态变化规律。金融成长周期理论正好弥补了这一缺陷。

（二）金融成长周期理论选择

金融成长周期理论认为，伴随着企业成长周期而发生的信息约束条件、企业规模和资金需求的变化，企业融资结构也会发生相应的变化。在小微企业创业初期，企业的信息基本上是封闭的，由于缺乏业务记录和财务审计，它主要依靠内源性融资和非正式的资本融资市场融资；当企业进入成长阶段，随着规模的扩大、信息透明度的逐步提高以及业务记录和财务审计的不断规范，企业的内源性融资难以满足全部资金需求，这时企业开始选择外源性融资；在进入稳定增长的成熟阶段后，企业的业务记录和财务状况趋于完备，逐渐具备进入资本市场发行有价证券的条件。随着来自资本市场可持续融资渠道的打通，企业债务融资的比重下降，股权融资的比重上升，部分优秀的小微企业逐步发展成为大企业。

金融成长周期理论表明，在企业成长的不同阶段，随着信息、资产规模等约束条件的变化，其融资渠道和融资结构也将随之发生变化。其一般规律是：在企业发展的早期，外源性融资的约束较紧，主要以内源性融资为主；在企业发展的成熟期，外源性融资的约束较松，此时以外源性融资为主。由此看来，小微企业要顺利发展，就需要有一个多层次的金融体系来支持其不同成长阶段的融资需求（如图 4.1 所示）。

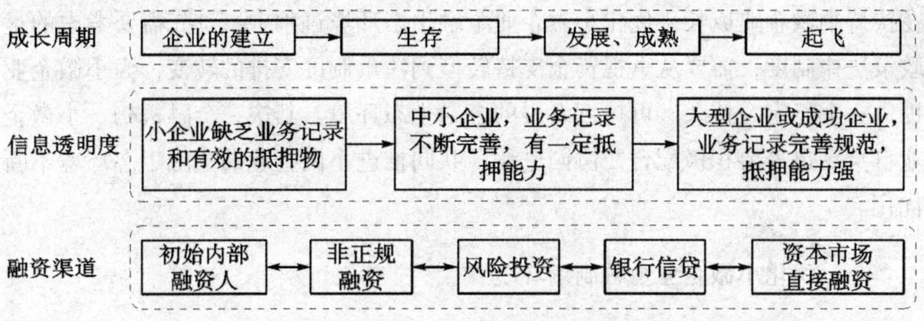

图 4.1 中小企业成长周期与融资来源

尤其是在企业的早期成长阶段，非正规资本市场如民间资本市场对企业的外部融资发挥着重要作用。因为相对于公开市场上的标准化合约而言，民间资本市场上具有较大灵活性和关系性特征的合约具备更强的解决非对称信息问题的机制，因而能降低融资壁垒，较好地满足那些具有高成长潜力的中小企业的融资需求。

由图 4.1 可以看出，现代企业制度下，中小企业（大企业也是这样）融资的高级形式是通过资本市场进行直接融资，包括股权融资和企业债券融资，这是资金需求者与资金供给者以资本市场为媒介进行直接交易的方式。由于交易是直接的，资金提供者必须亲自对资金使用者的状况进行了解和判断，并且这种了解和判断过程的成本高昂，一般情况下，作为个人的资金提供者是无法完成这一任务的。这就要求资金使用者通过信息披露及公正的会计、审计等第三者监督的方式来提高经营状况的透明度，由此资金的使用者必然是规模较大的中型或大型企业。这主要是因为，不管企业的规模是大是小，企业为达到较高的透明度所需支付的成本费用差别都不大，但由于大企业需要的外部融资规模较大，其单位外部资金所需支付的成本费用较中小企业来说要小得多，也就是说同大企业相比，中小企业单位融资的交易成本非常高。这样，融资的高成本、资金规模和信息的劣势必然将我国多数中小企业排除在直接融资市场之外。①

第三节　我国小微企业融资生态环境优化对策

近年来，我国在扶持小微企业融资方面做出了很大的努力，取得了一定的成绩，但是不可否认，这些付出与其欲达到的效果还是有很大差距。当前国家在扶持小微企业成长、优化小微企业金融生态环境过程中，首先需要考虑的是政策法律制度，需要从重视资金支持转型到注重制度安排的转变，为小微企业提供一个稳定、持久、可持续发展的金融生态环境。其次，金融机构、小微企业自身等也需要积极配合，协同进化，共同推进小微企业的金融生态环境不断优化。

一、优化小微企业金融制度环境

（一）完善小微企业融资风险补偿机制

小微企业融资风险补偿机制是改善小微企业融资环境的重要举措。面对小微企业的融资困局，国务院、工业和信息化部、银监会等先后出台政策，鼓励各地建立小企业贷款风险补偿基金，部分地区也已经建立了中小企业贷款风险补偿资金、贷款贴息、贷款担保风险补偿等制度。2005 年，浙江省在国内率先开展了小企业贷款风险补偿工作，探索推行由政府专项扶持资金对银行业金

① 李伟，成金华. 中小企业外源融资过程中的资金需求和供给［J］. 经济评论，2006（1）：47-51.

融机构当年新增小企业贷款而产生的风险进行补偿。此后，江苏、福建、青海海西、广东东莞等地相继出台各类办法及计划，由地方财政出资，为辖内银行业金融机构按本年度小企业贷款余额净增额设定一定的百分比给予风险补偿，其设定的比例在0.5%~5%不等，差距较大。总体而言，我国建立小微企业贷款风险补偿机制的起步时间较晚，覆盖范围有限，在已经建立或正尝试建立中小企业贷款风险补偿制度的地区中，地方政府试图利用各自的区域优势为支持当地中小企业发展提供贷款风险补偿保障，并取得了一定的效果，但从整体的中小企业贷款风险补偿机制方面看，仍存在一些问题需要解决。

首先，健全有关贷款风险补偿机制的管理制度和管理机构。任何良好机制的完善都需要有完备的管理制度和组织架构作为依托。加快和细化与中小企业相关的法律、法规建设，修改和清除对中小企业不利的歧视政策和法规条例，并对政策性中小企业融资机构、担保机构、基金等进行专门立法，规范其职责、服务对象、支付方式和补贴方式等，使得建立完善小微企业贷款风险补偿机制有法可依，有制度可循。同时，还应在组织架构方面建立健全小微企业管理机构，设立由中央人民政府主导参与的明确的小微企业管理服务机构，强化该机构对于支持中小企业发展各项工作的管理、引导和服务职能，为中小企业贷款风险补偿机制的建立及运行提供多样服务和有效监管。

其次，规范资金来源和补充机制，建立多层次的中小企业贷款风险补偿专项基金。应建立完善国家层面和地方层面的小微企业贷款风险补偿基金机制。在资金来源和补充方面，应以“中央财政出资为主、地方财政出资为辅，社会性资金为有益补充”为原则。中央财政应每年安排一定比例的预算资金用于充实该项基金，在确保财政资金占主导地位后适当实现动态发展。小微企业的良好发展，能够为地方政府增加税收并稳定和增加就业，而地方政府作为小微企业贷款风险补偿机制的主要受益者，有责任和理由在中央的引导下依靠地方财政注入贷款风险补偿资金。各类金融机构及各类民间资本作为小微企业贷款风险补偿机制的潜在受益者，可以被引导和吸引成为基金的补充来源。

最后，规范贷款规划和全程监控机制。政府管理部门需要加强管理，严控贷款用途，确保风险补偿合法合理。银行可以通过网络、第三方等渠道收集企业的基本信息，制定详细的面谈工作提纲，为进行实地踏查做准备。银行不仅要重视对公司性质、主要经营渠道、供货商以及客户、还款能力、贷款担保方式等财务信息的了解，还要注重对企业非财务信息的收集。银行应该坚持“以证办贷”的经营理念，通过对信息资料的收集，为前台调查人员提供分析评估的证据，也为后台审查人员提供判断依据。在贷款审查环节中，银行应该对公司的财务因素与非财务因素进行综合分析。

（二）完善小微企业金融信贷组织体系

1. 改革国有银行组织机构

目前，我国国有大型银行的改革与发展已经取得了重大突破，深刻地改变了我国银行业的面貌。但是，改革任务依然艰巨。众多的国际经验表明，在体制改革基本完成之后，银行急需建立审慎经营的有效激励约束机制，实现运行机制的科学转换，以确保收益对成本和风险的覆盖。我国大型银行也不例外。银行组织架构如同银行运行的血脉，正如管理学家麦克尔·A. 希特所言，组织架构是一家企业（银行）配置机制、程序机制、监督治理机制和授权、决策的过程。可以说，银行组织架构在很大程度上影响着银行利益相关者的行为和利益分配格局，也决定了银行运行机制的效率和整体竞争力。我国大型银行传统的组织架构模式存在较大的弊端，特别在股份制改革完成之后，这种弊端表现得越来越明显：一是信息传递效率较低，交易费用和委托代理成本较高；二是业务经营专业化程度不够，资产结构单一，经营方式粗放，难以实现科学发展。因此，大型银行组织架构的改革显得日益迫切。

我国当前国有银行组织结构更是让小微企业融资处于不利地位。众所周知，在未来相当长的一段时间内，国有商业银行依然将在银行体系中占据着绝对的垄断地位。因而国有商业银行对于解决小型和微型企业的信贷融资困境至关重要。我国国有商业银行基本上是按行政级别分层设置，它的管理是通过层层的委托—代理关系来实现的，从银行的总行到省、市、县或乡镇的分行、支行，管理层次过多、管理手续烦琐、代理问题严重，使贷款的小微企业贷款变得不经济，权力上收造成信贷人员对信息资源的浪费，权力下放会导致贷款人员追求自身利益而滥用职权，从而造成巨大的损失。经过反复的权力分配，小型和微型企业控制风险和信贷支持一直很难获得一个很好的平衡，为了改变这种状况，需要对国有商业银行的组织和结构改革进行战略性调整。

国有商业银行，应当将整个改革的思路和解决方案与国有商业银行机构臃肿、效率低下的现实状况结合起来进行有效的设计，重点应是地市级银行和县分行体制的改革。对于小型和微型企业占主导地位的城市，可以单独地设市级分公司或联合重组，或通过收购各国银行重组为国有商业银行，持有或增持大量企业、居民等民营资本股的股份制商业银行，兼并和重组其管辖的县级分支。对于一些经济比较发达、占存款总额较大的县，银行县支行可以被改组为国家的共同所有权，股份制商业银行吸收民间资本股在大的城市和大中型企业占主导地位的城市中心保留其国有银行分支机构，应该在维护中国的大银行的强度不会受到影响的条件下进行。国有商业银行向城市转移，也有利于充分利用现有国有商业银行的人力和业务资源，减少财政资源的浪费，为小微企业提供更多的服务。

2. 设立专门为小微企业提供融资支持的政策性银行

政策性银行是指由政府创立，以贯彻政府的经济政策为目标，在特定领域开展金融业务的不以营利为目的的专业性金融机构。实行政策性金融与商业性金融相分离，组建政策性银行，承担严格界定的政策性业务，同时实现专业银行商业化，发展商业银行，大力发展商业金融服务以适应市场经济的需要，是我国金融体制改革的一项重要内容。政策性银行不以营利为目的，专门为贯彻、配合政府社会经济政策或意图，在特定的业务领域内，直接或间接地从事政策性融资活动，充当政府发展经济、促进社会进步、进行宏观经济管理的工具。1994 年中国政府设立了国家开发银行、中国进出口银行、中国农业发展银行三大政策性银行，均直属国务院领导。2015 年 3 月，国务院明确国家开发银行的定位为开发性金融机构，从政策银行序列中剥离。

由于在市场条件下小微企业信贷遭遇到了难以克服的瓶颈，这就需要政府之有形之手对市场进行一定程度的干预，通过设立小微企业信贷的政策性银行，向小微企业发放利率比商业银行低 1%~3%的长短期贷款，开展适宜小微企业的信贷、国内结算、商业融资等金融服务，并以此作为小微企业融资的示范和典型，弥补商业银行对小微企业的信贷支持空白。

3. 大力发展民营小银行

推动小银行的健康发展，首先要放松银行业进入管制，鼓励和支持民间资本进入银行业。我国小企业绝大部分是民营企业，发展民营小银行是民营经济的一种客观需要，可以为进入新的发展阶段的民营经济提供一种新的金融的支持，促进民营经济的发展。因此，我国政府应该在督促现有城市商业银行做好绩优的基础上，积极研究城市社区金融发展状况，总结城市信用社发展中的经验教训，制定社区银行发展及监管规范。

与大银行相比，小银行对小微企业融资具有独特的优势。首先，小银行规模小，实力不强，没有实力为大公司提供融资，也很难与大银行竞争，但小微企业贷款具有时间短、数量大、覆盖面广的特点。不能把所有的鸡蛋都装在同一篮子的风险分散原则有利于控制银行风险。其次，小银行一般与对象关联，其潜在的小微企业贷款对象属于一个社会社区，容易了解企业的经营状况。最后，小银行的组织结构简单，层次较少，决策者容易获得第一手资料，信息损失少，利用率比较高。因为小银行的小微企业贷款一般在小微企业的贷款总额中的比例是比较大的，这在实践中也已证实。中国城市商业银行、农村信用社和其他本地金融机构，在小微企业贷款中占全贷款本金的主体。因此，鼓励企业、居民开办社区合作型银行，使有足够量的小银行贴身式地为小微企业提供金融服务，成为小微企业贷款的主力军，缩小小微企业的信贷融资缺口。要尽快建立存款保险制度，提高小银行抵御风险的能力。①

（三）健全小微企业信用担保体系

信用担保是由专业担保机构提供担保，以有效降低或消除企业的信用风险，使银行等金融机构向企业提供贷款，在企业出现信用风险不能偿还贷款、造成偿还贷款合同违约时代为偿付的一种信用服务体系。它是在市场经济条件下，为克服企业，尤其是小微企业融资困难，化解银行风险，而产生的一种金融服务手段。由于银行对小微企业进行贷款时，存在严重的信息非均衡、风险等级的不一致和契约不完善、小微企业管理不善等所造成的贷款风险较大的情况，使得银行不得不在资产安全性的考虑下，对小微企业的贷款持审慎的态度，甚至出现大量的信贷配给。为了有效地降低银行贷款的风险，可靠的质押担保或第三方担保就显得尤为重要。近年来，信用担保计划为小微企业的信贷融资渠道带来了延伸，为越来越多的人所重视。小型和微型企业，由于贷款风险信息不透明，它们无法提供足够的合格抵押品，银行一般不愿意提供贷款给小型和微型企业。担保机构的参与，有效缓解了银行和企业的信息不对称，使银行与担保机构风险共担，进而从整体上提高银行小微企业信贷规模。

地方担保机构的信用担保试点开始于1998年，经过这些年的发展已经有了一定规模，是比较成功的。我国当前共有三种性质的担保机构：一是同意政策性信用担保机构，属于政府间接支持小企业而建立的政策支持机构，不以营利为目的；二是小企业自愿出资，以会员为服务对象建立互助合作性质的担保机构，不以营利为目的；三是以营利为目的的商业性担保机构。这对于缓解小微企业的融资困难起到了一定的作用，但同时也暴露出不少问题。例如，担保机构规模小，实力弱，对小型和微型企业的支持非常有限；缺乏风险分散和补偿机制，可持续发展能力弱；部分属于单一的基于政策性的而不是相互合作为基础的担保机构等。

一是要加快立法，依法经营管理。《中华人民共和国担保法》有相关规定的是银行与企业、企业与企业之间的担保行为，不能完全适用这个特定的中介组织的担保机构。目前，要有效地改变这种管理和担保机构没有法律可以依据

① 高晓燕. 小微企业融资机制创新研究［M］. 北京：经济日报出版社，2015：63.

的状况，明确担保机构经营目标方向，应提供风险分担机制、激励机制等，需要经过主体承诺，以确保担保机构快速、健康、正常发展。

二是要建立再担保机构，完善风险分散机制。我国现在担保机构的规模相对较小，风险偏好相对较弱。如果没有再担保机构分散风险，这些安全机构的抗风险能力会比较差，不利于安全机构的生存和发展，也很难取得银行的信任。因此，应积极推动建立以省级或城市为单位的区域性再担保机构，为该区域的担保机构提供再担保服务，并及时设立国家担保机构的最终担保人。

三是继续推进国家政策性信用担保机构的大发展。从国家发展的情况来看，政策性金融机构在小型和微型企业担保体系内都占据重要地位，也是政府支持小型和微型企业发展的主要途径。小型和微型企业的担保，因为风险比较大，合作互助性担保机构和商业性担保机构还不是很发达，所以政府必须保证政策性机构的进一步投入。建立一个有效的经济补偿机制，使政策性担保机构发挥更大的作用。

四是要积极促进民间互助合作型担保机构、商业性担保机构的发展。我国信用担保体系的迅速发展得益于政策性担保机构的迅速发展。但是，政府财力毕竟有限，难以满足小微企业巨大的担保需求，因此需要积极发展其他形式的担保机构。要促进互助合作性担保机构的发展，小微企业可根据自愿原则，自发组建担保机构，自我出资、自我服务、自担风险，不以营利为目的。

（四）完善小微企业社会征信体系建设

"征信"源于左传："君子之言，信而有征，故怨远于其身；小人之言，僭而无征，故怨咎及。"其中提到的"信而有征"，即可征验其为信实也。征信通过对信用资源的系统性收集、集中汇总和开放型开发利用，成为实现信息充分共享、提升信用管理水平的最有效的制度安排，达到了提供决策参考、降低交易风险的目的。在发达国家中，普遍存在专门从事征信业务的社会中介机构，根据市场需求搜集、加工和生产信用信息产品，提供资信信息服务，并形成了一整套与之相关的法律和政策体系，以及技术标准和行业规范，一般称之为社会征信体系。

加强征信体系建设是社会信用体系建设的核心。市场经济是信用经济。建设信用经济的本质是健全社会信用体系，而社会信用体系建设的核心则是征信体系建设。信息不对称是影响小微企业信贷的重要的因素之一，为了减少信息不对称，需要一系列的政府和市场机制的约束，最重要的是建立覆盖整个社会的信用体系。

我们的信用体系是由国务院批准、在中国人民银行主持下开始建设的，已经有了初步发展，但仍远远不能满足商业银行和各界对征信服务的要求。因此，我们必须进一步加快信用体系建设，以适应社会和经济发展需要。

一是加快征信立法和制度建设。在发达国家，征信法律体系一般由十几部甚至几十部法律组成。以美国为例，与征信相关的法律大约有17部之多，都以不同的方式规范征信活动。从我国来看，专门的征信法律规定或与征信直接相关的法律规定并不多，但与征信业有或多或少相关的法律规定又很庞杂。关于信息主体权益保护的法律规范主要是《中华人民共和国宪法》和《中华人民共和国民法通则》等有关法律中的间接原则规定，有关征信业务的法律规范主要以地方性规章和部门规章为主，征信监督管理制度基本上是空白。因此，政府应结合我国征信体系建设的实际情况和征信市场供需状况，抓紧制定征信管理条例及相关配套制度和实施细则，制定信用信息标准和技术规范，建立异议处理、投诉办理和侵权责任追究制度。对征信机构的信用信息征集行为进行明确规定，在充分保护企业和个人信用信息权益的基础上，发挥征信体系的促进和惩戒功能，从而实现信用信息征集中各方主体利益的最大化。

二是建立涵盖每个小微企业的信息数据库。小微企业信息数据数据库是采集小微企业融资信息的基础，也是小微企业社会征信体系建设的基础。小微企业的全方位评估涉及业主的个人、税务、行业和海关等方面的信息，必须要在加强和完善银行信贷登记和咨询系统数据库的基础上逐步建立和改善其他数据库，如：个人信用数据库、登记数据库、业务普查信息数据库、法院诉讼数据库等。

三是加强监管，完善信用服务市场体系。政府要根据法律对不讲信用的责任人和小微企业进行惩处；教育全民在对失信责任人的惩罚期内不要对其进行任何形式的授信；制定信用服务机构基本行为准则，严格征信机构及其从业人员准入标准，依法规范并查处提供虚假信息、侵犯商业秘密和个人隐私等行为，政府工商注册部门不允许有严重违约记录的企业法人和主要责任人注册新企业；允许信用服务公司在法定期限内，长期保存并传播失信人的原始不良记录；对有违规行为的信用服务公司进行监督和处罚。规范发展信用服务机构和评级机构，有序推进信用服务产品创新，从而保护征信当事人的合法权益，维护征信市场公平竞争，促进征信业健康发展。

四是加强政务诚信建设。政府是社会诚信建设的实践者、引领者，是社会最具公信力的组织。政府必须以高度的清醒和自觉，率先示范，把诚实求信的要求贯彻到一切政务活动的全过程，坚持依法行政，推进政务公开，提高决策透明度，自觉接受社会监督。鼓励公民和企事业等法人、新闻媒体依法对政府及政府工作人员进行实质有效的监督；对于政府及政府人员诚信方面的失误，尤其是腐败、欺骗群众等现象进行揭露；保护举报者的合法权益，严惩打击报复举报者的政府工作者，让政府行为暴露在阳光之下，用千万双眼睛监督政务诚信的建设与实施，不断提升政府的公信力，以政务诚信引领行业诚信、商务诚信、个人诚信，带动和影响整个社会的诚信，进而促进社会的和谐。

二、创新小微企业融资模式

党的十九大报告提出，深化金融体制改革，增强金融服务实体经济能力，提高直接融资比重，促进多层次资本市场健康发展。因此，要将小微企业金融服务放在更加重要的位置。大数据为我们创新小微企业融资模式提供了诸多有利条件。互联网的迅速发展，对整个社会的影响巨大，给我国经济中的各种产业与经济实体提供了多种可供选择的发展渠道。当前互联网与传统产业的融合已经开始，并必将是整个经济社会发展的必然。小微企业的融资模式在“互联网+”大背景下，面临着前所未有的机遇与挑战。因此，要解决和回答如何抓住机遇和更好地迎接挑战的问题，创新小微企业融资模式，对于整个金融市场，乃至整个经济发展都具有重要意义。在大数据的环境下，要创新小微企业融资的机制和模式，着力打通金融活水流向小微企业的“最后一公里”。

（一）P2P 融资模式

P2P（Peer to Peer）融资是“互联网+金融”创新出来的借贷模式，指的是点对点即个人对个人的借贷。P2P 起源于发达国家，虽然在我国的发展时间较短，但已是我国小微企业的主要融资方式之一。

P2P 融资模式指借助于互联网技术，利用电子商务金融网络平台达成双方的借贷关系并使相关交易手续正规化、法制化。通常贷款人将自己的融资项目在 P2P 融资平台上公布，并提供企业的详细信息，金融平台经审核通过后进行公布，出资人通过平台了解对方的相关信息及有效抵押物，自愿决定提供资金的多少与期限并获得相应投资回报。资金的募集通过竞标的形式进行，双方自愿平等，资金的提供者往往由多人组成，分担了融资的风险，金融平台收取相应的佣金，实现三方共赢。这种融资模式的形式主要有一对一、一对多、多对一、多对多等，一对多、多对多这种模式最为常见，两者能在一定范围内分担投资人的风险，更容易被投资者选择。

P2P 最早出现在 2005 年的英国，2007 年我国在上海成立了第一家 P2P 网络借贷平台——拍拍贷以来，P2P 网络借贷行业在中国发展迅猛，据 P2P 网贷行业门户机构代表网贷之家统计，2013 年 P2P 行业已有 800 多家网站平台，总成交量达 5 018 亿元。《中国 P2P 网贷行业市场前瞻与投资分析报告》数据显示，截至 2017 年 7 月底，P2P 网贷行业历史累计成交量达到了50 781.99亿元，突破 5 万亿元大关，从 2013 年到 2017 年成交量翻了 10 番。自 2015 年以来，平台同期增长数量呈明显下降趋势。一方面是由于各个网贷公司良莠不齐，存在优胜劣汰的状况，使得我国 P2P 运营平台增长数量不断减少；另一方面由于我国政府对 P2P 网贷公司进行整顿和规范化，也将使我国 P2P 行业走上量少质优的道路。

P2P 网络借贷作为互联网金融的一种业务模式，与第三方支付、阿里金融、众筹等其他业务模式相比，与互联网金融这种去中介化的理想效果最吻合。与传统融资相比，P2P 有很大优势，例如，没有地域、时间、金额的限制，对借款人的审核更贴近事实，资金配置的效率更高，时效性更好，最重要的是借款人门槛较低。对于小微企业来说，银行信贷门槛过高，而且需要第三方担保，P2P 则很好地解决了这个问题，而且能使投资人的收益更高。P2P 网络借贷提高了闲散资金的利用率，大大降低了融资成本，为个人融资提供便利，完善了现有银行体系。在小微企业长期处于融资困境的背景下，P2P 网络借贷还可以显著降低小微企业的融资成本，为小微企业融资提供新的出路。

P2P 网络平台的网络借贷过程基本可以概括为三步：①借款人在网络平台上发布个人信息，包括借款金额、用途、期限和利率等；②出借人在了解借款人的各项信息后选择是否借出及借出的额度与利率；③借贷双方达成交易，电子借贷合同成立，借入者根据合同要求按月还款。图 4.2 列示了 P2P 网络借贷的基本过程。

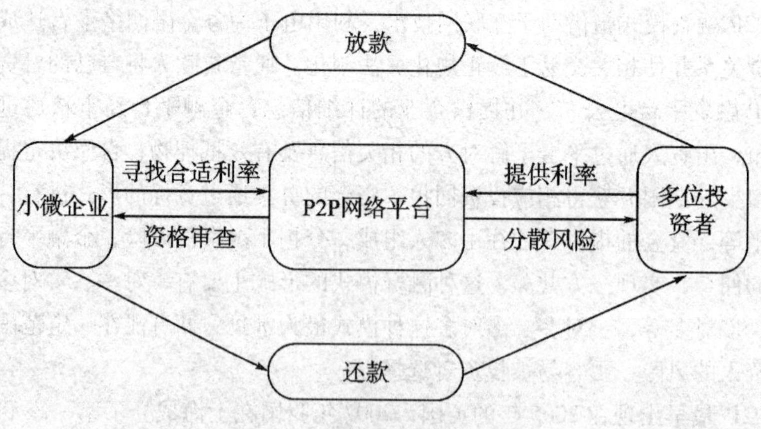

图 4.2　P2P 网络借贷基本过程

在 P2P 网络借贷过程中，平台不直接参与交易，只提供审核信息、匹配和撮合交易等服务，贷款者所需资金直接来自出借者，资金偿付也直接面向出借者。网络借贷平台充当信息平台，赚取服务费。对于贷款者而言，资金成本主要来自借贷双方达成的竞争性利率和平台为抵补成本而收取的服务费。相对于商业银行，网络借贷平台的运营成本能够被控制在其一半以内。网络借贷中信息审核时间短、借贷交易达成快。在网络借贷中，贷款者只需要填写一些表格，经相关部门审核后，就可以上线。贷款资金直接从出借者手中流向贷款者手中，不会在网络平台发生滞留；借贷参与者比较分散，在同等条件下小额贷款需求更容易获得满足。综上所述，网络借贷能够突破传统融资在时间、空间和地域等方面的限制，使资金融通变得更快速、便捷和灵活，为小微企业融资提供了新平台。

（二）众筹融资模式

众筹融资（Crowdfunding）被视为是众包（Crowdsourcing）和微型金融Micro-finance）结合衍生出的产物。众筹融资坚持众包两个前提条件，即以公开的方式和面向众多的网络潜在受众，采用微型金融的通常作法，即小额无抵押出资，完成企业或个人外包融资任务。简单地说，众筹融资是指若干人通过互联网为某一项目或创意提供小额资金支持的科技融资创新方式。众筹融资在一定程度上取代了银行、天使投资和风险投资，不仅加速了金融脱媒，也助推了金融民主化和金融市场化进程。众筹融资作为继第三方支付、P2P 网贷之后的又一互联网金融创新，对传统融资模式形成了深刻冲击。

众筹融资作为一种商业模式，起源于美国。早在 2001 年，众筹先锋平台美国 ArtistShare 公司就已诞生，在该平台获得资助的音乐人多次获得格莱美奖。2006 年，美国学者迈克尔·萨利文致力于建立一个名为 Fundavlog 的融资平台，第一次用众筹（Crowdfunding）一词解释了 Fundavlog 的核心理念。该平台允许发起人采用播放视频的方式在互联网上吸引潜在投资者进行项目融资。2009 年 4 月，世界上最负盛名的同时也是最大的众筹平台——Kickstarter 网站正式上线。网站创立不久就为入驻的创意项目成功募集到资金。

众筹融资在我国兴起于 2011 年，在 2015 年达到了发展的高潮，共有 283 家，筹资达 114.24 亿元。2016 年 3 月 25 日中国互联网金融协会成立，标志着股权众筹进入规范发展的新阶段。近年来，我国众筹逐渐往规模化和规范化发展，互联网股权融资专委会的成立，建立起监管部门、行业组织和从业企业之间对话的重要桥梁，有利于监管自律部门集思广益，做好顶层设计和制定完善相关监管自律规制，同时有利于股权众筹行业的自律管理，促进行业规范健康发展。我国2017年的众筹平台的融资金额如图4.3所示，平台融资金额较大的月份主要是5月和8月，超过了3个亿。①

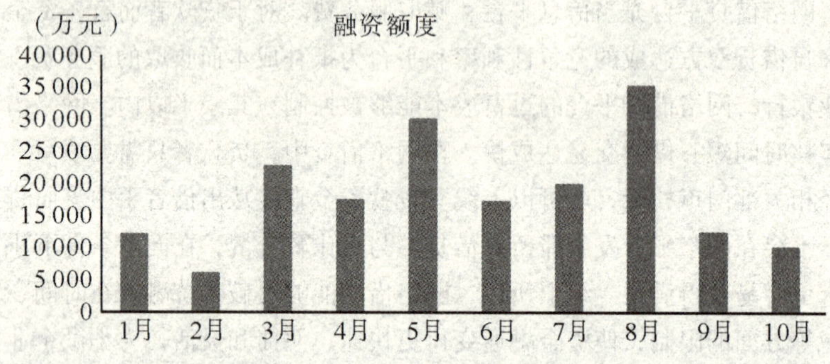

图4.3　2017年我国众筹融资情况

众筹融资大致可分为捐赠众筹、回报众筹、债权众筹和股权众筹四种类型。除捐赠众筹属于公益性的融资外，其他几种众筹融资途径都可以作为小微企业融资方式。众筹融资相对于小微企业传统的融资模式，具有以下几个特点：一是低门槛，不论身份、地位和职业，只要有创造能力都可以发起项目；二是众筹方向多样性，在国内的众筹网站上项目类别五花八门，包括音乐、食品、动漫、游戏等；三是草根力量强劲，支持者一般都是草根群众，而非公司或风险投资人；四是注重创意，发起人必须先将自己的创意展示出来，同时需要通过平台的审核，而不是单单一个想法，需要有实际操作性。

众筹融资过程主要涉及项目发起人（小微企业）、众筹平台、项目支持者（社会公众）三方。项目发起人一般是那些缺乏资金支持但富有创新意识的小微企业或个人，他们借助众筹平台向社会公众展示融资项目、发布融资需求。众筹平台，是连接小微企业与网络投资者的纽带，是同时为投融资双方服务的中介。众筹平台在审核项目融资申请的同时，也充当着小微企业向投资者融资的媒介。项目的支持者即投资者，他们借助互联网众筹平台来了解融资项目信息、评估融资项目，继而决定是否为该项目提供资金或实物支持。在具体的融资实践中，小微企业、众筹平台和投资者分别扮演着各自角色，整合各自资源，各展其长，以满足小微企业对资金的需求。

（三）电商平台融资模式

电商平台融资模式是指根据小微企业在电商平台上的日常交易信息量，以小微企业客户评价、历史交易数据和信用记录为基础，通过互联网云计算的强

① 李秋霞. 大数据背景下小微企业融资模式创新之道［J］. 中国统计，2018（3）：38.

大功能，形成小微企业的信用评级系统，以此为根本评价小微企业的还款能力。在电商网络融资发展初期，其业务类型带有明显的银行线下针对小微企业业务的特点，例如最初的阿里巴巴与建行合作的“E联通”，又称网络联保贷款，就是借鉴了孟加拉乡村银行的小额信贷业务模式。目前建行善融商务平台的多个融资业务的操作模式及流程仍与线下的中小企业贷相似，这是因为银行管理上的制度限制了其在业务设计方面的创新。不同的电子商务平台融资业务具有各个平台经营内容的特点。随着各个电商平台纷纷加入电商网络融资服务，各电商平台的融资业务逐渐发展出带有平台特点的融资模式。

目前，网络融资已经成为我国大型电商平台的重要组成部分。阿里巴巴、京东商城、苏宁云商、百度、腾讯、金银岛、网盛生意宝、阿里一达通、敦煌网及慧聪网等均在平台内开启了融资业务，提供的资金不仅能解决中小企业融资难的困境，对于电商平台而言，也有着促进平台与商户忠诚度、加强平台与商户的黏合度的效果。

根据电商网络融资的业务特点，可以将其分为电商网络信用融资模式与网络供应链模式两大类。电商网络信用融资模式一般以企业网上行为参数为基础，结合信用评价模型，确定网商潜在信用并借此进行综合授信的一种融资模式。电子商务交易平台掌握了电商企业资金流、商品流及信息流相关资料，借助一系列分析模型，计算出电商企业的潜在信用，并将其运用到平台上的融资产品，提升了银行授信审核效率，降低了企业融资难度。目前，作为评价电商企业信用状况的指标主要包括经营年限、销售状况、在平台上的资金流状况、用户评价等信息。网络信用融资模式的主要贷款对象一般是电商平台的优质会员，其历史经营状况良好，产品评价较高，由它们提出无抵押、无担保的贷款申请，电商平台自动审核后决定是否发放贷款，信贷风险由银行和贷款企业共同承担。网络信用融资模式在很大程度上消除了传统融资中信息不对称的问题。电商网络融资通过信息优势，包括静态及动态信息优势，尤其是与企业实时交易相关的动态信息优势，大大提高了银行贷前审核与监管贷后资金安全的能力，降低了相关的成本。电商网络融资流程如图4.4所示。

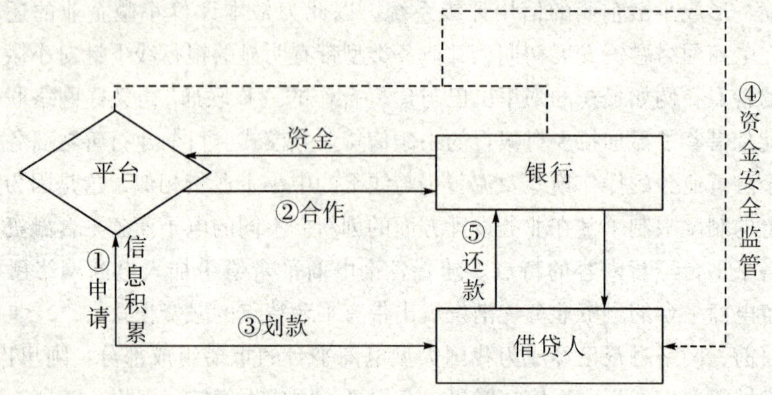

图 4.4　电商网络信用融资模式流程图

网络供应链融资模式是基于网络交易供应链基础上的融资模式，它通过整合各方资源，为交易各方、平台、流动性提供一个良性生态圈和一个不过分约束的伙伴关系，解决供应链上下游的资金流周转问题。在网络交易中，企业往往缺乏生产设备、半成品、原材料等有价值的抵押物，银行对其融资申请往往不予受理。银行从可信第三方支付的角度切入，使得交易平台具有虚拟供应链和绩效评估的功能，有效地提升融资业务利益相关者的综合经济收益，融资技术与核心企业自身能力等方面会不断得到积累和巩固，整体收益的增长开始变得明显。网络供应链模式包含了针对上游销售商的订单贷款以及针对下游采购商的仓单质押贷款等业务。

总之，大数据为小微企业融资模式创新提供了新途径，小微企业获得的资金渠道变多。但是由于网络是一个新事物，如何保障投资人的资金安全仍然存在需要不断进行改进的地方。例如众筹融资模式，这种融资模式依赖网络，同时项目的投资人由于专业的限制等原因对于项目的具体实施不是很了解，项目的发起人若将资金挪作他用，出资人将无法得到相应的报酬。这需要监管部门组建专业性较高的融资项目评定组织，对于项目的真实性和合法性进行评估，同时，将评估的结果透明化，缓解出资方和融资项目之间的信息不对称问题。对于小微企业而言，虽然大数据可以在某种程度上缓解其融资难的问题，企业可以借助互联网金融实现短期资金需求，但仍然不能忽视传统金融机构在其中起的作用。在融资过程中，基础金融服务和最终的结算平台仍需要银行来实现。小微企业在大数据网络中诚实守信、遵纪守法、保障融资安全，仍然是网络金融发展及小微企业大数据时代融资模式创新的前提条件。

第五章 我国小微企业创新环境及其优化

党的十八大明确提出，科技创新是提高社会生产力和综合国力的战略支撑，必须摆在国家发展全局的核心位置，强调要坚持走中国特色自主创新道路、实施创新驱动发展战略。中共中央、国务院发布了《关于深化体制机制改革加快实施创新驱动发展战略的若干意见》（以下简称《意见》），要求营造激励创新的公平竞争环境，发挥市场竞争激励创新的根本性作用，营造公平、开放、透明的市场环境，强化竞争政策和产业政策对创新的引导，促进优胜劣汰；增强市场主体创新动力，实行严格的知识产权保护制度，打破制约创新的行业垄断和市场分割，改进新技术新产品新商业模式的准入管理，健全产业技术政策和管理制度，形成要素价格倒逼创新机制。该《意见》指出，到2020年，基本形成适应创新驱动发展要求的制度环境和政策法律体系，为进入创新型国家行列提供有力保障。小微企业作为市场经济发展的最活跃的主体，同时也是创新的主体，在创新驱动战略中具有举足轻重的作用。在当前，我国小微企业创新不足，与其所在的创新环境有着较大关系，因此，需要在深入分析我国小微企业创新环境现状与问题的基础上，提出优化创新环境对策。

第一节 小微企业创新环境基本理论

一、小微企业创新环境的含义

“创新”一语，是近年来我国运用频率相当高的用语。最早提出“创新”一词，并从经济学角度进行分析的当属经济学家约瑟夫·熊彼特。熊彼特以“创新理论”解释资本主义的本质特征，解释资本主义发生、发展和趋于灭亡的结局，从而闻名于经济学界，影响颇大。他在1912年出版的名著《经济发展理论》一书中，首先提出创新概念，并论证了创新在经济发展过程中的重要作用。

美国学者吉福德·平肖指出："创新"的含义在于创新既是创造新技术、新产品、新服务、新市场构想、新系统及新的运行方式，同时又是想方设法把它们投入有利可图的实践中。[①] 奥地利经济学家熊彼特认为，创新是生产手段的新组合，包括五种情况：①产品创新，采用一种新的产品——也就是消费者还不熟悉的产品——或一种产品的一种新的特性。②技术创新，采用一种新的生产方法，也就是在有关的制造部门中尚未通过经验的方法，这种新的方法并不一定需要建立在科学上新的发现的基础之上，它也可以存在于商业上处理一种产品的新的方式之中。③市场创新，开辟一个新的市场，也就是有关国家的某一制造部门以前不曾进入的市场，不管这个市场以前是否存在过。④资源配置创新，掠取或控制原材料或半制成品的一种新的供应来源，无论这种来源是已经存在的，还是第一次创造出来的。⑤组织创新，实现任何一种工业的新的组织，比如造成一种垄断地位（例如通过"托拉斯化"），或打破一种垄断地位。而这里的"组织创新"也可以看作部分的制度创新。此后，吉福德又相继在《经济周期》和《资本主义、社会主义和民主主义》两本书中加以运用和发挥，形成了以"创新理论"为基础的独特的理论体系。"创新理论"的最大特色，就是强调生产技术的革新和生产方法的变革在经济发展过程中的至高无上的作用。创新的定义，众说纷纭，总的来讲，大致包含下述情况：

（1）创造性地开发一种新事物的过程。霍特（Holt）即是从此种意义上定义创新的。他认为，创新是运用知识或相关信息创造和引进某种有用的新的事物的过程。例如，运用最新科学知识、技术，对某一产品生产工艺流程进行革新改造的过程即为此种意义上的创新。

（2）出现并被认定是一种新事物。扎特曼即是从此种意义上定义创新的，他认为，被相关使用部门认定的任何一种新的思想、新的实践和新的制造物都叫创新。诺格也持有类似的观点：被个人或其他使用部门所认为的一种新的思想、新的实践和新的物品。

（3）采用新事物的过程。熊彼特明确表示，采用一种新产品、采用一种新的生产方式均是创新。创新在奈特那里被定义为"对一个组织或相关环境的新的变化的接受。"就是说，组织接受、采纳和运用新事物的过程也是一种

---

① 吉福德·平肖，罗恩·佩尔曼. 激活创新：内部创业在行动［M］. 郑奇峰，于慧玲，译. 北京：中国财政经济出版社，2006：140.

创新。例如，在我国企业的作业过程中，采用世界上最先进的技术和机器设备的运作过程；或者在企业管理工作中，接受人力资源是企业最重要的资产的新观念，接受人力资源开发管理是现代企业管理核心的新理念，均系发生于企业内的创新，只是前者为技术创新，后者为管理创新。

一般而言，创新应该有狭义和广义之分。狭义上的创新，仅就发明创造或创新结果而言，凡是首次问世且在当时具有唯一性的新事物，均为创新之物。古代火药、印刷术、造纸术的出现，近现代蒸汽机、火车、飞机、火箭的发明，以及各种电器、电子计算机的出现，历史上各种学科、学说、学派、思想的出现等，对于人类社会而言均系创新，具有第一性、唯一性。广义的创新，除创新结果——新事物诞生之外，其发明创造过程，某一主体首次采用某一新事物的过程，以及新事物的进一步改造、变革过程及其结果，如产品升级换代、新品种面世；某一学说或学派思想的新发展；某一工作实践的变革与新发展，例如被称作现时代管理革命的企业再造工程、人力资源开发管理的变革等，都在创新之列。①

所谓企业创新，是指企业作为独立的法人、实体，为保持企业活力、生存与发展，调动企业成员创造企业成功的因素，产生或采用新思想、新理论、新技术、新方法、新产品的过程或活动。这个定义具有如下特征：

第一，企业创新主体是企业组织及其全体成员，它是企业及其成员增强企业活力，创造企业成功因素的自主活动与行为。所以，企业创新以企业为独立法人和实体作为前提。没有这一条件，难以有真正的企业创新。对于小微企业创新环境而言，其创新主体是指符合小微企业标准的企业及其全体成员。

第二，企业创新目标是保持企业活力、生存、成功与发展。企业的生存、成功与发展，关键在于保持和增强企业活力。其包含的三要素为：企业对社会环境的应变力；企业在市场上的竞争力；企业自我改造与发展的能力。

第三，企业创新实质，即创造企业活力和成功因素的过程或活动。其主要包括两方面的创新活动：一是创造和产生新事物、新物品，例如企业经营管理的新思想、新理论、新方法、新技术、新产品，等等；二是在企业生产经营管理过程中，采用现代的新思想观念、新理论、新方法、新技术、新产品等，以深刻变革旧的生产技术和经营管理理念与方法。

在理解企业创新含义过程中，要认清创新与变化的关系。首先，创新内含变化于其中。凡是发生创新的企业，必然改变企业原状况，使企业发生变化。

---

① 黄锡明. 企业文化（上卷）[M]. 长春：吉林人民出版社，2002：438-439.

其次，变化不等于创新。变化可以是数量的、表面的、肤浅的、局部或部分的变动，不发生本质的、打破旧格局和旧平衡的变革。例如，企业在运用原技术、方法和旧的工艺流程的情况下，产量、产值增加或减少的状态，即为企业的变化，然而不是企业创新。只有企业在新理念指导下，采用新技术、新方法，根本改造和变革旧格局，创造出全新事物或全新格局的景况或过程，方为企业创新。最后，变化是可以转化为创新的。当表面的、肤浅的量变，通过新事物、新思想、新技术、新方法的采用，发生根本质变时，变化便成为创新。①

企业创新离不开创新环境。在某种程度上是创新环境决定了企业创新的动力和发展方向。关于企业创新环境的含义，诸多学者对此进行了研究，但是观点差别较大。企业创新环境理论最早可以追溯到英国经济学家马歇尔的“创新气氛说”。他认为，“在一个企业集聚区域，存在着浓郁的创新气氛，新工艺、新思想能很快地被接受、传播”。② 马歇尔所描述的产业区形成了一个创新环境，各个中小企业通过这个网络进行有效竞争与合作交流，促进新技术、新思想的产生和传播。可见，企业创新是由创新主体、创新网络和创新文化共同构成的体系。

我国学者针对小微企业创新环境概念也提出了许多不同观点，分别从创新网络、创新区域、创新集群等角度对企业创新环境概念进行了研究。如，有学者认为，创新环境即创新网络，是培育创新和创新型企业的场所，是在地方行为主体（政府、大学、科研院所、企业等机构与个人）之间长期正式或非正式的合作与交流的基础上形成的相对稳定的系统。③ 有学者把创新环境分为静态环境与动态环境两种情况：静态环境是指促进区域内企业等行为主体不断创新的区域环境；动态环境是指为进一步促进区域内创新活动的发生和创新绩效的提高，区域环境随时进行的自我创新和改善的过程。④

综上所述，我们认为，小微企业创新是指小微企业组织内部与外部的人或组织对企业管理、产品技术等方面做出了有利于企业发展的新改变、新创造。而企业创新环境则是为企业创新提供各种条件的系统，这一系统由市场、制度、人才、文化等若干要素构成。

---

① 黄锡明．企业文化（上卷）［M］．长春：吉林人民出版社，2002：439-440.

② 马歇尔．经济学原理下卷［M］．陈良璧，译．北京：商务印书馆，1965.

③ 王缉慈，等．创新的空间：企业集群与区域发展［M］．北京：北京大学出版社，2001.

④ 盖文启．创新网络：区域经济发展新思维［M］．北京：北京大学出版社，2002.

二、小微企业创新环境构成要素

关于企业创新环境的构成，不同学者提出了不同观点，形成了两要素说、三要素说、四要素说等多种观点。

两要素说认为小微企业创新环境主要由三大要素构成，在两大要素下面还可以继续划分为下一级要素，例如，有学者将企业创新环境分为软环境和硬环境两大类，其中软环境包括社会政治、经济、文化和生活服务等环境；而硬环境包括基础设施、自然地理位置、交通通信等环境。并且提出，在区域发展初期，人们往往重视硬环境的建设，随着区域经济的发展，区域软环境建设显得越来越重要。

三要素说认为小微企业创新环境主要由两大要素构成，在两大要素下面还可以继续划分为下一级要素，例如，有学者把企业环境划分为文化环境、竞争环境、政策环境三种要素。文化环境是创新精神的孵化器，包括在员工中建立普遍的危机感、责任感和荣誉感；建立创新的信念；破除迷信，重视每一个创意；鼓励尝试、容忍失败；从物质和精神方面奖励成功的创新者，如有些公司采取利润分享、设立“企业内部风险基金制度”、给予光荣称号等多种手段鼓励创新；营造适宜创新的组织环境等。竞争环境是创新的动力源。作为市场经济的产物，创新是与开放、公平的竞争环境相伴相生的。政策环境是技术创新的催化剂。任何创新活动都存在着客观上的不确定性，存在着失败的风险。实践证明，通过适当的政策激励、引导和保护创新，往往能起到难以替代的效果。①

四要素说认为小微企业创新环境主要由四大要素构成，在四大要素下面还可以继续划分为下一级要素，例如，有学者把企业创新环境分为四个要素：基础层次网络系统、文化层次网络系统、组织层次网络系统和信息层次网络系统。②

我们认为，上述对企业创新环境的要素分析都有一定道理，为小微企业创新环境提供了理论基础，对从某一个角度深入分析小微企业创新提供了新的视角。基于本书对小微企业创新环境优化这一目标，建议把企业创新环境要素分为法律政策环境、政府行为环境、市场环境、融资环境、中介服务环境、技术

① 黄锡明．企业文化（上卷）［M］．长春：吉林人民出版社，2002：453-454.

② 贾亚男．关于区域创新环境的理论初探［J］．地域研究与开发，2001（1）：5-8.

环境、人才环境、企业文化环境和企业创新环境九大类，具体构成见图 5.1：①

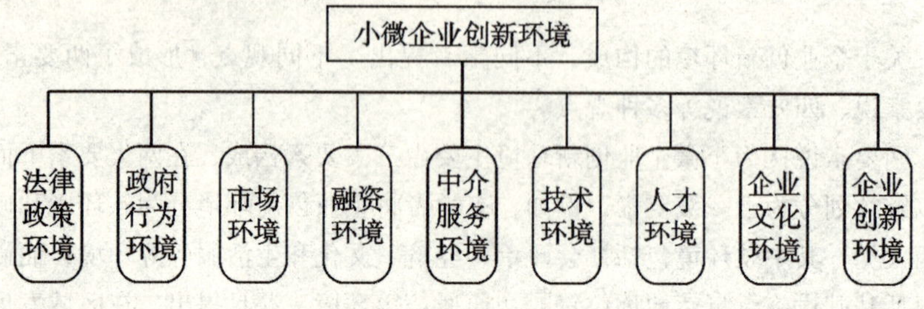

图 5.1　小微企业创新环境

三、创新环境与小微企业创新作用机理

小微企业的创新总是发生在一定的环境之中的，需要一定的环境作为支撑。因此，营造一种浓厚的创新氛围和有利于高新技术企业快速成长的良好环境，对一个地区乃至一个国家的企业创新、产业发展都具有至关重要的作用。那么环境是如何影响或推动企业创新的呢？这是一个需要回答的重要的理论问题与实践问题。

从要素属性来看，创新环境要素对企业创新活动的影响表现为三种不同的作用关系。第一类要素主要为企业创新活动提供资源保障作用（保障效应要素），在资源供给充沛的发达国家或地区的相关研究中，这一点也是容易被忽视的；第二类要素主要通过增加企业创新带来收益的预期而激励企业开展创新活动（动力效应要素），在创新产出较低或创新贡献不足的地区学者的研究中，这一要素往往占据更为重要的位置；第三类要素主要通过主体间各种网络的传导机制交换资源、传递信息，以影响企业创新活动（网络效应要素），这部分要素也是发达地区学者更为关注的话题。

保障效应要素的影响主要表现为其对企业创新活动所需外部资源的满足程度；动力效应要素的影响绩效主要表现为其对企业创新的预期收益和风险的影响程度；而网络效应要素的影响绩效则不仅仅取决于网络本身，它同时也受到各企业在网络中连接关系、强度及嵌入性等特征导致其获取创新所需信息和资源能力差异的影响，如表 5.1 所示：

① 曹祎遐. 小微企业创新环境：理论前沿与政策研究［M］. 上海：上海人民出版社，2017：32.

表 5.1　　　　　　创新环境中三种要素作用方式与途径比较

要素维度	影响方式	拟解决的问题	理论依据	优化途径
保障效应	保障	企业创新所需要的内部资源不足问题	资源配置理论 资源共享理论	资源共享与交换；优化资源配置；提高资源利用效率
动力效应	动力	企业创新动力缺失或企业家的“风险规避”偏好问题	期望效用理论 前景理论	确定政府激励及规制的时机与强度，并避免“高研发投入与低创新”发生
网络效应	传导	企业创新活动中的信息及资源获取障碍问题	社会结构理论 社会网络理论	提高网络的规范性与开放性；优化网络结构关系以提升传导效率

企业的外部创新环境要素按作用方式主要可以分为三类要素，这些要素通过影响企业内部环境进而影响企业创新活动中的意愿形成、决策制定和结果产出，最终达到提升创新收益的目的。关于创新环境与小微企业创新的作用机理，具体可以用图 5.2 加以表示：①

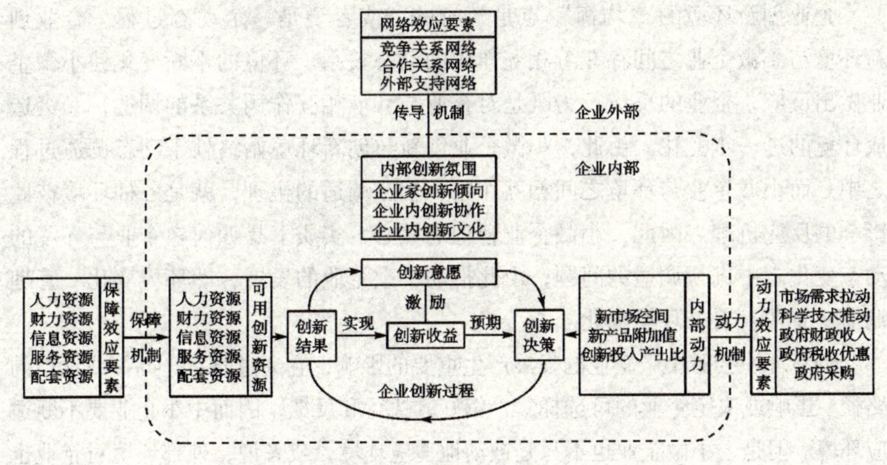

图 5.2　创新环境与小微企业创新的作用机理

一般而言，企业为了发展，创新是其内在需求，而企业的外部环境则成了

① 朱建新，朱祎宏，鲁若愚. 创新环境的要素构成及其影响机理［J］. 中国科技论，2016 (3)：119-125.

推进或阻碍企业进行创新的关键因素。如果说企业是环境的产物，那么企业的创新与发展就是企业内部与外部环境进行不断交互的过程。影响企业创新发展的外部因素包括政策法律环境、市场环境、人力资源、中介服务、教育环境、文化环境、基础设施等。这些外部环境要素需要进入企业内部，满足企业的创新需求，企业就会不断进行创新。如果把企业外部环境作为创新供给层，将企业内部环境作为企业创新的需求层，那么当外部创新环境满足小微企业内部创新需求的情况下，整个小微企业创新环境体系就达到了"均衡"状态。

任何企业为了自身发展，都有各种需求，如创新人才、创新产品、融资等，而企业创新外部环境包括人才、法律政策等多个要素。当企业内在创新需要得到外在环境的满足时，整个小微企业创新环境达到"均衡"，小微企业创新就会得到推进。以创新人才为例，创新人才是小微企业创新的基础条件，没有人才，所谓创新就是无源之水、无本之木。但是小微企业的人才需求的满足离不开人才环境。当人才环境中创新人才资源充裕，小微企业获得创新人才的可能性相应就会提高，同时企业引进创新人才的成本也会相应降低。而良好的人才环境又与小微企业所在区域的人才培养能力、城市宜居程度、城市发展空间等有着密切关系。此外，法律政策环境与创新人才也有着直接关系，例如人才引进待遇、人才福利保障等，都与法律政策环境关系密切。

企业创新环境的"均衡"点是暂时的，或者说是一个动态过程。企业创新环境与小微企业之间存在着相互作用的动态关系。环境的不断变化使小微企业做出反应，企业的反应行为既是对企业与环境相互作用关系的调适，又会造成环境的进一步变化。由此，小微企业创新与创新环境始终处于动态调适过程之中。而小微企业与环境之间相互作用、相互调适的机理，就是各种环境彼此影响的反应机理。因此，小微企业管理的核心，实质上是如何在企业与环境的动态变化之中进行调适的问题，由此推动小微企业的发展，即环境变化—管理调适—企业发展—环境变化。

创新环境会对小微企业的发展产生重要的影响，它通过直接、间接或迂回的路径，影响或决定企业的可选择集、偏好、执行和反馈，因而中小企业要不断适应环境。但是，小微企业也不只是被动地适应环境，或者说，外部环境对企业也并不总是正向传递（即从外部影响企业内部）或影响力的主从关系。小微企业对区域创新环境也具有反作用。企业通过管理的主动性和创新性对企业内部进行改造，可以影响或控制外部环境，或降低环境对企业不利影响的程度。

创新环境各组成要素是一种系统的网络结构，它具有动态性、复杂性、紊乱性和非均衡性等特点。由于不同小微企业的内部环境存在着差异，同一外部环境状态下或不同企业的不同时期，环境各要素对企业的影响程度不同。不同企业或同一企业在不同时期，企业与环境之间的相互调适的重点也不相同。因此，小微企业不仅要分析外部环境各要素对企业的影响，而且要根据企业自身的情况和特点，分析企业内部与外部环境各要素变量之间的相互作用和相互影响，发现企业与环境之间的“高低端要素”及“作用力场重备”部分和非均衡状态及“凹凸程度”，从而抓住主要矛盾的主要方面，寻求调适的均衡点。①

第二节　我国小微企业创新环境现状与问题

近年来，随着我国改革开放的进程不断推进，企业创新环境得到了很大改善，企业创新成效明显。当前，我国企业创新活动重心正由知识创造向技术创新延伸。与 2013 年相比，我国除知识创造指标排名下降 1 位外，其他 4 项指标排名均有所提升，企业创新绩效提升明显。创新资源指标位居世界第 29 位，比 2015 年提升 1 位，主要得益于我国研究与开发（R&D）投入规模的增加和强度的持续上升。知识创造指标排名第 19 位，比 2015 年下降 1 位，主要缘于单位研究人员专利产出效率的下降。企业创新指标排名第 13 位，提升 2 位，原因在于我国企业创新投入和国际竞争能力的同步增加。创新绩效指标排名第 11 位，提升 3 位，主要归因于我国知识密集型产业的快速发展。创新环境指标排名第 13 位，提升1 位，表现在我国知识产权保护和市场经济政策取得了明显成效。② 当然，不可否认我国企业创新环境还存在着许多问题，尤其对于小微企业而言，整个市场、社会与法律政策对小微企业创新仍然存在着诸多约束，创新环境处于一般水平，仍有很大提升空间，需要深入分析并探求其存在的根源，为小微企业创新环境优化提供对策。

中国企业家调查系统的研究结果显示：对 2016 年创新动向指数的具体分析表明，企业创新投入得分较高，企业创新潜力和创新效果方面次之，创新战略和创新环境的得分较低。2016 年我国企业具有较强的创新投入意愿，且具有较高的创新潜力，但受限于外部创新环境和企业创新战略水平，创新投入带来的创新效果仍有待提高。进一步分析不同经济类型企业的差别后我们发现，国有企业的创新动向指数高于非国有企业，两者的差距较为明显地体现在创新

---

① 朱晓霞．区域创新系统中中小企业角色定位与成长对策研究［M］．哈尔滨：哈尔滨工程大学出版社，2014：161.

② 韩春生，周涛．企业创新方法与工具［M］．北京：知识产权出版社，2016：88.

潜力、创新投人和创新效果三个方面，国有企业在上述三个方面都表现较好。而在创新战略方面，非国有企业的表现要好于国有企业。对比不同规模的企业，可以发现大型企业的创新动向指数明显高于中小型企业。在创新动向指数组成部分中，中小型企业与大型企业的主要差距在于创新战略、创新投入、创新潜力和创新效果，其中创新潜力差距最为明显。大型企业的创新潜力明显高于中小型企业的创新潜力。①

一、小微企业创新的市场环境现状与问题

自2008年金融危机发生以来，世界主要经济体均陷入“挤泡沫”与“修复资产负债表”的两难境地，致使全球经济复苏迟缓。全球经济的持续低迷，以及其对新兴经济体的持续负面影响，从外部迫使中国经济出现减速。当然，更为重要的是与中国经济原有的粗放式增长方式不可持续有关，内部的结构性调整因素促使中国经济必须减速运行。而这种减速又是我们适应这种新形势主动采取调整政策的结果。

2014年5月，习近平总书记考察河南时首次提出“新常态”的概念，之后多次提及并在同年12月9日中央经济工作会议上作出我国经济发展进入新常态的系统论述，指出“新常态”意味着发展新机遇和新增长，也意味着经济发展会出现风险和挑战。我国经济进入“新常态”，经济面临增速降低和结构再平衡的新局面，企业创新面临的环境不容乐观。经济新常态的大背景下，小微企业创新环境面临诸多挑战与问题。

一是经济从高速增长转为中高速增长，年均经济增长速度放缓。与中国改革开放前30年年均增长10%的高速增长阶段相比较，年均增长速度大概回落2~3个百分点。但与世界其他国家或全球经济增长速度相比，这一增长速度仍处于领跑状态。根据国际货币基金组织（IMF）2014年10月的最新预测，2014—2019年世界经济年均增长速度将为3.9%，其中发达国家为2.3%，新兴经济体为5%。经济发展速度放缓，在许多领域投资受限，首先受到挤压的是小微企业，许多小微企业由于经济发展萎缩已经开始关门歇业。

二是经济结构不断优化升级，破坏性、粗放型发展受限。吃资源饭、环境饭、子孙饭的旧发展方式正在让位于以转型升级、生产率提高、创新驱动为主要内容的科学、可持续、包容性发展。在我国经济新常态下，经济发展方式已

① 中国企业家调查系统．中国企业创新动向指数：创新的环境、战略与未来——2017·中国企业家成长与发展专题调查报告［J］．管理世界，2017（6）：37-50.

经由原来的被迫展开不顾资源短缺、竭泽而渔、破坏性开采的粗放型发展，忽视环境保护的污染性发展，透支人口红利、社会保障体系建设滞后的透支性发展，正在逐步转入遵循经济规律的科学发展，遵循自然规律的可持续发展，遵循社会规律的包容性发展。发展的主要动力正在逐步转向依靠转型升级、生产率提升和开拓创新。我国中小企业包括小微企业，大多数还处于粗放型发展阶段、资源消耗依赖性强、环境污染较为严重、工人保障体系欠缺。在经济发展进入新常态之后，许多小微企业由于环保生态、工人社保等问题不得不停产停业，失去了生存的机会。

三是发展动力从要素驱动、投资驱动转向创新驱动。生产结构中的农业和制造业比重明显下降，服务业比重明显上升，服务业取代工业成为经济增长的主要动力。创新驱动发展将成为经济发展的主要动力。但是目前我国企业还未成为创新驱动主体，知识创新转化率低。在我国，资本丰裕后，却未能给企业创新带来优势。金融要素扭曲对企业的研发投入和创新成果具有抑制作用。小微企业本是最具有创新潜力的群体，但目前普遍存在着自有资金不足的现象，难以进行不确定性大的创新活动。在内源融资不足的境况下，如不能转向外源融资，别说是进行企业创新，维持生产经营都有可能成问题。国有大银行的垄断地位造成了加成率高企，影响小微企业正常融资；经济增长降速，使得小微企业盈利状况恶化，融资风险上升，难以获得融资；银行经过制度规范，进一步提高了风险管控意识，而银行避险意识过高也进一步使企业融资变难。① 这些问题的存在使得小微企业创新雪上加霜。

四是创新从“低成本”创新向自主创新转变。“低成本”创新是近几十年来我国小微企业取得成功的重要经验。也是我国企业独有的创新模式，但这种模式现在难以为继。以前鼓励国内企业进行廉价成本的创新具有可行性。由于中国具有资本相对稀缺、劳动力相对丰富等特点，欠缺发达国家自主研发的要素享赋优势，国内企业能够进入的产业主要是劳动密集型产业，企业的产品如果需要更新换代，大多可以通过从发达国家引进技术的方式，或通过对世界前沿技术模仿的手段，或者通过在国内市场实践中积累知识的方式，实现企业的“低成本”创新。为了实现“低成本”创新，现实中需要企业从发达国家购买专利或技术，也可进口高技术商品和设备。小微企业实现“低成本”创新还表现为“山寨”产品上。改革开放 40 年来，许多小微企业通过“山寨”产

---

① 王宇，郑红亮. 经济新常态下企业创新环境的优化和改革 [J]. 当代经济科学，2015 (6)：99-106.

品，创造了许多经济发展奇迹。山寨企业依靠成本的优势和信息不对称，面对巨大的市场规模，通过仿制畅销、知名产品，填补市场对产品的需求，在取得成功后又逐渐增添创新元素，最终可能获得成功。但是，随着全球化消费市场的进一步趋同，互联网的普及，信息传递速度呈几何级数上涨，利用信息不对称在中国本土寻觅商机已经难上加难，山寨式创新成功概率还会减小。

二、小微企业创新的人才环境现状与问题

创新人才是小微企业创新环境中的关键一环。创新的本质是人才的创新，没有人才，创新就是无源之水。但是当前我国人力资本环境不利于小微企业创新，小微企业面临人才紧张的严峻形势已是不争的事实，而且随着我国人口老龄化的加速，用工成本越来越高，小微企业更加喘不过气来。

首先，全国人口发展不利于小微企业创新人才的培养。近几年来，我国人口增长速度放缓，老龄化加剧，人口红利逐渐丧失，小微企业面临的人力资源压力越来越大。数据显示，2016 年全国劳动年龄人口（16 周岁以上至 60 周岁以下，不含 60 周岁）为 90 747 万人，占总人口的比重为 65.6%。这也意味着，全国劳动年龄人口比上一年减少了 349 万人。中国劳动年龄人口自 2012 年已连续五年净减少。和劳动年龄人口减少并存的，是老龄化程度的持续加深。根据统计，2016 年 60 周岁及以上人口 23 086 万人，占总人口的 16.7%，比上年增加了 0.6 个百分点；65 周岁及以上人口 15 003 万人，占总人口的 10.8%，比上年增加 0.3 个百分点。这就说明：一方面是劳动年龄人口连续五年净减少，另一方面是老龄人口持续增加，这意味着企业在人力资源方面压力趋增。从人口教育情况来看，我国劳动力教育水平目前已快速提高，据《国家中长期教育改革和发展规划纲要》公布的数据显示：2009—2020 年高等教育在学总规模将从 2 979 万上升到 3 550 万，而到 2015 年的规模减少到 3 350 万，未来高等教育在学规模增幅空间会越来越小。毛入学率方面，2009 年高等教育为 24.2%，2015 年已达 36.0%，到 2020 年仅是 40%，后五年增幅仅为 4%。可见，2009—2015 年是中国高等教育总规模以及入学率增长最快的时段，而 2015 年以后降速非常明显。再从高中阶段教育、职业教育等指标看也会发现，中国劳动力高素质化教育增长快速增长期已过。人力资本积累速度的放缓，显然会制约国内企业创新能力的提升。

其次，小微企业人才供需严重失衡。受到国内外市场环境和组织内部环境的影响，很多小微企业面临招工难题，并且对于各个层次的员工需求都有很大缺口，现有员工不足。就基层岗位而言，在国内物价增长、用工环境差、政策

落实不到位等问题影响下，大量的技术员不愿意进入小微企业工作，而更多选择进入大企业寻求更有保证的工作，特别是对于刚毕业的学生，受到自身优越心理和社会期望压力的影响，往往不愿意选择小微基层员工作为自己职业发展的开端，而选择大企业就业。对于高层次员工来说，选择小微企业作为自己职业的更少。据统计，我国小微企业当前平均规模只有 13 人，32%的企业表示技术人才、管理人才目前难以招聘。近六成的小微企业管理者认为，符合职位要求的应聘者太少。[①] 在小微企业初创过程中，受资金等条件的限制，有限的经营规模难以吸引足够的人才；受企业盈利水平的影响，难以形成竞争性较强的薪酬福利，影响到人才队伍的稳定性。上述两方面的原因，导致了企业现有人才的匮乏，由于缺乏管理或者技术人才而影响其正常的运营，久而久之，形成了“企业人才的短缺—盈利水平下降—人才流失—盈利水平的进一步下降”的恶性循环，最终使企业人才匮乏，发展难以为继。

再次，小微企业人才不稳定，流动性大，人才流失严重。小微企业由于其规模较小，企业人才的稳定性较差。其中的人才往往随着自身能力的提高或者经验的不断积累而选择“跳槽”，或者自主创业，或者进入大公司工作，这已经成为一个不争的事实。人才队伍的不稳定对小微企业的生产和管理产生了严重的影响，企业失去了进一步发展的强有力的核心人力资源的支撑，不仅使得企业的经营活动仅仅维持在简单的再生产阶段，而且也导致了企业有限的人力资本的损失。尤其在宏观经济快速发展的时期，小微企业的“用工荒”“人才荒”就会更加明显，成为区域人才市场的一个普遍现象。例如，2011 小微企业调研报告显示，在环渤海区域小微企业中，年销售额 500 万元~2 000 万元的小微企业的员工数下降率高达 34%。在这些流失员工中，技术人才和管理人才两类人才也占了相当大的比重。[②] 从现实来看，小微企业的人才集体流失主要表现为两种形式：一是中高层管理人员和专业技术人员等中小微企业的核心人才带领下属员工集体跳槽至同行或同业竞争对手的企业；二是企业中高层管理人员和专业技术人员等核心人才的流失所造成的示范效应，引起更大范围的人才流失。这种集体性的人才流失对于小微企业来说是非常危险的，尤其是在流失人才受雇于同行或同业竞争对手企业的情况下，人才流失对企业的影响甚至是致命的。

最后，小微企业在人才开发、管理与培训方面缺乏能力支持，不注重员工

---

① 曹祎遐. 小微企业创新环境：理论前沿与政策研究［M］. 上海：上海人民出版社，2017：95.

② 林军. 樊超. 我国小微企业人才困境及其对策分析［J］. 甘肃联合大学学报（社会科学版），2013（5）：35-38.

培训和职业生涯规划。小微企业在创立初期，可供使用的资金和人力资源通常非常有限，出于市场扩张的需要，往往将大量人力、物力投入市场营销，而忽视对员工的培训和职业生涯规划。员工在进入企业初期，往往会有过高预期或对于自身发展缺乏清晰的认识，而作为企业又没有对员工的职业生涯发展进行设计、指导和规划，这样就容易导致新进人员因没有实现最初期望而在一两年内离开企业，同时员工由于没有明确的发展目标，会对工作失去主动性和积极性。在职业培训方面，有的企业缺乏培训规划，不愿在培训方面投入资源和资金；有些企业的培训集中在技术方面，忽视员工的综合素质和企业文化建设，这直接导致员工对企业的低忠诚度和高流失率，而过快的人员流动速度，又反过来会导致企业没有投入培训的动力，从而形成恶性循环。而一些设立有培训制度的企业，又不注重培训的效果，没有很好地将培训内容和企业未来发展方向相结合，仅为了追随市场流行趋势，而不过问企业的真实需要与发展方向。

三、小微企业创新的社会化服务环境现状与问题

所谓小微企业社会服务体系，是指由政府和其他机构组织起来的为小微企业成长发展服务的资源组合。工业和信息化部在《关于加快推进中小企业服务体系建设的指导意见（征求意见稿）》中将中小企业服务体系定义为："由国家、省、市、县不同层级政府扶持建立的服务机构、协会（商会）、社会中介服务机构等服务提供主体，与信息、资金、技术、人才、市场等若干重点专业服务系统，通过协同服务机制，共同构成的为中小企业服务的网络"。

小微企业社会化服务体系的三个基本要件：①小微企业服务体系的主体是政府及其他市场机构，包括政府和其他社会组织；②小微企业服务体系是为中小企业利益服务的，这种利益是不特定的，可能是有利于中小企业成本的降低、帮助中小企业获取知识技能、获取高素质劳动者，或者更有利于中小企业成长等；③小微企业服务体系是一系列资源的组合，这些资源包括制度、法律、法规、政策、信息、资金、人才等一切对中小企业有用的资源。小微企业是市场经济中最有活力的创新细胞，健全的社会化服务体系有利于激发小微企业进行科研开发、技术创新的积极性，同时也是降低小微企业创新成本的有效途径。

小微企业社会化服务体系涉及范围非常广泛（具体见图 5.2），构成了一个复杂体系，既需要政府层面的参与，也需要银行、企业、学校、科研院所、中介组织、个人等多个层面的参与。

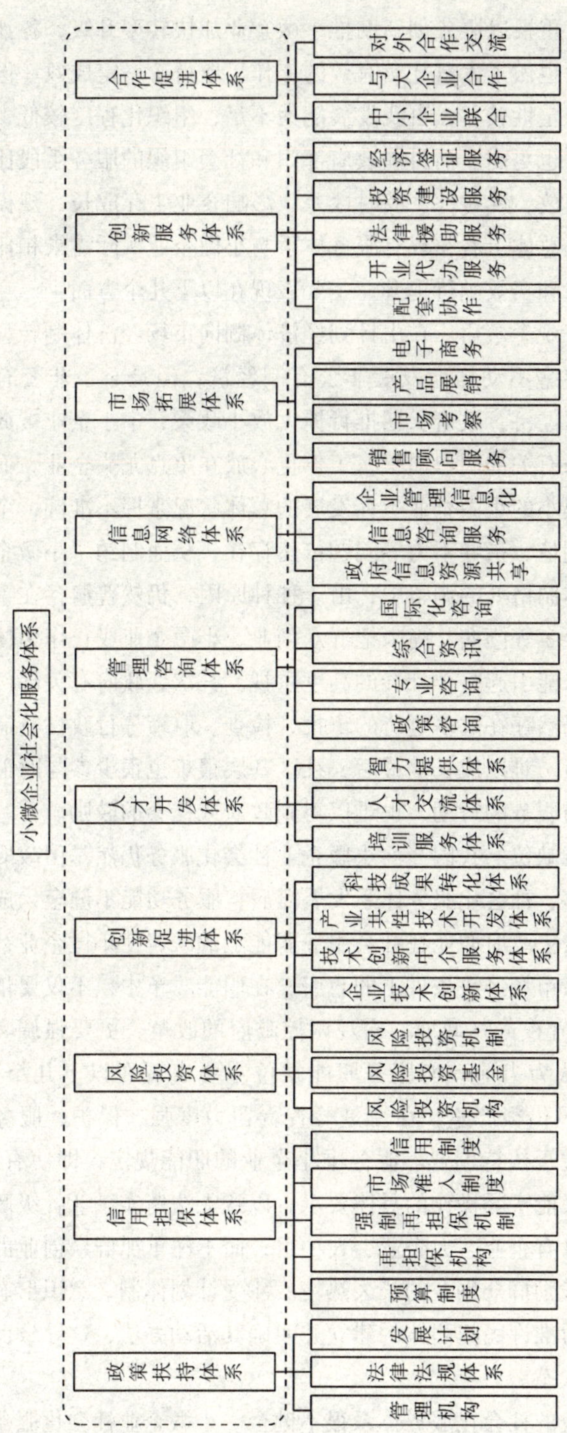

图5.2 小微企业社会化服务体系

近年来，政府高度重视以服务创新助推小微企业加快转型升级，各涉企部门在服务小微企业方面也做了大量扎实有效的工作，取得了一定成效。但小微企业生产经营的基础稳定性较差，自我发展能力不足，组织化程度较低，其发展对社会化服务的需求也更高。而目前政府部门和社会组织的服务手段比较单一、技术简单、管理粗放，针对性、及时性差，影响企业生存成长、规模化发展的问题依然突出。从总体上看，现有服务体系与小微企业实际需求相比还有很大差距，服务的质量和实效亟待提升，主要表现在以下几个方面：

一是小微企业服务观念落后。在由计划经济体制向市场经济体制转型的过程中，虽然早已提出要毫不动摇地发展非公有制经济，但是对于非公有制经济，尤其是中小型民营经济，政府长期推行抓大放小政策，中小企业被放在次要发展位置。长期以来有关部门习惯于将工作重心放在重点龙头企业，而对涉及面广、数量多、规模小的小微企业生存发展的总体状况掌握不准确，个别部门对小微企业服务不到位、指导不力等问题依然存在，从而制约了小微企业的整体发展。首先，在体制格局的调整中，由于种种原因，仍然普遍存在重公轻民、重大轻小、重城轻乡等倾向，尚未把群众创业、小微企业成长作为体制改革的重点提上日程，未能引起整个社会的高度重视。其次，政府有关部门对个体经营、小企业成长仍然存在过多过苛的审批、检查、取缔等行政性管制，使中小企业往往不堪重负，难以成长。最后，社区基层很难也很少参与对群众创业的扶持，即便是参与服务的行动，也难以得到政府或社会的鼓励。

二是政府服务职能缺位。我国当前小微企业社会化服务仍然是由政府在主导，社会组织参与不够，社会化服务体系发展滞后，服务功能不健全，成为制约其发展的最重要因素。政府职能在社会服务职能上的缺位使小微企业社会服务体系难以普遍推广。市场经济条件下的政府，在职能改革中，不仅要依法行政，实现有限政府、“守夜人”政府、宏观调控政府的改革，更要强调实现服务政府的职能。我们认为当前政府服务职能缺位主要表现在以下几个方面：①“官本位”思想作风仍很严重，往往是检查责罚力度强，保护、服务意识弱。②基层政府缺少关于扶持创业、服务中小企业的职能规定，即使有条文，也缺乏明确、规范而又能实际操作的具体要求，以致无法落实。③各级政府在抓发展时，偏重于抓已有企业、大企业、大项目，而不注重抓群众创业的发展基础和环境，不注重激励群众创业的长久热情。④受计划体制、意识形态的长期影响，政府并未大力准许民间团体的建立并明确其活动办法，这导致民间团体长期处于不活跃的状态。

三是面向小微企业的社会化服务体系很不健全。小微企业社会化服务体系涉及的范围非常广泛，包括了金融服务体系、用工服务体系、教育服务体系、物流服务体系、信息服务体系等一系列服务体系。当前我国面向小微企业的社会化服务体系主要存在以下问题：①面向小微企业的培训、信息、咨询、技术、融资、税务代理、记账代理等社会化服务体系尚未形成。小微企业普遍感到获取技术支持比较困难，政策信息渠道不畅。②政府、民间团体、中小企业之间新型关系缺失，导致中小企业社会服务体系难以形成并发挥作用。政府要服务于群众创业、中小企业成长，不能单纯靠直接面对千百万群众，而需要依靠民间团体、行业组织等作为沟通的桥梁、联系的纽带，来传送政府的主导作用。因此，需要构建"政府—民间组织—小微企业"之间的新型关系，但遗憾的是当前在我国比较缺失这种新型关系，很多行业协会、企业协会带有"准政府"性质，用来安排离退休官员，难以起到客观有效的中介作用。③统计和服务口径不一致。相关涉企部门对小微企业统计标准和服务范围、优惠政策等口径均不同，且它们之间没有信息交换平台，导致政银企之间信息不对称，加上信贷风险时常出现，企业更难以获得新增银行贷款，最终使得许多小微企业享受不到全部的政策服务。

四、小微企业创新的文化环境现状与问题

企业想要实现真正的创新，必须要建立起一种文化来支持这种创新，使创新文化成为公司发展的活力之源。所谓企业创新文化是指在一定的社会历史条件下，企业在创新及创新管理活动中所创造和形成的具有本企业特色的创新精神财富及创新的物质形态的总和，包括创新价值观、创新准则、创新的制度与规范、创新的物质文化环境等。其中，创新价值观是企业创新文化的核心。企业创新文化一旦形成，就会对企业的员工产生影响、触发创意并形成创新活动。好的企业创新文化有助于企业创新及创新行为的发生与维持，有利于创新效率的提高和创新成果的取得。

受传统儒家文化的影响，企业创新文化极端匮乏，成为企业创新环境的"致命伤"。在传统型的企业文化氛围下，培育创新文化十分困难，推进创新也就十分困难。在传统型公司，人们过多地关注生产率和利润，以至于他们无暇从一个完全不同的角度看待事情。即使有的员工构思出新的创意，在大多数情况下也将由领导来决定或管理这一创意项目，而员工往往不可能处于领导地位，也许得到的只是一句表扬。这种思维方式和组织行为只能打击或限制创造力，而不能鼓励整个组织的创新。多数学者在分析我国小微企业成长过程时，谈得更多的是科学管理、提高管理水平，却很少人会提倡小微企业要注重创新

文化的建设。很多小微企业主认为，我们是小微型企业，企业关键是生存，谈不上企业文化建设问题，甚至管理界一些专家也持同样观点，这就使得中小型企业创新文化建设更为滞后。创新文化匮乏已经成为我国小微企业创新不足的核心根源。

一是家长式的企业文化源远流长。一些中小企业在创业之初，主要采用“作坊”经营方式，注重“血浓于水”的用人理念。“自己人靠得住”的选人、用人方式成为一种固定的模式，使得企业“任人唯亲”的现象十分严重和非常普遍。在这种亲缘人力资源系统中，企业老板的地位至高无上，企业管理制度形同虚设，管理的随意性畅行无阻，根本谈不上什么制度化和规范化。管理水平的高低取决于老板的个人才能与经验。集体智慧缺失，没有有效的管理机制和团队的决策机制，老板一人说了算，决策往往缺乏理智与制约。可谓是只有“冒险”，没有“创新”，凭关系决定企业发展的战略，靠亲缘维系企业命运，为企业的生存和发展埋下深深的隐患和巨大的风险。一旦出现异常情况，便不堪一击，土崩瓦解，昔日的表面辉煌一夜之间就烟消云散。只有把企业交给比自己能力强的人而不必是自己的血亲时，中国的中小企业才有可能做强做大。

二是经验式的企业文化盛行。大多数中小企业初创期的创始人都有一定的冒险精神，自身的文化素质并不一定很高，他们凭着承受风险的蛮劲，依靠业已建立的人际关系，甚至疯狂地投机与融资，带领一帮铁哥们打天下，养成了无视实际、盲目贪大、凭经验办事的做法。看其他企业走扩大化多元化的经营道路，自己不假思索地模仿，迫不及待地扩大规模，进军新的行业，将企业变成“吹大了的气球”，随时有可能爆炸。当企业发展到一定规模时，企业的老板不放权，独揽天下，在这样的文化氛围中，老板就是企业的绝对意志，他们养成了无往而不胜的自信，总是抱着“车到山前必有路”的侥幸心理，再加上有自己的企业交给外人不放心等习惯，虽有一些企业外聘管理人员，但还是喜欢指手画脚，使大量的中下层管理者有职无权，形成职能部门大小巨细之事不敢做决定，凡事等待老板指示决定的经营管理作风。企业的整体经营管理的水平和适应市场多变的创新能力不断下降。老板被无限繁杂的事务缠身，缺少学习的机会，不注重自身文化素质和管理水平的提高，经营管理知识缺少，形成了认识落后、凭着感觉走、行为低效的恶性循环。

三是短视跟风的企业文化随波逐流。大多数小微企业把眼前经济利益放在第一位，重模仿、轻创新，忽视质量、服务、创新。大多数小微企业具有“船小好调头”的思想，市场上热销什么产品，它们就模仿制造什么产品，紧跟市场的热点，没有自己的个性和创新。由于其技术实力薄弱，在模仿制造过程中只重数量，只求速度，而忽视了产品质量及售后服务和创新，甚至假冒伪劣，以次充好，打一枪换一个地方，没有长足发展的要求和战略规划，只要能赚钱什么都能做。不仅企业自身无法长期发展和壮大，而且容易失去信誉，没有个性，走不出一条真正适合自己长期发展的路子。中小企业创立者都有单打独斗、散兵游勇，宁为鸡头、不为凤尾，决不沦为别人的“加工车间”等想法。

四是广告式的企业文化华而不实。中小企业规模小，实力弱，技术开发能力不足，但是中小企业有一撒手锏，就是发挥名人效用。明星效用打广告，引发市场的关注，达成品牌形象认同，不失为迅速提高品牌知名度的有效手段。殊不知只用形象代言人去搞营销，形成企业文化那只是其中的一部分，而不是全部。打广告、打造品牌、市场拓展和产品开发、资本运作是一个相互作用、相辅相成的有机系统。只搞形象代言，即使一时市场开拓了，产品开发、资金筹集、生产规模都跟不上也不能解决问题。

由于企业急功近利，通过广告的形式走捷径，在发展模式上实行“拿来主义”，看似在短期内成长很快，但是从长远来看，由于企业缺乏真正的创新，使得本来就脆弱的企业创新文化雪上加霜。①

第三节　我国小微企业创新环境优化对策

对于国家、民族而言，创新是一个民族的灵魂，是人类发展的不竭动力。创新始终是推动一个国家、一个民族向前发展的重要力量。抓创新就是抓发展，谋创新就是谋未来。“十三五”时期，面对全球新一轮科技革命与产业变革的重大机遇和挑战，面对经济发展新常态下的趋势变化和特点，面对实现“两个一百年”奋斗目标的历史任务和要求，“必须把创新摆在国家发展全局的核心位置”，党的十八届五中全会提出“五大发展理念”，排在首位的就是“创新发展”。对于小微企业而言，创新同样是企业存在与成长的动力源泉。当世界经济进入全球化、技术创新进入加速化的阶段，市场竞争越趋激烈，没有创新，一切企业都存在被淘汰的危险。

一、在国家层面上全面实施创新驱动发展战略

国家层面的创新发展战略是小微企业创新的大环境，对小微企业的创新发

① 张丹. 中小企业创新文化建设之初探［J］. 商场现代化. 2005（12）：301-302.

展有着重大引导与带领作用。党的十八大明确提出，科技创新是提高社会生产力和综合国力的战略支撑，必须摆在国家发展全局的核心位置，强调要坚持走中国特色自主创新道路、实施创新驱动发展战略。这是我们党放眼世界、立足全局、面向未来作出的重大决策。

实施创新驱动发展战略，对我国形成国际竞争新优势、增强发展的长期动力具有战略意义。改革开放 40 年来，我国经济快速发展主要源于发挥了劳动力和资源环境的低成本优势。进入发展新阶段，我国在国际上的低成本优势逐渐消失。与低成本优势相比，技术创新具有不易模仿、附加值高等突出特点，由此建立的创新优势持续时间长、竞争力强。实施创新驱动发展战略，加快实现由低成本优势向创新优势的转换，可以为我国持续发展提供强大动力。

实施创新驱动发展战略，对我国提高经济增长的质量和效益、加快转变经济发展方式具有现实意义。科技创新具有乘数效应，不仅可以直接转化为现实生产力，而且可以通过科技的渗透作用放大各生产要素的生产力，提高社会整体生产力水平。实施创新驱动发展战略，可以全面提升我国经济增长的质量和效益，有力推动经济发展方式的转变。

实施创新驱动发展战略，对降低资源能源消耗、改善生态环境、建设美丽中国具有长远意义。实施创新驱动发展战略，加快产业技术创新，用高新技术和先进适用技术改造提升传统产业，既可以降低消耗、减少污染，改变过度消耗资源、污染环境的发展模式，又可以提升产业竞争力。对于小微企业而言，国家实施创新驱动发展战略，需要从以下几个方面着手进行：

第一，培育世界一流创新型企业。构建以企业为主体、市场为导向、产学研相结合的技术创新体系。一是进一步确立企业的主体地位，让企业成为技术需求选择、技术项目确定的主体，成为技术创新投入和创新成果产业化的主体。二是高校、研发机构、中介机构及政府、金融机构等应与企业一起构建分工协作、有机结合的创新链，形成中国特色的协同创新体系。三是鼓励行业领军企业构建高水平研发机构，形成完善的研发组织体系，集聚高端创新人才。四是引导领军企业联合中小微企业和科研单位系统布局创新链，提供产业技术创新整体解决方案。培育一批核心技术能力突出、集成创新能力强、引领重要产业发展的创新型企业，力争有一批企业进入全球百强创新型企业。

第二，加快科技体制机制改革创新。建立科技创新资源合理流动的体制机制，促进创新资源高效配置和综合集成；建立政府作用与市场机制有机结合的体制机制，让市场充分发挥基础性调节作用，政府充分发挥引导、调控、支持等作用；建立科技创新的协同机制，以解决科技资源配置过度行政化、封闭低效、研发和成果转化效率不高等问题；建立科学的创新评价机制，使科技人员的积极性、主动性、创造性充分发挥出来。

第三，建设世界一流大学和科研院所。加快中国特色现代大学制度建设，深入推进管、办、评分离，扩大学校办学自主权，完善学校内部治理结构；引导大学加强基础研究和追求学术卓越，组建跨学科、综合交叉的科研团队，形成一批优势学科集群和高水平科技创新基地，建立创新能力评估基础上的绩效拨款制度，系统提升人才培养、学科建设、科技研发三位一体创新水平；增强原始创新能力和服务经济社会发展能力，推动一批高水平大学和学科进入世界一流行列或前列；建设世界一流科研院所，明晰科研院所功能定位，增强在基础前沿和行业共性关键技术研发中的骨干引领作用。健全现代科研院所制度，形成符合创新规律、体现领域特色、实施分类管理的法人治理结构。围绕国家重大任务，有效整合优势科研资源，建设综合性、高水平的国际化科技创新基地，在若干优势领域形成一批具有鲜明特色的世界级科学研究中心；发展面向市场的新型研发机构，围绕区域性、行业性重大技术需求，实行多元化投资、多样化模式、市场化运作，发展多种形式的先进技术研发、成果转化和产业孵化机构。构建专业化技术转移服务体系，发展研发设计、中试熟化、创业孵化、检验检测认证、知识产权等各类科技服务。完善全国技术交易市场体系，发展规范化、专业化、市场化、网络化的技术和知识产权交易平台，在科研院所和高校建立专业化技术转移机构和职业化技术转移人才队伍，畅通技术转移通道。①

第四，建设高水平人才队伍，筑牢创新根基。加快建设科技创新领军人才和高技能人才队伍，围绕重要学科领域和创新方向造就一批世界水平的科学家、科技领军人才、工程师和高水平创新团队，注重培养一线创新人才和青年科技人才，对青年人才开辟特殊支持渠道，支持高校、科研院所、企业面向全球招聘人才，倡导崇尚技能、精益求精的职业精神，在各行各业大规模培养高级技师、技术工人等高技能人才。优化人才成长环境，实施更加积极的创新创业人才激励和吸引政策，推行科技成果处置收益和股权期权激励制度，让各类主体、不同岗位的创新人才都能在科技成果产业化过程中得到合理回报、发挥企业家在创新创业中的重要作用，大力倡导企业家精神，树立创新光荣、创新致富的社会导向，依法保护企业家的创新收益和财产权，培养造就一大批勇于

① 钱颖一，等. 创新驱动中国：国家创新驱动发展战略解读及实践［M］. 北京：中国文史出版社，2016：9.

创新、敢于冒险的创新型企业家，建设专业化、市场化、国际化的职业经理人队伍。推动教育创新，改革人才培养模式，把科学精神、创新思维、创造能力和社会责任感的培养贯穿教育全过程。完善高端创新人才和产业技能人才“二元支撑”的人才培养体系，加强普通教育与职业教育衔接。

第五，推动创新创业，激发全社会创造活力。建设和完善创新创业载体，发展创客经济，形成大众创业、万众创新的生动局面。一是发展众创空间。依托移动互联网、大数据、云计算等现代信息技术，发展新型创业服务模式，建立一批低成本、便利化、开放式的众创空间和虚拟创新社区，建设多种形式的孵化机构，构建“孵化+创投”的创业模式，为创业者提供工作空间、网络空间、社交空间、共享空间，降低大众参与创新创业的成本和门槛。二是孵化培育创新型小微企业。适应小型化、智能化、专业化的产业组织新特征，推动分布式、网络化的创新，鼓励企业开展商业模式创新，引导社会资本参与建设面向小微企业的社会化技术创新公共服务平台，推动小微企业向“专精特新”发展，让大批创新活力旺盛的小微企业不断涌现。三是鼓励人人创新。推动创客文化进学校，设立创新创业课程，开展品牌性创客活动，鼓励学生动手、实践、创业。支持企业员工参与工艺改进和产品设计，鼓励一切有益的微创新、微创业和小发明、小改进，将奇思妙想、创新创意转化为实实在在的创业活动。

第六，转变政府职能，理顺政企关系，平等保护各类市场主体。党的十八大报告明确指出，经济体制改革的核心问题是处理好政府和市场的关系，必须更加尊重市场规律，更好发挥政府作用。尊重市场规律，就是要充分发挥市场在资源配置中的基础性作用，充分利用市场竞争中的利益机制、供求机制、价格机制、竞争机制等有效地配置资源和提高经济效益。为实现市场在资源配置中的决定性作用，我国政府当前的紧迫任务是“简政放权”，减少行政干预，简化审批流程，审批事项逐步向“负面清单”管理迈进，做到审批清单之外的事项均由社会主体依法自行决定。把禁止和限制进入的行业、领域和业务列入政府清单，清单之外的领域可以自由进入，这将给予企业极大的经营自由，即“法无禁止即可经营”。

在现代市场经济中，政府和企业是平等的市场主体，只是扮演了不同的角色，政府和企业之间的关系实际上类似于一种“交易”关系，形成一种平行的、互利互惠的格局。在市场竞争过程中，各类市场主体之间存在大量的不对称信息、面临着不确定性风险，各类市场主体都有“趋利性”和“机会主义”行为，市场机制调节资源配置还会产生“时滞性”，所以市场机制会失灵，会产生负面作用。要能做到法律没有明令禁止的行业和领域，不同所有制成分企业、不同规模企业都可以自由进入或退出。以企业的经营实力和市场竞争力作为选择企业主体的标准，破除按所有制划分企业的传统标准，一视同仁地对待各类企业，发挥民营企业在经济结构调整和企业兼并重组中的积极作用。所以，完善社会主义市场经济，必须要坚持各类企业主体平等竞争的原则，破除政府对不同性质企业区别对待的做法，打破行业垄断，保证各种所有制经济依法平等使用生产要素，公平参与市场竞争，同等受到法律保护。

为了更好地配合经济发展方式的转变，政府职能应该从经济建设型或资源动员型政府转向公共服务型政府。在这种新型的政府和市场的关系主导下，政府扮演的角色不再是行政干预者，而是通过建立完善的市场机制、健全法律法规，为市场主体提供一个良好的基础环境。同时，作为公共管理者，为社会提供必要的公共服务。在这样的环境中，市场的公平竞争减少了形形色色的寻租行为，使企业唯有通过技术创新、产品创新和管理创新等来获取利润。同时创设企业投资研发和创新的激励，使企业愿意投资于各式各样的创新活动，愿意通过重大技术突破和日积月累地对现有工艺、产品进行改进，以及对引进技术的消化、吸收和提高等多种手段参与竞争。

二、优化小微企业创新的市场环境

市场是小微企业生存与成长的场所。人们通常把市场比喻成没有硝烟的战场，现代市场竞争异常激烈。多数小微企业存在的寿命非常短暂，与其脆弱的竞争力密切相关，在这个优胜劣汰的市场竞争中，大企业吞并小企业是轻而易举的事情。在中国这个特殊国情里面，受意识形态等因素的影响，小微企业更是随时被宰割的对象。因此，如何优化小微企业创新的市场环境显得非常重要。

1. 建立各类市场主体公平竞争的市场环境

受意识形态及传统计划经济体制的影响，作为民营企业的小微企业一般难有对等的公平竞争主体地位，市场准入、经营垄断、政府扶持等都倾向于国有大型企业，使得本来就脆弱的小微企业步履维艰。在这样一种市场环境下，小微企业创新就是一句空话了。因此，必须破除按所有制划分企业的传统标准，以企业的经营实力和市场竞争力作为选择企业主体的标准，一视同仁地对待各类企业，发挥民营企业在经济结构调整和企业兼并重组中的积极作用。必须坚持各类企业主体平等竞争的原则，破除政府对不同性质企业区别对待的做法，打破行业垄断，保证各种所有制经济依法平等使用生产要素、公平参与市场竞争、同等受到法律保护。

公平竞争是市场经济发展的应有之义。所谓公平竞争，其实就是要有一个好的经济生态环境，就是各类企业能依法平等地进入市场，公平、公正和公开地从事市场交易活动。现代市场经济要求允许各类市场主体平等地参与竞争，根据企业自身情况及外部环境的变化自由地选择进入或退出市场，反对运用权力排斥潜在的竞争者，反对和打破行业垄断，特别是行政性行业垄断。政府制定反垄断法和反不正当竞争法，可以保证企业有一个公平竞争的“竞技场”；同时坚持公开、公正原则，保证垄断行业改革规范有序进行，能做到法律没有明令禁止的行业和领域，不同所有制成分企业、不同规模企业都可以自由进入或退出。

党的十八大报告提出，要提高大中型企业的核心竞争力，支持小微企业特别是科技型小微企业发展。为此，需要大力推进国有企业的改革，除涉及国民经济命脉和国家安全的关键领域和行业外，要通过改革去除竞争性大型国有企业享有的行政性保护，同时剥离其所承担的政策性包袱，使国有企业真正成为平等的市场主体，在激烈的市场竞争过程中不断提高自身的优势地位和核心竞争力。同时还要提升中小企业的创新能力，实施中小企业创新能力建设计划，加快完善相关的政策，引导和支持创新要素向中小企业集聚，建立产学研相结合的创新型体系。在市场准入上，也应遵循“资源共享”原则，为大中小企业在资源分享、机会获得、资金获取等方面提供相适应的市场通道。

在市场经济条件下，企业、企业家是创新的主体。他们的创新有别于工程技术人员的创新，企业和企业家的创新瞄准的是市场需求，严格遵守投入和产出规律，这种创新是永无止境的，因此，企业把握着创新的市场走向和趋势。政府需要做的就是创造能使企业公平竞争的市场环境，创造能有利于千千万万企业家脱颖而出的环境。尊重市场规律和更好地发挥政府的作用，正确地界定政府发挥作用的边界，这是小微企业创新环境优化的大前提。

2. 构建有利于小微企业创新的产业发展新政策与新体系

党的十八大报告提出要“着力构建现代产业发展新体系”。这是根据国际市场需求结构新调整、产业格局新变化和科技进步新趋势，以及我国经济发展新阶段新特征提出的重大战略任务，对优化我国产业结构、加快经济转型具有重要的导向性作用。

产业政策是政府为实现促进产业发展与经济增长的目标，制定的调控经济发展或某个行业的生产、经营与交易活动，以及直接或间接干预商品、服务、金融等一系列政策的总称，具体包括财政、金融、土地、进出口、税收、政府采购、知识产权保护与行政措施等。产业政策通过制定产业中长期发展规划，以及通过制定投资目录、税收减免、投资补助、贷款贴息、财政补贴、又税保护、核准等多种方式，确保实现产业政策目标。产业政策以实现提升产业能级、优化产业结构、促进经济稳定增长为目的，其本质是通过发挥政府的作用，调控经济、弥补市场失灵、纠正市场扭曲，实现某些产业快速发展，赶超外国同类行业，促进资源优化配置，推动经济持续稳定发展。产业政策主要是通过培育良好的市场环境，不断改善宏观环境，加强人力资源培养与提升科技水平，在中长期发挥作用，有效推动产业发展。政府通过制定实施产业政策，干预经济运行，并发挥产业政策、财政政策、货币政策的合力，共同调控经济发展，以促进经济稳定增长。

虽然从理论上而言，产业政策有其发挥重要作用的空间，但并不能证明政府就比市场更有效率，意在医治市场失灵的产业政策可能导致政府与市场的双失灵。产业政策发挥作用的隐含前提是，政府具有完全信息与足够的能力去识别最需要支持发展的产业从而制定完备的政策，但问题在于政府并不总是能选择真正具有发展比较优势及最需要支持的产业，更不能保证制定真正符合产业发展需求的健全完善的政策，而在实践中反倒因为对某些产业的过度关注与扶持导致产能过剩甚至影响市场的正常运行。对政府而言，信息不完全、有限理性及对自身利益最大化的偏好，可能使政府在制定产业政策的过程中更有动力制定有利于强化自身权力的产业政策，而并不考虑这种产业政策所实际发挥的效果如何，意在医治市场失灵的政策并不能排除导致政府与市场双失灵的情况。产业政策的实施重点是依靠经济手段还是行政手段，也将严重影响产业政策的实施效果。政府在制定与实施产业政策的过程中也易造成设租、寻租及腐败的情况。本是为了弥补市场失灵的政策反倒导致政府与市场双重失灵，既影响到产业健康发展，也难以有效提升经济发展的质量与效益，将使总在“纠正市场扭曲，弥补市场失灵”的产业政策“越纠越扭曲，越补越不灵”。

为避免产业政策导致的政府与市场双重失灵等弊端，尤其是消除不利于小微企业发展公平竞争的产业政策，需要对我国传统的产业政策加以调整，构建现代产业发展新体系。一是明确产业政策的重点应是培育市场体系及构建公平公正的市场环境，尤其是重点培养有利于推进企业创新的市场环境，努力发挥市场配置资源的基础性作用，并有效促进各类企业的健康发展。政府在制定与实施产业政策的过程中，最重要的任务应是在以推进市场化为主的经济体制改革进程中，有效构建推进市场经济体制运行的制度框架和微观基础，最大限度地激发微观经济主体的活力与主观能动性，而不是干预市场运行、限制市场正常竞争。二是放松管制、鼓励进入和退出的竞争，促进产业组织结构的调整和优化。要鼓励产业内和产业间的企业兼并重组，通过资本市场发展促进生产的相对集中和集聚；要放松对企业进入的管制，鼓励各类企业尤其是民营企业加快进入新兴产业、服务业和小微企业；要通过平等竞争条件和公平竞争，鼓励企业向生产小型化、智能化、专业化方向发展。三是要制定和落实好对小微企业发展的财税金融等扶持政策，支持工业设计、工程咨询、信息服务等生产性服务业，尤其是科技型小微企业的发展，支持相关行业设施建设、人才培养和技能培训，落实好相关税收优惠政策。四是推动信息产业和制造业、服务业融合发展，加快信息网络技术在经济社会全方位的应用，发挥新一代信息技术产业对经济社会发展的支撑能力。信息产业为小微企业的成长提供了契机，通过网络信息技术的运用，小微企业也会在很短的时间内由弱变强，在市场竞争中取得一席之地。

3. 实现小微企业集群协同创新发展

创新是一个互动的过程，不仅需要承担较高风险，而且需要耗费大量资源，小微企业集群中的单个企业很少有能力依靠自身的知识和资源孤立地进行创新。为了减少风险，它们可以与其他企业、组织机构进行合作，从事价值链上某一环节的创新性工作，实现专业化分工。小微企业由于本身所固有的经营规模小、创业风险高和创新资源不足等客观条件的制约，在一定程度上限制了企业技术创新的能力和创新效果，而集群创新可以使企业利用地理上的集中或靠近，通过企业集群的力量进行创新，在一定范围内能够实现资源共享、风险共担，降低了单个企业创新的风险和成本，成为企业进行科技创新和技术改造的有效途径。

小微企业集群发展，实际上就是小微企业抱团式发展，以提升小微企业市场竞争力，这些成功例子非常多，例如浙江义乌小商品市场、武汉汉正街批发市场等，都是小微企业集群发展成功的典范。在企业集群内，企业间分工合作多重互补，并在集群企业间进行物质流、信息流和能量流的传递，共同构建集群企业共生系统。

小微企业集群内成员间的协同能有效促进各种信息、技术和人才的流动，可以实现资源共享、优势互补，克服单个企业创新资源不足的缺陷。它们可以分享共同的信息资源、共同的市场网络、共同的人才市场，可以通过相互信任促进集群内企业间信任机制的建立和长期合作的形成，形成中小企业集群网络内的协同创新“共同体”。在协同创新“共同体”模式下，企业将更注重与其他企业的互动关系，集体学习成为创新的动力，产生整体大于部分之和的

“协同效应”，集群内的企业之间通过功能互补，扩大创新空间，降低和分散创新风险，缩短创新周期，带来创新效率的提高。

（1）重点培植小微企业集群创新的“龙头企业”。小微企业集群的形成，一般都通过一个或几个“龙头企业”的衍生、裂变、创新与被模仿而逐步形成。小微企业集群的“龙头企业”是小微企业集群复杂网络发展和创新的核心，是集群得以可持续发展和产业升级的关键。“龙头企业”凭借其强大的技术能力和资金实力去构建完整的生产和销售网络，创建市场品牌。龙头企业的形成将带动产业链的不断延伸和创新的快速提升。龙头企业在小微企业集群中形成一个“创新极”，从而带动整个集群创新的发展，通过集聚和协同效应降低研发、生产、采购、库存等方面的成本，建立纵向延伸、横向协作的复杂网络产业组织创新体系，提高集群的竞争力，从而带动整个区域经济的发展。

（2）整合资源，构建小微企业集群“独联体”式协同创新网络。小微企业集群创新既需要丰富的创新资源，也需要创新主体之间高效率的联动。因此，要想提高集群自身的创新能力，可以通过加强资源整合，建立起由企业、大学与研究机构、协会以及融资机构组成的中小企业集群“独联体”式创新复杂网络，利用集群复杂社会网络这一创新平台促进中小企业集群内部的集体学习，提高集群的整体创新能力。所谓“独联体”式创新网络就是通过集群内异质性主体间建立起来的，围绕产品研发、生产、销售及各种辅助性活动的创新网络‘独联体”式创新网络。各主体通过合作，协同展开产业投资、设立研发中心、开拓外部市场、共享技术合作成果等活动，弥补各自在资金、技术、资源、人才、品牌等方面的不足，有效地解决创新上面临的制约。

（3）构建良好的中小企业集群协同创新机制。小微企业集群协同创新首先需要建立在合作基础之上，不同主体之间合作需要一定条件才能发生。因此，需要特定机制保障才能维护和持续，产生协同效应。这种合作必须对不同创新主体的任务目标、资源等进行有效协调，需要建立超越系统自身的管理体制和机制。协同创新机制应主要包括动力机制、协调机制和利益分配机制。动力机制是指通过多元主体间的优势互补、利益驱动，激励他们产生协同创新意愿，提高协作的积极性；协调机制包括创新成员间关系的协调，控制或激励创新联盟实现协同创新的目标，涉及信息沟通机制、群体协商机制和监督机制的构建三个方面；利益分配机制是指按照公平、公正、科学和客观的原则，确定协同创新中各利益主体分配方式和方法。①

三、优化小微企业创新的社会化服务环境

1. 不断优化和完善小微企业社会化服务平台

围绕小微企业的创立退出、生产经营、研究开发、融资信贷、技术与信息服务、物流等方面，打造各类服务平台，不断优化和完善小微企业社会化服务体系，为各类小微企业提供信息查询、技术创新的指导、质量检测、法规标准、管理咨询、创业辅导、市场开拓、人员培训、设备共享等各种服务。

首先，加快完善创业孵化体系。进一步优化创新载体空间布局，打造"创客—创业苗圃—孵化器—加速器—专业园区"全产业链孵化载体，针对不同发展阶段的小微企业，尤其是科技型小微企业提供差异化服务，降低创新风险和成本，提高创业成功率。一是要依托高校院所、科技园区、产业基地、大企业等多方力量建设专业化孵化器，通过政府引领、社会资源参与、企业化管理运作，支持有条件的地区结合本区域产业定位和规划布局，引导科技企业孵化器向专业化、特色化、市场化和规模化方向发展，实现传统老牌孵化器加速转型升级。二是地方政府需要结合区域优势和现实需求，出台与地方产业发展相配套的引导科技创业孵化体系建设的具体方针政策。同时，建立孵化器绩效考核评价体系，实施动态管理，定期开展绩效评价，提升服务水平和孵化效率，推进孵化载体不断完善机制和体系，优化提升投资水平，强化专业化服务，为科技型小微企业发展营造良好的空间和环境。

其次，加快发展众创空间。众创空间是指依托广泛社会资源，为创业者提供包含工作空间、网络空间、交流空间和资源共享空间在内的各类创业场所，为创业者提供低成本、便利化、全要素的创业服务平台并开展社会化、专业化、市场化、网络化的特色创新创业孵化服务的合法注册独立法人。从性质上来讲，众创空间是一类新型的科技企业孵化器，与传统的科技企业孵化器等创新创业服务机构有所区别，众创空间主要针对早期创业，关注创业链条的最前端，与传统科技企业孵化器、加速器、产业园区、小企业创业基地等，共同组成完整的创业孵化链条。众创空间有效满足了网络时代大众创新创业的新需求，能够提供线上线下相结合的创业服务。加快发展众创空间，一是要优化众创空间的规划、提升服务能力，健全孵化器生态圈，使其成为撑起创新中心坚

① 范如国. 基于复杂网络理论的中小企业集群协同创新研究［J］. 商业经济与管理，2014（3）：66-68.

实的“梁”和“柱”。二是要着力解决好当前众创空间存在的突出问题，防止各种主体一哄而上，阶段性供给过剩，造成各种硬件条件和服务跟不上发展，不能有效地支持企业创新活动。三是要建立健全由投资人、创业者、企业和服务机构组成的众创空间、孵化器生态系统，建立各众创空间、孵化器之间的联接、互动纽带，组成众创空间、孵化器网络系统，形成合力，提升现有众创空间的服务能力和创新能力。

2. 建立多层次、全方位、具有广泛参与性的社会化服务体系

通过借鉴发达国家及地区的相关经验，在政府的主导下，以小微企业服务中心为载体，联结各社会中介机构，共同构成为中小企业提供专业化、系列化、网络化、社会化、市场化服务并以智力服务为主的体系。社会化服务针对所有小微企业的整体需求而提供，所提供的服务能够满足处于不同层次、不同发展阶段的小微企业在资金、技术、管理、信息、市场和人才等多方面的需求。一是政府应大力加强以信用担保、资金融通、市场开拓、技术创新、管理咨询、人力资源开发，以及对外合作交流等为主要内容的企业社会化服务体系标准的建设，对相关项目给予必要的政策倾斜和资源支持。集中政府各部门和社会各类中介机构在一个集中的场所内为中小企业提供创业辅导、企业诊断、信息咨询、市场营销、投资融资、贷款担保、产权交易、技术支持、人才引进、人员培训、对外合作、展览展销和法律咨询等全方位服务。二是要依托小微企业中介服务组织，积极创造条件尽快开办小微企业服务窗口。要调动社会各方面的积极性，充分调动现有资源，通过创立、利用、调整、扶持等多种方式，不断发展、规范小微企业中介服务机构。要引导、保护和调动社会各方面的积极性，发挥行业协会、商会、大学、科研机构等方面的力量，引导现有服务机构转变经营观念，改进服务作风，开展适合小微企业特点的服务，鼓励大中型企业的离退休经营管理者、具有专业特长的人员在取得资格认定的情况下，为小微企业服务。

四、营造小微企业创新的社会文化环境

1. 大力开展“双创”活动

“双创”活动，即“大众创业、万众创新”，泛指我国各地的城市与企事业等单位的两项创建工作。国务院总理李克强 2014 年 9 月在夏季达沃斯论坛上公开发出“大众创业、万众创新”的号召。几个月后，又将其前所未有地写入了 2015 年政府工作报告予以推动。在 2015 年 6 月 4 日的国务院常务会议后，“双创”再度吸引了人们的注意，该次会议决定鼓励地方设立创业基金，

对众创空间等办公用房、网络等给予优惠；对小微企业、孵化机构等给予税收支持；创新投贷联动、股权众筹等融资方式；取消妨碍人才自由流动、自由组合的户籍、学历等限制，为创业创新创造条件；大力发展营销、财务等第三方服务，加强知识产权保护，打造信息、技术等共享平台。

在当前，需要积极推进结构性改革尤其是供给侧结构性改革，支持示范基地探索创新、先行先试，在双创发展的若干关键环节和重点领域，率先突破一批瓶颈制约，激发体制活力和内生动力，营造良好的创业创新生态和政策环境，促进新旧动能顺畅转换。

（1）拓宽市场主体发展空间。持续增强简政放权、放管结合、优化服务改革的累积效应，支持示范基地纵深推进审批制度改革和商事制度改革，先行试验一批重大行政审批改革措施。取消和下放一批行政审批事项，深化网上并联审批和纵横协同监管改革，推行政务服务事项的“一号申请、一窗受理、一网通办”。最大限度地减少政府对企业创业创新活动的干预，逐步建立符合创新规律的政府管理制度。

（2）加速科技成果转化。全面落实《中华人民共和国促进科技成果转化法》，落实完善科研项目资金管理等改革措施，赋予高校和科研院所更大自主权，并督促指导高校和科研院所切实用好。支持示范基地完善新兴产业和现代服务业发展政策，打通科技和经济结合的通道。落实新修订的高新技术企业认定管理办法，充分考虑互联网企业特点，支持互联网企业申请高新技术企业认定并享受相关政策。

（3）加大财税支持力度。加大中央预算内投资、专项建设基金对示范基地地支持力度。在示范基地内探索鼓励创业创新的税收支持政策。抓紧制定科技型中小企业认定办法，对高新技术企业和科技型中小企业转化科技成果给予个人的股权奖励，递延至取得股权分红或转让股权时纳税。有限合伙制创业投资企业采取股权投资方式投资于未上市中小高新技术企业满 2 年的，该有限合伙制创业投资企业的法人合伙人可享受企业所得税优惠。居民企业转让 5 年以上非独占许可使用权取得的技术转让所得，可享受企业所得税优惠。

（4）促进创业创新人才流动。鼓励示范基地实行更具竞争力的人才吸引制度。加快社会保障制度改革，完善社保关系转移接续办法，建立健全科研人员双向流动机制，落实事业单位专业技术人员离岗创业有关政策，促进科研人员在事业单位和企业间合理流动。开展外国人才永久居留及出入境便利服务试点，建设海外人才离岸创业基地。

2. 培育企业家精神

企业家精神是指某些人所具有的组织土地、劳动及资本等资源用于生产商品、寻找新的商业机会及开展新的商业模式的特殊才能。企业文化也可以说是企业家引领的文化，是企业家的人格化，是其事业心与责任感、人生追求、价值取向、创新精神等的综合反映。他们必须通过自己的行动向全体成员灌输企业的价值观念。企业文化创新的前提是企业经营管理者观念的转变，是企业家精神的转化。

(1) 构建新型政商关系，赋予企业家以精神正道。市场经济应是法治经济，要靠法治为市场经济护航。现实中，一些公权力深度介入经济领域，导致政商关系扭曲，潜规则横行。一些企业家根本无心思走正路，不是靠奋斗、靠创新，而是更多专注于与官员关系的维护。企业经营者在市场环境里“谋生”，政商关系广泛存在。当前的反腐不仅为企业家期盼的法治经济“护驾”，也有利于营造正当、良好的政商关系，呵护企业家精神长期成长。要激发企业家精神，必须营造更为公平的市场环境、出台更为宽松的政策和保持更加开放的心态，要通过改善营商环境、确保规则公平、稳定预期，让企业家对发展前景、社会大势有足够的信心。

(2) 依法保护私有财产权利和企业知识产权。知识产权制度是保障创新者权益、激发创新创造活力、促进创新人才成长和发展的基本制度，也是激发企业家精神、让其投入创新、创业的“护身符”。激发企业家精神，要调动创新人才的积极性，让他们合理合法地富起来，让知识产权实现知识“产钱”。

(3) 塑造良好社会文化生态，厚培企业家精神土壤。教育应当有极大的包容性，要充分发挥个性特长，注重人文精神的培育，人文精神是企业家精神的基座。培育企业家精神，还需要引导民众理解企业家在市场经济中的作用，纠偏仇富心态。企业家承担了一般人难以承受的工作强度、压力和风险，企业家的创新给社会带来了巨大的收益，理应得到市场和社会的回报。

3. 培养企业员工的创新主体意识

(1) 培育企业员工的创新参与意识。进行企业创新文化建设要提倡全体员工的积极参与，因此要培养其主体意识。员工应关心企业发展，参与企业管理。同时，企业对于员工的建议应及时、正确地接纳和反馈，避免不同部门之间互相推诿，这样员工才会对企业产生归属感，并勇于承担责任。

(2) 培养员工的独立意识。企业员工应能够自由迅速地就某些职责范围内的事情做出决定，并对所做的决定负责，实现企业的长远利益与个人价值相结合。企业应充分尊重每个人实现自我价值的意愿，在企业长远发展的前提下，尽可能地为每个员工提供发展自我的空间。

（3）为企业员工提供职业培训机会。现代化的企业广泛采用机器和机器体系生产，工艺技术十分严密，劳动者不但需要熟练地掌握操作技能，而且需要深刻地理解专门知识。因此，培训和提高劳动者的知识和技能，是发展社会生产力的客观要求。通过职业培训，企业员工不但可以提升职业技能，也可以通过学习在自己的工作中发掘创新的潜力，为企业创新提供机遇。力争员工培训终身化，企业要建立员工的知识更新机制，了解同行业培训教育发展趋势、最新方法，制定近远期培训规划，对各类人才通过不同的方式进行再教育，使人才不断学习和掌握世界最先进的科技知识，保持较强的竞争实力。

（4）建立和完善企业创新人才开发机制。任何企业的创新活动都是创新人才思想火花的结晶，企业创新文化就是要吸引与培养创新人才，支持创新人才脱颖而出，这样才有利于创新效率的提高和创新成果的取得。企业创新人才的开发是一个系统工程，其中包括人才观念、人才选拔、人才评价、人才培训、人才使用、人才激励等各个环节，真正做到尊重人才、发现人才、培训人才、开发人才。创新人才的评价，不仅仅是学历、职称，更重要的是人才内在素质的要求。创新人才的激励必须具体化，要把精神激励和物质激励相结合。

第六章　我国小微企业初创环境优化与政策创新：以重庆市为例[①]

小微企业是我国经济社会发展的重要主力军，对稳定经济增长、扩大就业、驱动创新、繁荣市场等具有举足轻重的作用。扶持发展小微企业是重庆市经济社会谋求转型发展的迫切需要和重要举措。近年来，重庆市出台了一系列扶持小微企业发展的政策措施，着力降低创业成本，激发企业创造活力，各类小微企业快速增长，吸纳劳动就业成效显著，助推经济增长效果明显。但综观这些政策措施，它们忽略了小微企业成长的周期性问题和阶段需求，带来了政府扶持政策供应不足、小微企业初创时期发展艰难等一系列问题。为解决这些问题并更好地帮助小微企业平稳度过初创艰难期，转型升级为大中型企业，本课题在对重庆小微企业问卷调查和实地走访的基础上，采用定性和定量相结合的方法，深刻剖析了小微企业在初创期所面临的系列困境，并广泛借鉴国内外支持小微企业发展的创新经验举措，提出了进一步优化和提升小微企业的初始创业环境的对策，以助推重庆市小微企业健康可持续发展。

第一节　重庆市小微企业初创环境优化的必要性和紧迫性

一、重庆市小微企业初创环境优化的必要性

（一）保障和改善民生的内在要求

保障和改善民生首先要解决就业问题。相对大中型企业，小型微型企业创业及就业门槛较低，进出方便、经营灵活，具有很强的就业吸附能力。根据劳动和社会保障部劳动科学研究所的调查，1 个个体户平均可以带动 2 个人就

① 本报告是重庆市第三次全国经济普查研究课题“重庆市小微企业初创环境优化及政策创新研究”的部分内容，有删减。

业，1 个创业的小企业可以带动 13 个人就业。重庆市作为西部唯一的直辖市，既是大城市，也是大农村；结合重庆市大城市带大农村的特殊市情、城乡二元结构突出的特点及三峡库区产业空虚和企业改革带来的下岗失业问题，大力扶持发展小微企业显得十分迫切。

为了保障和改善民生，党的十八大报告首次提出“城乡居民人均收入比 2010 年翻一番”。为确保这一目标的实现，重点应放在低收入人群身上，采取有效措施提高低收入人群的收入。就各类市场竞争主体来说，重庆市小微企业集中了社会底层生活的大部分弱势群体，如大中专毕业生、城镇职业人员、农民工、下岗人员、残疾人等。这意味着居民收入增幅的目标能否达到，关键看小微企业生存和发展状况。如果小微企业生存条件恶化，居民收入目标将难以实现，保障和改善民生则无从谈起。

（二）经济转型期提振实体经济的重要方略

在后危机时代，全球经济结构从严重失衡过渡到逐渐均衡，经济发展正经历速度与结构、效益的周期性调整，实体经济发展水平是直接决定我国经济持续健康发展的重要因素。企业是真正的“实体经济”，而中小企业以其经营方式灵活、组织成本低廉、转移进退便捷等优势更能适应当今瞬息万变的市场和消费者追求个性化、潮流化的要求，因而在包括发达国家在内的世界各国的经济发展中，中小企业都有着举足轻重的地位。在改革进程中，小企业往往是试验区，是改革重点、难点的突破口。中小企业具备大企业无法比拟的优势，是技术创新的主要力量。中国 65%的发明专利，75%以上的技术创新，80%的新产品是由中小企业完成的。小微企业是改革与创新的重要力量，对推进重庆城乡发展一体化起了重要的纽带作用，有利于助推地区经济建设，在延长产业链条、发展专业化协作配套、改造传统产业和催生新产业等方面都可以发挥重大的作用。

促进小微企业发展亦是满足大力培养企业家的需要。从国内外成功企业家成长的实践来看，所有成功企业家的经历都是从创办小微企业开始，积累经验再发展到大中型企业，比如苹果公司的乔布斯和微软的比尔·盖茨，他们在创办企业之初，都是真正意义上的微型企业，只有几个人和几百美元资金。这种稀缺的企业家资源和创业文化，将成为重庆经济转型发展的活力源泉。

（三）贯彻落实党的十八大支持小微企业发展的客观需要

党的十八大报告明确提出：“支持小微企业特别是科技型小微企业发展”。这充分显示我国对于小微企业持续健康发展的高度重视和关注，为我国今后进一步加快小微企业发展指明了方向。小微企业的数量和质量决定着一个地区的市场繁荣程度，对于稳就业、惠民生有着十分重要的作用。无论在哪个国家，小微企业在推动科技创新、夯实实体经济发展基础、推进经济结构战略性调整等方面都具有不可替代的作用。必须采取更有针对性的政策措施，进一步优化小微企业的发展环境特别是初创环境，不断拓展市场开发的广度和深度，提高企业盈利水平和发展后劲，增强企业可持续发展能力。因此，研究支持小微企业发展的政策和措施，是重庆践行党的十八大提出的支持小微企业发展的现实要求。

二、重庆市小微企业初创环境优化的紧迫性

（一）实现重庆市发展战略定位的现实需要

重庆市的发展战略定位是成为西部地区的重要增长极、长江上游地区的经济中心和城乡统筹发展的直辖市，在西部地区率先实现全面小康。重庆要打造成为西部地区重要增长极，除了经济总量稳定增长之外，经济增长质量和效益要明显提高，经济结构战略性调整应取得重大进展。大力扶持小微企业发展，特别是鼓励文化创意人员和信息技术人员创办内涵式发展的企业，有利于实现技术创新和智力资源转化为现实生产力，这对经济增长质量和效益提高大有裨益。重庆要建设成为长江上游地区的经济中心体现在“基本建成长江上游地区的金融中心、商贸物流中心和科教文化信息中心”，其中的科教文化信息中心体现为“科教、文化和信息”服务经济社会发展的能力强大，而不活跃的不同类别的微型企业就不可能有与之匹配的服务经济社会发展的能力。重庆要统筹城乡发展，通过鼓励城乡居民创业扶持小微企业的发展，形成自我“造血”机能，从而提高低收入群体的生活水平，有助于缩小三个差距。

（二）重庆经济社会发展现状的迫切需求

重庆作为西部地区传统的工业重镇，是汽车摩托车制造、装备制造业、石油天然气化工、材料工业、电子信息业、能源工业、轻纺及劳动密集型产业基地。在西部地区的成渝经济带中，重庆是传统的重工业基地，和周边城市如成都相比，虽然在重化工业等大型企业的数量方面具有一定的优势，但是商业氛围和商业地位逊色于成都，成为重庆的短板。重庆营造创业氛围，大力扶持小微企业发展，有利于弥补重庆和其他城市相比的不足。在经济结构调整和转型过程中，伴随重庆传统工业的调整、改造和升级，大型企业随资本有机构成的提高，吸纳的劳动力数量相对减少，也形成了较多的下岗分流人员和低收入群体。因此，应为老工业企业的下岗分流人员提供更多、更好的出路，也应该鼓励其自谋出路，扶持其自主创业，创立更多的小微企业。

第二节　重庆市小微企业发展的基本态势

一、小微企业定义及行业划型

小微企业是小型企业、微型企业、家庭作坊式企业、个体工商户的统称，是由中国首席经济学家郎咸平教授2011年提出的，目前主要指那些产权和经营权高度统一、产品（服务）种类单一、规模和产值较小、从业人员较少的经济组织。

2011年6月18日，工业和信息化部、国家统计局、国家发展和改革委员会、财政部联合印发了《关于印发中小企业划型标准规定的通知》，根据企业从业人员、营业收入、资产总额等指标，结合行业特点将中小企业划分为中型、小型、微型三种类型。从“小微企业”和“小型微利企业”的认定上看，“小微企业”仅是按从业人员、营业收入、资产总额三项标准进行行业划分，而享受企业所得税优惠的“小型微利企业”的认定不仅存在资产总额、从业人员的限制，而且还存在行业、年应纳税所得、所得税征收方式、居民企业与非居民企业等方面的制约，两者存在冲突与交叉。因此，“小微企业”只有符合“小型微利企业”的条件，才能成为享受企业所得税优惠的“小微企业”。但在实践操作中，很难掌握“小微企业”的从业人员、营业收入和资产总额的数据及变化。为了更好地扶持小微企业的发展，使国家扶持小微企业的各类财税金融政策落实到位，使小微企业在国民经济中起到繁荣经济、促进社会就业和社会和谐稳定的作用，课题组认为应将“小微企业”在行业中的认定标准与“小型微利企业”在税法上的认定标准统一适用。

二、重庆市小微企业发展概况

（一）小微企业总体情况

从总体上看，重庆市小微企业发展较为迅速，小微企业数量和质量均保持高速增长，带动和解决就业作用显著，小微企业发展已成为重庆市国民经济发展中不可或缺的重要力量。短期来看，重庆市小微企业已成为吸纳就业的“主战场”，是新常态下稳定经济增长的重要拉动力量；长远来看，重庆市小微企业发展壮大过程与“大众创业、万众创新”的政策环境相结合，增添了社会活力和经济发展内生动力，能够促进经济长远稳定增长和民生改善。重庆市小微企业对于稳定经济增长、扩大就业、促进创新、繁荣市场的促进作用越来越突出。

根据重庆市第三次全国经济普查数据，截至2013年年末，重庆市共有第二产业和第三产业的小微企业法人单位19.71万个①，占全部企业法人单位的95.8%。其中，位于前三位的行业是：零售业4.58万个，占全部企业法人单位的21.8%；工业4.54万个，占22.1%；批发业3.30万个，占16.0%。小微企业从业人员381万人，占全部企业法人单位从业人员的51.0%。其中，位居前三位的行业是：工业146.46万人，占全部企业法人单位从业人员的19.6%；建筑业62.89万人，占8.4%；零售业32.85万人，占4.4%。小微企业法人单位资产总计28 635.00亿元，占全部企业法人单位资产的27.9%。其中，位居前三位的行业是：租赁和商务服务业9 381.97亿元，占全部企业法人单位资产总计9.1%；工业5 369.09亿元，占5.2%；房地产开发经营5 280.94亿元，占5.1%。按行业分组的重庆市小微企业法人单位、从业人员和资产总计见表6.1。

表6.1　按行业分组的重庆市小微企业法人单位、从业人员和资产总计

	企业法人单位（个）	从业人员（人）	资产总计（亿元）
合计	197 115	3 809 971	28 635.00
工业	45 437	1 464 615	5 369.09
建筑业	6 249	628 912	1 447.31
交通运输业	4 237	162 815	1 497.38
仓储业	275	6 085	148.27
邮政业	162	7 795	8.51
信息传输业	926	9 315	178.74
软件和信息技术服务业	4 555	46 305	583.96
批发业	32 967	313 038	1 670.45
零售业	45 826	328 479	907.22
住宿业	1 789	34 970	108.92
餐饮业	10 278	126 886	144.03

① 需要指出的是，本报告数据来源于重庆市第三次全国经济普查数据。依据重庆市工商局公布的数据，截至2014年12月底，全市共发展小微企业45.83万户。2014年，重庆市新发展小微企业9.7万户，同比增长30.03%。

表6.1(续)

	企业法人单位（个）	从业人员（人）	资产总计（亿元）
房地产开发经营	2 159	52 265	5 280.94
物业管理	2 116	90 761	132.83
租赁和商务服务业	18 975	313 098	9 381.97
其他未列明行业	19 794	209 622	1 718.61

注：表中法人单位合计数含从事农、林、牧、渔服务业和兼营第二、三产业活动的农、林、牧、渔业法人单位 2 982 个；个体经营户合计数含从事农、林、牧、渔服务业活动的个体经营户 731 个。数据来源于重庆市第三次全国经济普查数据。

（1）增长速度

从开业（成立）时间上看，2010 年后，重庆市小微企业法人单位数和从业人员数成倍增长。2011—2013 年，重庆市小微企业法人单位数和从业人员数均保持较大的增长数量，主要的原因是重庆市政府对于小型微型企业发展的大力支持。2010 年 6 月，重庆市人民政府出台了《关于大力发展微型企业的若干意见》，重庆市小微企业发展也步入了高速发展的轨道。图 6.1 显示的是 2005—2013 年按开业（成立）时间分组的重庆市小微企业法人单位数和从业人员数变化趋势。2005 年，重庆市新增小微企业法人单位 4 899 个，2013 年，重庆市新增小微企业法人单位 40 825 个。其中，2011 年重庆市新增小微企业法人单位 36 245 个，这一数据相比于 2010 年增长了 94.2%。2011—2013 年，尽管经济下行压力不断加大，但是重庆市新增小微企业法人单位数依然保持着较为稳定的增长。2005 年，重庆市新增小微企业法人单位从业人员数为 169 588 人，2013 年，这一数据为 449 742 人。其中，2011 年，重庆市新增小微企业法人单位从业人员数为 469 149 人，相比于 2010 年增长了 48.6%。2011—2013 年，新增小微企业法人单位从业人员数虽略有下降，但都保持有较大的增长数量。

（2）类型分布

从企业登记注册类型来看，私营企业在重庆市小微企业中占比最高。表 6.2 显示的是按登记注册类型分组的 2013 年重庆市小微企业法人单位数和从业人员数。位于前三位的小微企业法人单位数的企业登记注册类型是：私营 147 990 个，占全部小微企业法人单位数的 80%；有限责任公司 28 902 个，占 15.6%；股份有限公司 2 286 个，占 1.2%。位于前三位的小微企业法人单位从业人员数的企业登记注册类型是：私营 2 565 501 人，占全部小微企业法人单

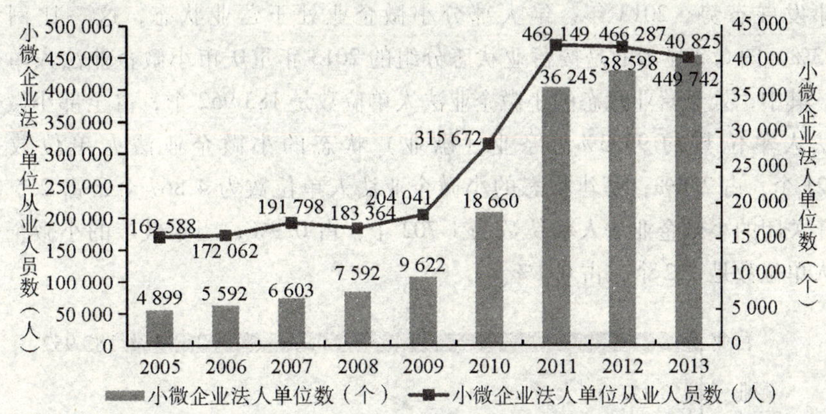

图 6.1　按开业（成立）时间分组的重庆市小微企业法人单位数和从业人员数

注：数据来源于重庆市第三次全国经济普查数据。

位从业人员数的 69.8%；有限责任公司 823 684 人，占 22.4%；股份有限公司 85 146 人，占 2.3%。

表 6.2　2013 年重庆市小微企业法人单位数和从业人员数（按登记注册类型分组）

	小微企业法人单位数（个）	小微企业法人单位从业人员数（人）
国有	1 528	66 228
集体	1 877	56 379
股份合作	914	18 488
联营	278	6 088
有限责任公司	28 902	823 684
股份有限公司	2 286	85 146
私营	147 990	2 565 501
港、澳、台商投资	464	21 969
外商投资企业	574	29 824

注：数据来源于重庆市第三次全国经济普查数据。

（3）营业状态

从企业营业状态来看，重庆市小微企业总体经营形势良好，小微企业维持健康发展态势。2013 年，绝大部分小微企业处于营业状态，这一比例为 93.3%。图 6.2 显示的是按营业状态分组的 2013 年重庆市小微企业法人单位数。其中，处于营业状态的小微企业法人单位数是 183 952 个，占全部小微企业法人单位数的 93.3%；停业（歇业）状态的小微企业法人单位数是 5 421 个，占 2.8%；筹建状态的小微企业法人单位数为 4 867 个，占 2.5%；当年关闭的小微企业法人单位数为 1 702 个，占 0.9%；当年破产的小微企业法人单位数是 122 个，占 0.1%。

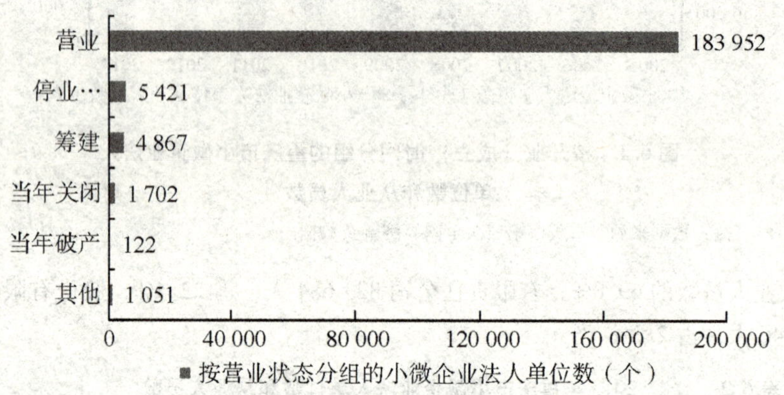

图 6.2　2013 年重庆市小微企业法人单位数
（按营业状态分组）

注：数据来源于重庆市第三次全国经济普查数据。

（4）资产规模

从小微企业资产总计来看，50 万元及以下的小微企业占全部小微企业的一半左右。重庆市小微企业资产规模水平较为合理，总体资产规模结构存在进一步上升空间。图 6.3 显示的是按资产总计组距分组的 2013 年重庆市小微企业法人单位数。其中，50 万元以下的小微企业法人单位数是 91 843 个，占全部小微企业法人单位数的 46.6%；50 万~100 万元的小微企业法人单位数是 27 799个，占 14.1%；100 万~500 万元的小微企业法人单位数是 46 438 个，占 23.6%；500 万~1 000 万元的小微企业法人单位数是 13 094 个，占 6.6%；1 000 万~5 000 万元的小微企业法人单位数是 13 129 个，占 6.7%；5 000 万~1 亿元小微企业法人单位数是 2 274 个，占 1.15%；1 亿元以上小微企业法人单位数是 2 538 个，占 1.29%。

（二）小微企业经营现状

2015 年以来，经济运行压力持续增大，中小企业主要经济指标增速放缓。

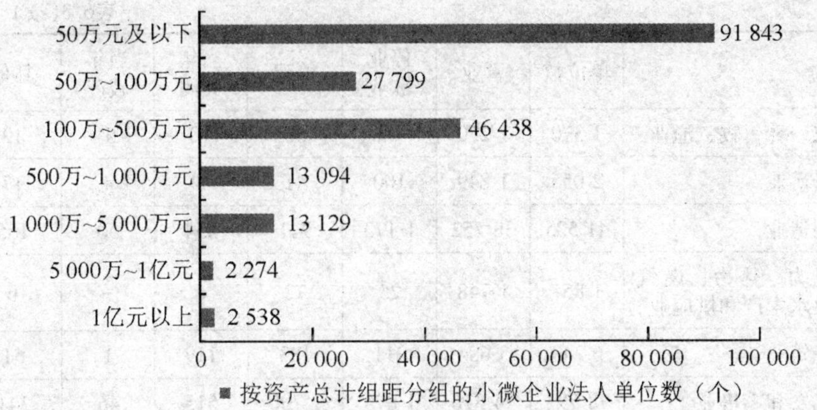

图 6.3　2013 年重庆市小微企业法人单位数
（按资产总计组距分组）

注：数据来源于重庆市第三次全国经济普查数据。

2015 年 1—5 月，重庆市纳入全国中小企业生产经营运行监测平台的 1 502 家中小企业营业收入增速有所放缓，同比增长 12.2%，较 2015 年 1—4 月回落 0.7 个百分点；利润增速有所回落，同比增长 18.7%，较 2015 年 1—4 月回落 0.8 个百分点。但受益于中央及重庆市一系列支持小微企业发展扶持政策的不断深入和贯彻落实，小微企业发展状况有所改善。监测数据显示，2015 年 1—5 月重庆市小微企业生产经营状况有所回升，税费负担有所减轻，企业利润保持较快增长，各项经济指标趋稳向好。

重庆市小微企业营业状态维持在较高水平，小微企业总体经营水平较为稳定。表 6.3 显示的是 2013 年重庆市不同行业分组下的各种营业状态的小微企业法人单位数。从整体上看，2013 年重庆市 93.3%的小微企业法人单位处于营业状态，停业（歇业）占比为 2.8%，筹建占比为 2.5%，当年关闭占比为 0.86%，当年破产占比为 0.06%。从各个行业营业状态看，文化、体育和娱乐业行业分组下的小微企业法人单位处于营业状态的比重最高，其占比为 96%；排在其次的行业是住宿和餐饮业，处于营业状态的法人单位占比为 95.4%；排在第三位的行业是居民服务、修理和其他服务业，占比为 95%。

表 6.3　按行业、营业状态分组的 2013 年重庆市小微企业法人单位数（个）

	单位数	营业	停业（歇业）	筹建	当年关闭	当年破产	其他
总计	197 115	183 952	5 421	4 867	1 702	122	1 051

表6.3(续)

	单位数	营业	停业（歇业）	筹建	当年关闭	当年破产	其他
农、林、牧、渔业	1 370	1 270	27	50	10	1	12
采矿业	2 055	1 849	100	41	44	4	17
制造业	41 525	38 752	1 173	941	454	50	155
电力、热力、燃气及水生产和供应业	1 857	1 748	25	72	6	–	6
建筑业	6 249	5 684	211	183	119	1	51
批发和零售业	78 793	74 316	1 875	1 700	515	46	341
交通运输、仓储和邮政业	4 674	4 348	142	121	30	1	32
住宿和餐饮业	12 067	11 506	250	165	86	6	54
信息传输、软件和信息技术服务业	5 481	4 900	198	251	47	2	83
房地产业	7 143	6 439	256	185	111	2	150
租赁和商务服务业	18 975	17 259	716	764	151	2	83
科学研究和技术服务业	4 603	4 209	156	184	31	3	20
水利、环境和公共设施管理业	964	846	49	47	12	2	8
居民服务、修理和其他服务业	7 107	6 751	168	96	64	1	27
卫生和社会工作	62	51	1	8	2	–	–
文化、体育和娱乐业	4 190	4 024	74	59	20	1	12

注：数据来源于重庆市第三次全国经济普查数据。

私营企业分组下的小微企业营业状态表现最为良好，处于营业状态的企业法人单位数占比最高。表6.4显示的是2013年重庆市不同登记注册类型分组下的各种营业状态的小微企业法人单位数。私营企业分组下小微企业法人单位处于营业状态的企业占比最高，为93.7%；有限责任公司分组下小微企业法人单位处于营业状态的企业占比排在第二位，占比为91.7%；股份合作企业分组下占比为91.2%；国有企业分组下该比重为91.2%；而排在最后的是外商投资企业，外商投资企业分组下小微企业法人单位数处于营业状态的比重为 86.4%。

表 6.4 按登记注册类型、营业状态分组的2013 年重庆市小微企业法人单位数（个）

	单位数	营业	停业（歇业）	筹建	当年关闭	当年破产	其他
总计	197 115	183 952	5 421	4 867	1 702	122	1 051
国有企业	1 528	1 393	75	27	12	3	18
集体企业	1 877	1 702	129	4	21	6	15
股份合作企业	914	834	39	24	10	-	7
联营企业	278	248	15	3	7	1	4
有限责任公司	28 902	26 513	828	1 157	187	11	206
股份有限公司	2 286	2 060	71	90	24	1	40
私营企业	147 990	138 740	3 921	3 320	1 359	90	560
港、澳、台商投资企业	464	418	11	16	4	1	14
外商投资企业	574	496	18	39	6	1	14

注：数据来源于重庆市第三次全国经济普查数据。

（三）小微企业政策扶持现状

小微企业是经济社会发展的重要力量，对于稳定经济增长、扩大就业、促进创新、繁荣市场等具有重要作用。近年来，重庆市人民政府出台了一系列扶持小微企业发展的政策措施，促进了小微企业持续健康发展。

2010 年 6 月，重庆市人民政府出台了《关于大力发展微型企业的若干意见》（以下简称《意见》）。《意见》明确了微型企业的规模（雇员（含投资者）20 人以下、创业者投资金额 10 万元以下的企业为微型企业）和微型企业创业扶持对象的“九类人群”，即高等院校（本科、硕士研究生、博士研究生）毕业生、下岗失业人员、返乡农民工、“农转非”人员、三峡库区移民、残疾人、城乡退役士兵、文化创意人员、信息技术人员等。《意见》指出，在对微型企业创业扶持中，重点扶持第三产业的创业投资项目，尤其要大力发展服务型、文化创意、软件开发及外包服务。

2013 年 1 月，重庆市人民政府命名了万州区三峡创业孵化中心等 46 个孵化园为“重庆市市级微型企业孵化园”，并给予孵化园业主单位建设资金补助，用于孵化园的办公房屋建设、环境整治、办公及培训等设备购置和信息平台建设。

2013 年 9 月，重庆市人民政府出台了《关于进一步支持小型微型企业健康发展的实施意见》（以下简称《实施意见》）。《实施意见》明确小微企业发展的主要目标，就是要实现小微企业“专精特新”、与大中型企业衔接配套、新兴业态和科学商业模式的发展。《实施意见》还提出了缓解小微企业融资困难、降低小微企业税费负担、解决小微企业用工难题、加大小微企业财政支持力度和改善小微企业发展环境等一系列措施。

2014 年 7 月，重庆市人民政府颁布实施《重庆市完善小微企业扶持机制实施方案》（以下简称《方案》），《方案》明确了扶持小微企业发展的主要任务：进一步放宽市场准入、着力缓解融资困难、切实减轻企业负担、拓展集聚发展空间和协力优化服务环境。《方案》明确了民营经济发展专项转移支付覆盖的“四类人群、五大产业”，主要用于高校毕业生、返乡农民工、失业人员、军队复员人员等重点人群创办的科技创新、电子商务、节能环保、文化创意、特色效益农业等鼓励类微型企业创业补助，以及小微企业场地租金和贷款贴息等补贴。

此外，重庆市工商局、市中小企业局、市财政局、市国资委、市金融办等部门和各区县人民政府也相继出台了一系列促进小微企业持续健康发展的政策，这些政策共同构成了重庆市小微企业扶持政策体系，小微企业增加值对重庆市地区生产总值的贡献率也持续增长。

表 6.5　　重庆市小微企业发展的部分扶持政策

	出台时间	出台单位	政策名称
1	2007 年	市政府	《重庆市中小企业促进条例》
2	2010 年	市政府	《重庆市人民政府贯彻落实<国务院关于进一步促进中小企业发展的若干意见>的通知》
3	2010 年	市政府	《重庆市人民政府关于大力发展微型企业的若干意见》
4	2010 年	市政府	《重庆市微型企业创业扶持管理办法（试行）》
5	2010 年	市中小企业局	《重庆市中小企业公共服务平台管理暂行办法》
6	2010 年	市工商局	《关于进一步放宽市场准入条件促进民营经济发展的意见》
7	2010 年	市人社局	《重庆市微型企业创业培训实施细则（试行）》

表6.5(续)

	出台时间	出台单位	政策名称
8	2010 年	市工商局	《重庆市工商行政管理局关于切实发挥职能作用支持服务微型企业发展的意见》
9	2010 年	市经信委	《重庆市促进中小企业流动资金贷款财政补助实施办法》
10	2010 年	市经信委 市工商局	《关于大力发展微型信息技术企业的通知》
11	2011 年	市工商局 市财政局 市教委	《关于做好在校大学生创办微型企业有关工作的通知》
12	2011 年	市地税局 市国税局 市工商局	《关于进一步促进微型企业发展的通知》
13	2011 年	市财政局 市物价局	《关于转发〈财政部 国家发展改革委关于免征小型微型企业部分行政事业性收费的通知〉的通知》
14	2012 年	市工商局	《重庆市工商行政管理局关于支持个体工商户转型升级为微型企业的意见（试行）》
15	2012 年	市政府	《重庆市人民政府关于大力发展民营经济的意见》
16	2012 年	市总工会 市地税局	《关于对微型企业工会经费实行减免的通知》
17	2013 年	市工商局 市财政局	《关于支持微型企业参加会展活动的通知》
18	2013 年	市政府	《重庆市人民政府关于进一步支持小型微型企业健康发展的实施意见》
19	2014 年	市政府	《重庆市人民政府关于印发重庆市完善小微企业扶持机制实施方案的通知》
20	2015 年	市政府	《重庆市人民政府办公厅关于进一步贯彻落实小微企业扶持政策的通知》

（四）小微企业融资现状

重庆市中小企业局、财政局等各级政府部门积极推动小微企业融资工作。重庆市中小企业局加强与人民银行重庆营管部合作，联合出台了《关于进一步做好小微企业金融服务工作的通知》等重要指导性文件，加强与商业银行的合作，围绕"万户中小企业成长工程"与光大银行重庆分行、三峡银行密切合作，创新金融服务模式，开展"银企保"对接，形成政府、银行、担保公司、企业四方联动，小微企业融资难得到一定缓解。2014 年 1—7 月，重庆市小微企业本外币贷款余额 2 937. 47 亿元，2014 年新增贷款 286. 73 亿元，小微企业新增贷款占全部新增企业贷款的 60. 8%，环比提高了 2. 6 个百分点。2015 年 3 月 31 日，重庆市小微企业融资担保有限公司正式成立，小微企业的融资难题得到了进一步缓解，相对于商业性担保，其政策扶持担保体现在担保费率、贴息等环节，公司按照“政策性目标”与“市场化运作”相结合的方式，帮助小微企业解决融资难题，重庆市财政为此安排 11. 47 亿元，其中小微企业融资担保基金 10 亿元，计划通过 3 年时间，逐步实现每年小额贷款担保 50 亿元以上、商业性贷款担保 30 亿元以上，直接帮扶小微企业和创业者 6 万人（户）以上、带动就业 30 万人以上。

5. 小微企业技术创新现状

2015 年重庆市科委推出了三项举措助力科技型中小微企业创新发展。一是强化科技服务平台建设。完善“创业苗圃+孵化器+加速器”的创业服务链条，推广“孵化+创投”“O2O 服务”等新型孵化模式。重点支持 10 家企业孵化器，联合各区县共同支持建设大学生创新创业孵化基地 5 家以上。二是加快引进创新创业人才。鼓励企业、高校、科研院所的科研人员创办科技型中小企业，引导科技创业人员入驻科技企业孵化器或大学生创业基地，支持博士研究生、硕士研究生和本科生创办科技型企业 1 000 家以上。三是积极落实科技优惠政策。将企业研发费用加计扣除，鉴定重点新产品、“双高”认定等工作有序向区县下移，简化操作流程，推进专利、商标等知识产权质押融资，破解科技型企业融资难题。

6. 小微企业税收和法律服务现状

为了使重庆市小微企业获得更加宽松的法律制度环境，重庆市各相关部门推出了一系列促进小微企业发展的税收减免和法律服务措施。2014 年重庆市小微企业减免税收 18. 9 亿元，其中，全市 6. 9 万户小微企业免征营业税 1. 8 亿元，政策覆盖面 100%。3. 1 万户小微企业享受了企业所得税减免优惠，累计减免企业所得税 1. 5 亿元。享受月销售额不达 3 万元免征增值税政策的小微企业及个体工商户 64. 4 万户，累计减免增值税 15. 6 亿元，政策覆盖面 100%。2015 年 1 月，重庆市质量技术监督局决定免征小微企业（含个体工商户）的组织机构代码收费。九龙坡区以政策宣传到位、政策落实到位、日常管理到位和纳税服务到位“四个到位”进一步落实小微企业税收优惠政策。万盛经开区积极开展代理记账和法律咨询服务，减轻小微企业负担。万盛经开区确定了两家代理记账机构和一家法律服务机构，为个体户和小微企业免费提供代理记账、纳税申报、证照年检和法律咨询服务，并制定了管理办法和费用结算标准，截至2014年12月，共有560余家小微企业享受了代理记账服务，减轻负担300万元左右。

第三节　重庆市小微企业初创环境调查分析

一、问卷调查样本的选择

为了对重庆市小微企业初创环境及存在的问题进行深入研究，本研究不仅收集了大量文献资料，而且通过实地调研收集了大量调查数据。课题组先后到江北COSMO微企创业园、江北嘉陵三村微企创业园进行考查，并利用渝北区小微企业培训会等机会，进行关于小微企业初创环境的问卷调查，问卷包括企业基本信息、企业经营状况、企业政策支持环境、企业融资环境、企业技术创新环境、企业法律制度环境和企业社会服务环境七个方面，调查共收集有效问卷108份。从企业经营时间上看，调查的小微企业成立时间在1年以下的有30家，1至3年的47家，3至5年的28家，5至10年的2家，10年以上的2家。从企业登记类型来看，私营小微企业105家，国有小微企业1家，外资企业1家。从调查企业行业分布来看，电子信息类30家，批发和零售业12家，餐饮住宿类8家，软件类5家，节能环保类5家。同时，调查样本中18家小微企业是政府认定的高新技术企业，详见表6.6所示。

表6.6　　不同分组下被调查小微企业法人单位数（个）

<table>
<tr><td>分组类型</td><td colspan="6">不同区间下企业法人单位数（个）</td></tr>
<tr><td rowspan="2">企业经营时间分布</td><td>1年以下</td><td>1至3年</td><td>3至5年</td><td>5至10年</td><td colspan="2">10年以上</td></tr>
<tr><td>30</td><td>47</td><td>28</td><td>2</td><td colspan="2">2</td></tr>
<tr><td rowspan="2">企业登记类型</td><td>国有</td><td>集体</td><td>私营</td><td>混合所有</td><td>中外合资</td><td>外资企业</td></tr>
<tr><td>1</td><td>0</td><td>105</td><td>1</td><td>0</td><td>1</td></tr>
</table>

表6.6(续)

分组类型	不同区间下企业法人单位数（个）							
企业行业类型	A. 电子信息	B. 装备制造	C. 饮料食品	D. 油气化工	E. 能源电力	F. 汽车制造	G. 生物医药	H. 新材料
	30	2	4	0	1	1	3	1
	I. 节能环保	J. 电力、燃气及水的生产和供应业	K. 房地产业	L. 交通运输、仓储和邮政业	M. 餐饮住宿	N. 软件业	O. 批发和零售业	P. 其他
	5	1	1	0	8	7	12	38

二、经营环境调查分析

（一）总体经营状况变化较为平稳

在经济下行压力持续加大的形势下，重庆市小微企业保持平稳健康发展。重庆市小微企业总体经营状况变化较为平稳，虽然有少部分小微企业经营出现亏损状态，但是绝大多数小微企业经营状况较为平稳。图6.4列出了调查企业2014年和初创期年经营状况对比情况。“经营势头良好”的小微企业虽然略有减少，但是“经营情况正常平稳”的小微企业稳中有升，且占据着样本企业较高比例。

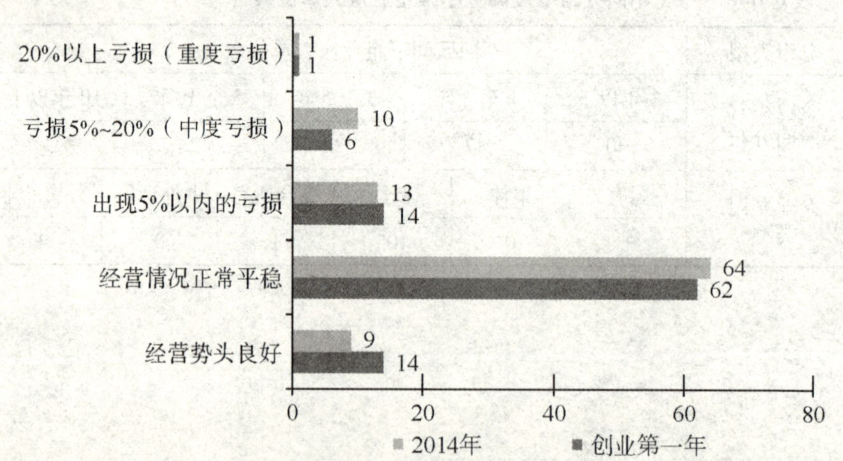

图6.4　小微企业2014年和初创期年经营状况对比调查

（二）吸纳就业能力稳步提升

根据重庆市第三次全国经济普查数据，截至 2013 年年末，重庆市共有 381 万人在小微企业工作，以重庆约 2 900 万常住人口计算，相当于每八个人中，就有一人在小微企业工作。调查样本企业雇佣人数在稳步增加，小微企业吸纳就业方面具有突出贡献，小微企业经营能力在稳步提升。图 6.5 列出了调查企业 2014 年和初创期年雇佣人数变化对比情况。雇佣人数 1 至 3 人的小微企业呈现减少态势，雇佣人数在 4 人以上的小微企业呈现出增加态势。

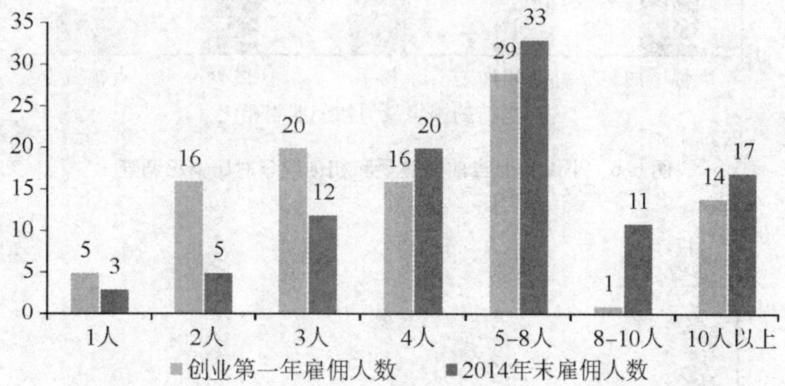

图 6.5　小微企业 2014 年和初创期年雇佣人数变化对比调查

（三）企业负责人发展信心充足

在新常态下，企业家需要把思想调整到深刻认识新常态，主动适应新常态，积极引领新常态的状态，保持对企业持续健康发展的信心。和初创期相比，小微企业负责人对企业发展前景颇为自信。图 6.6 显示的是被调查小微企业当前的销售量和初创期年对比情况，销售量增加的小微企业数量达到 56 家，占有效样本 56%；销售量和初创期年持平的小微企业占比为 24%。小微企业销售量的稳定增长也增强了企业负责人对企业发展前景的信心。

三、融资环境调查分析

（一）企业融资额度较低，融资需求旺盛

我们对小微企业初创期年和 2014 年融资需求进行调查，结果如图 6.7 所示。有 75 家小微企业初创期年融资需求为 0～20 万元，占全部有效样本的 77.3%，随着小微企业的发展壮大，企业融资需求也在逐渐增长。样本企业 2014 年融资需求为 0～20 万元的占比为 53.6%，相比于初创期年下降明显，而 20 万元以上融资需求的企业数量由 22.7%增长到 46.4%。

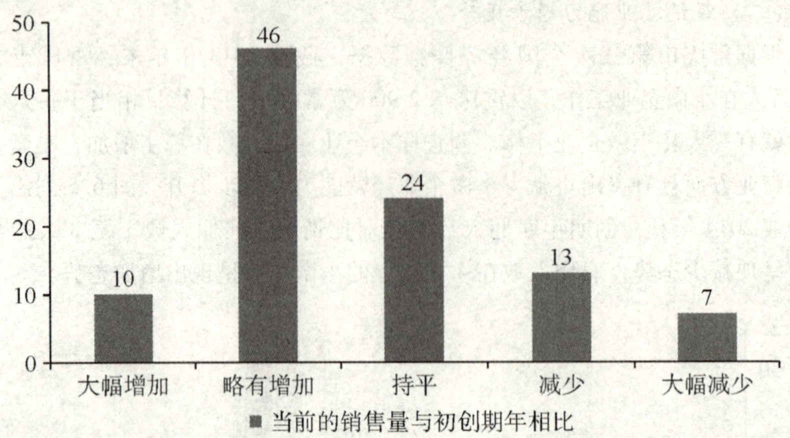

图 6.6 小微企业当前销售量和初创期年对比情况调查

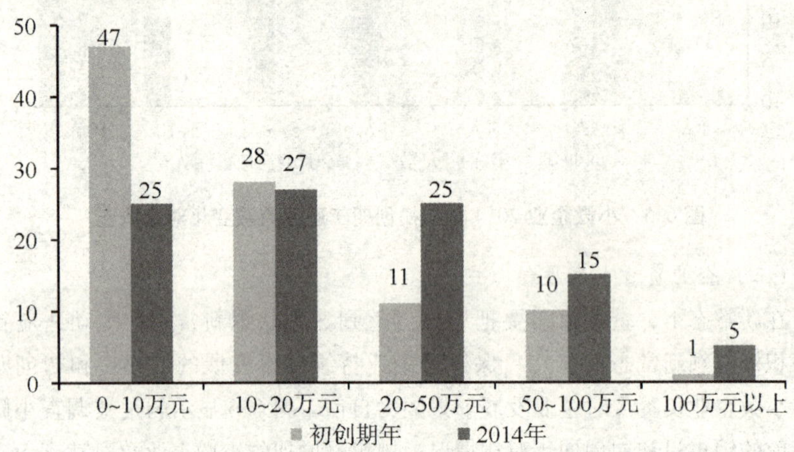

图 6.7 小微企业初创期年和 2014 年融资需求调查

（二）亲戚好友和银行是最主要的融资渠道

我们对小微企业初创期年和 2014 年融资渠道进行调查，结果如图 6.8 所示。可以看出，“亲戚朋友借款”和“银行贷款”是小微企业初创期最主要的融资渠道，分别有 75 家和 41 家小微企业在初创期年通过“亲戚朋友借款”和“银行贷款”进行融资。随着小微企业的发展成长，企业融资渠道也发生一些变化，“亲戚朋友借款”的比重减少，而通过“银行贷款”融资的小微企业比重略有增加。

（三）企业规模小和抵押担保物不足是贷款难的主要原因

我们对小微企业初创期年未能成功通过银行贷款进行融资的原因进行调

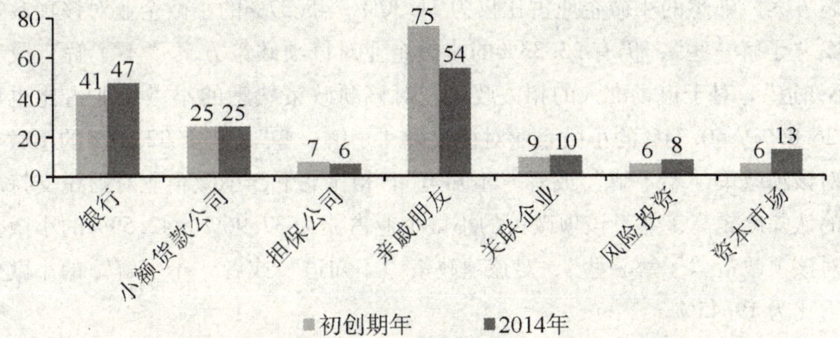

图 6.8　小微企业初创期年和 2014 年融资渠道调查

查，得到图 6.9 所示结果。“企业规模小”和“抵押担保不足”是初创期小微企业未成功贷款的主要原因，两者分别占全部有效样本的 30.9%和 27.5%。

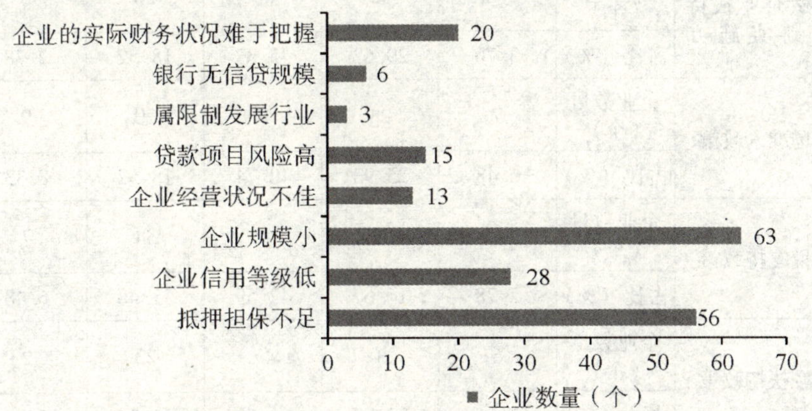

图 6.9　小微企业初创期年未成功贷款的因素调查

四、政策支持环境调查分析

（一）对政府扶持政策认知度有待加强

我们对小微企业初创期政策认知程度进行问卷调查，以期了解小微企业扶持政策的实际效果。我们对小微企业调查的政策范围主要包括重庆市人民政府《重庆市完善小微企业扶持机制实施方案》中扶持中小企业发展的政策、市场准入政策、财税支持政策、金融扶持政策、发展空间提升政策、服务环境优化政策、就业社保扶持政策和收费管理政策。

调查结果如表 6.7 所示，初创期小微企业对于政府扶持政策整体认知度有待进一步加强。对于重庆市人民政府出台的《重庆市完善小微企业扶持机制实施方案》熟悉的小微企业占比仅为21.30%，45.37%的小微企业对该项政策方案“了解一些”，仍有33.33%的小微企业对该项政策方案“不了解”或者“不知道”。对于市场准入的相关政策，对该项政策熟悉的小微企业占比也仅为26.85%，40.74%的小微企业对该政策“了解一些”，仍有32.41%的小微企业对该项政策“不了解”或者“不知道”。相比之下，小微企业对财税支持政策的认知度较高，熟悉该项政策的小微企业占比为37.96%，42.59%的小微企业对该项政策“了解一些”，对该项政策“不知道”或者“不了解”的小微企业占比为19.45%。

表6.7　　　　小微企业小微企业政策认知程度调查

		不知道	听说有，但不了解	了解一些	知道大部分	很熟悉
《重庆市完善小微企业扶持机制实施方案》	企业数量（个）	4	32	49	20	3
	占比（%）	3.70	29.63	45.37	18.52	2.78
市场准入政策	企业数量（个）	7	28	44	20	9
	占比（%）	6.48	25.93	40.74	18.52	8.33
财税支持政策	企业数量（个）	3	18	46	34	7
	占比（%）	2.78	16.67	42.59	31.48	6.48
金融扶持政策	企业数量（个）	6	30	47	23	2
	占比（%）	5.56	27.78	43.52	21.30	1.85
发展空间提升政策	企业数量（个）	19	35	35	17	2
	占比（%）	17.59	32.41	32.41	15.74	1.85
服务环境优化政策	企业数量（个）	16	29	47	13	3
	占比（%）	14.81	26.85	43.52	12.04	2.78
就业社保扶持政策	企业数量（个）	18	26	48	14	2
	占比（%）	16.67	24.07	44.44	12.96	1.85

表6.7(续)

		不知道	听说有，但不了解	了解一些	知道大部分	很熟悉
收费管理政策	企业数量（个）	25	25	45	12	1
	占比（%）	23.15	23.15	41.67	11.11	0.93

（二）财税支持政策和金融扶持政策最为重要

在关于小微企业初创期政策重要性的调查中，结果如图6.10所示。有77家小微企业认为财税支持政策对于初创期小微企业尤为重要，占全部有效样本的71.3%，另有71家小微企业认为金融扶持政策很重要，占65.7%；有41家小微企业认为市场准入政策对于初创期小微企业比较重要，占比38%。

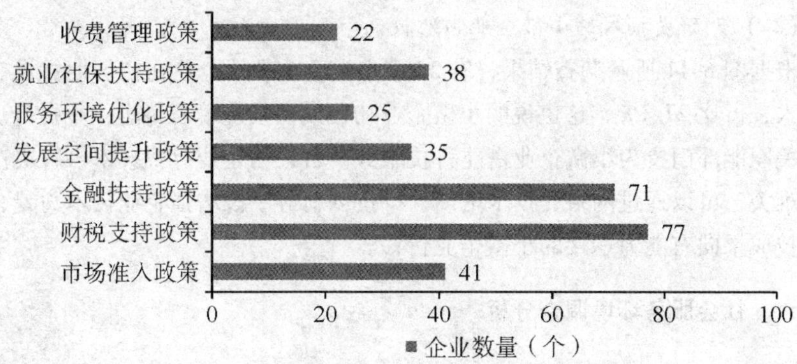

图6.10　初创期小微企业对政策重要性认知调查

五、技术创新环境调查分析

（一）新产品、新技术和新工艺的开发成为研发投入的主要方向

国务院总理李克强曾表示"'草根'与精英并肩创业，大中小微企业协同创新，有力推动了新兴产业发展和传统产业转型升级，也促进了百姓致富和社会公平"。我们对初创期小微企业研发情况进行调研，得到如图6.11所示结果。有43家小微企业在初创期的研发投入主要用于新产品、新技术和新工艺的开发，占全部有效样本企业的40.2%。研发投入用于技术改造的初创期小微企业有23家，研发投入用于仪器设备购买的初创期小微企业有22家，研发投入用于科研人员培训的初创期小微企业有20家。

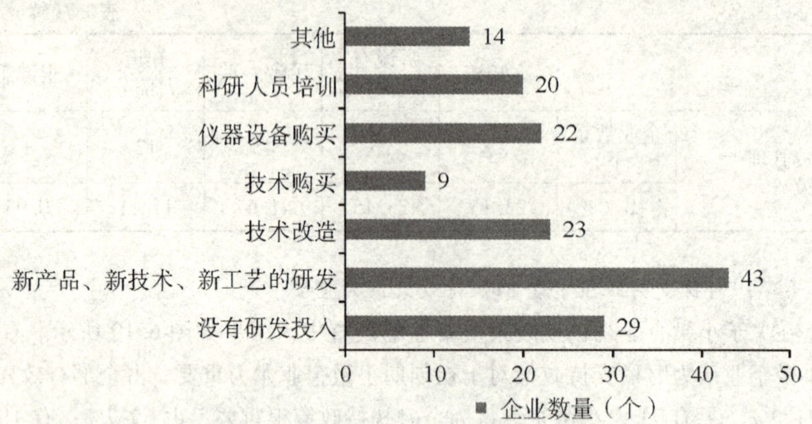

图 6.11　初创期小微企业研发投入调查

（二）无研发投入的小微企业占比较高

根据图 6.11 所示调查结果，有 29 家小微企业表示企业在初创期并没有研发投入，占比 27.1%，这也说明小微企业初创期研发环境有待进一步提升。政府相关职能部门要为小微企业搭建科技服务平台，为企业寻找技术，解决产品技术难关。可以通过网络、技术培训、科技创新等手段增强企业技术力量，促使科技成果向有能力承接的小微企业转移。

六、社会服务环境调查分析

（一）企业对于社会服务环境满意度较高

在对重庆市创业指导、就业培训等机构服务的满意度进行调查时，我们得到如图 6.12 所示统计结果。有 61 家小微企业对重庆市创业指导、就业培训等机构服务感到满意，占全部调查企业的 57.5%，仅有 6 家小微企业对创业指导、就业培训等机构服务不太满意，仅占比 5.7%。

（二）比较认同重庆市人才交流与劳动力市场建设

我们调查了小微企业初创时期对重庆市人才交流与劳动力市场建设完善程度的评价，得到如图 6.13 所示结果。有 47 家小微企业认为重庆市人才交流和劳动力市场建设比较完善，占全部有效样本企业的 44.5%，但是需要注意，也有 59 家小微企业对于重庆市人才交流和劳动力市场建设完善度认同较低，占比 55.7%，需要加强人才交流与劳动力市场建设的宣传力度，力争服务于更多的小微企业。

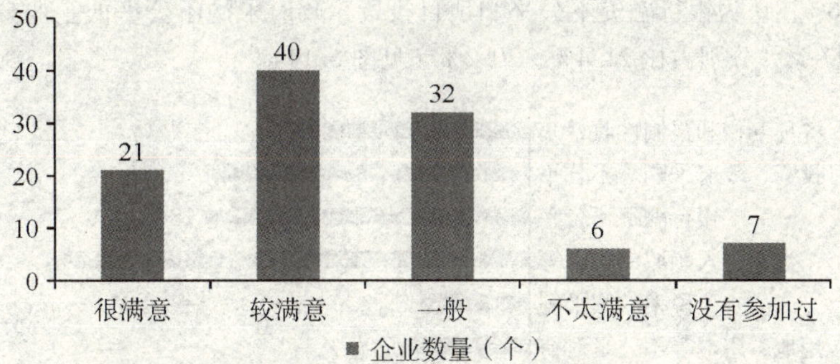

图 6.12　初创期小微企业创业指导和就业培训满意度调查

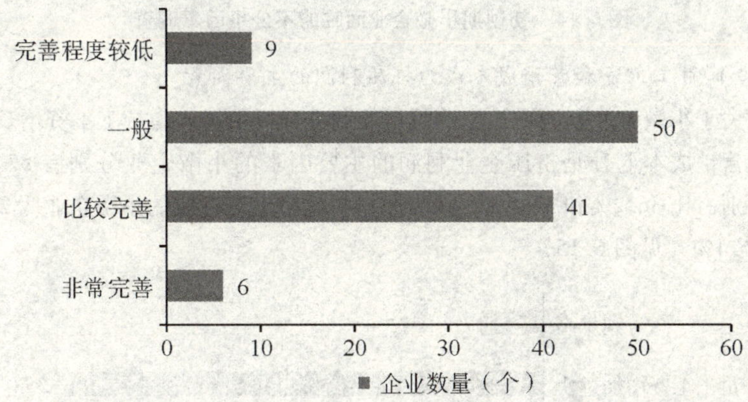

图 6.13　初创期小微企业对人才交流与劳动力市场建设评价调查

第四节　重庆市小微企业初创环境面临的突出问题

一、企业经营压力较大

（一）在市场准入、银行融资等方面面临不公平待遇

初创期小微企业面临市场准入门槛、银行融资不公平等因素制约。工商登记手续较为复杂，限制了小微企业注册。名义上看，多项扶持政策的出台使得小微企业在一些行业和领域已无准入限制。实际上，这些领域进入资格设限仍然偏高，成为“名义开放、实际限制”的“玻璃门”。在关于小微企业初创期年和国有企业、大型垄断性企业、外资企业竞争时遇到的不公平因素调查中，24 家小微企业认为最大的不公平因素为行业进入领域的不平等，占有效样本

的28.6%；认为银行融资不公平和项目投资、政府采购不公平的企业分别为18和17家，分别占比21.4%、20.2%（见图6.14）。

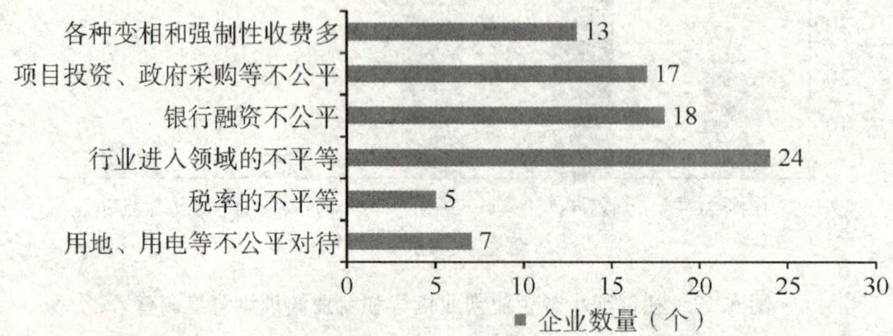

图6.14 初创期小微企业面临的不公平因素调查

（二）员工工资和营销成本成为挤压利润的主要因素

在关于小微企业利润增长影响因素的调查分析中，认为员工工资增长加快和企业营销成本上升是挤压企业利润的主要因素的小微企业分别有55和57家，分别占比36.2%和37.5%；认为原材料价格上涨过快的小微企业为25家，占比16.4%（见图6.15）。

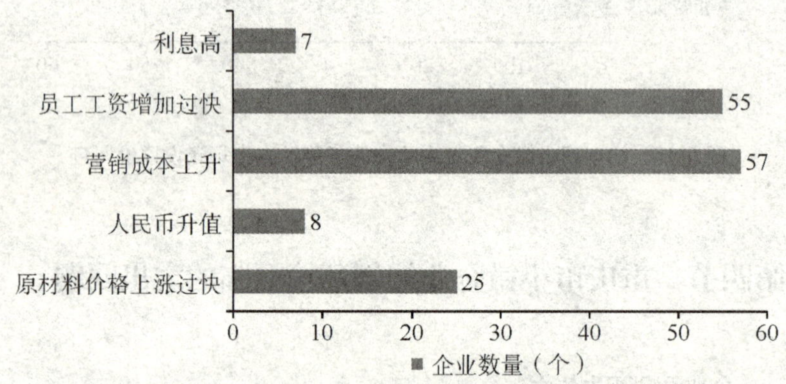

图6.15 小微企业利润增长影响因素调查

二、政策利用度和适用度较低

（一）借力扶持政策发展的能力较弱

我们同时对小微企业初创期使用的政策情况进行调查，结果如图6.16所示。有46家小微企业初创期享受过政府财税支持政策，占全部有效调查样本的42.6%；使用过金融扶持政策的小微企业数量为33家，占比30.6%；使用过市场准入政策的小微企业为 23 家，占比 21.3%。值得注意的是，35 家小微企业表示没有使用过扶持政策，占全部有效样本的 32.4%，这说明小微企业借力扶持政策发展的能力较弱。

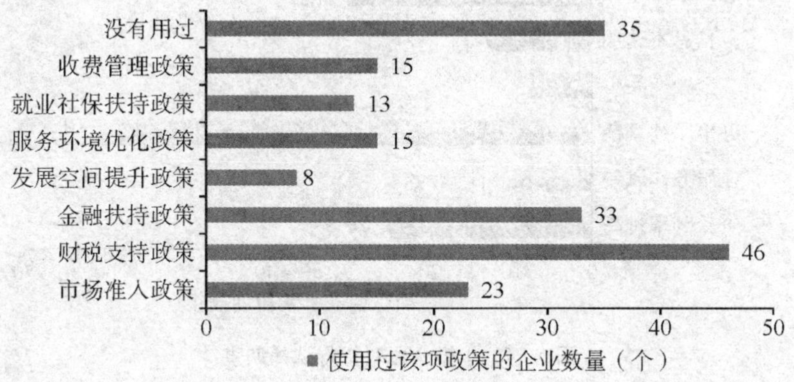

图 6.16　初创期小微企业政策使用情况调查

（二）诸多扶持政策适用性低

重庆市小微企业发展政策支持体系较为完善。但对于初创期的小微企业来说，政策适用性较低；同时，初创期小微企业对扶持政策需求最为强烈，这就会产生小微企业扶持政策“供需断层”的困境。在部分区县办理微型企业的扶持政策中，创业补助仅限于高校毕业生、返乡农民工、失业人员、军队复员人员等重点人群创办的科技创新、电子商务、节能环保、文化创意、特色效益农业等鼓励类的微型企业，也只有能够享受创业补助的微型企业才能够申请 15 万元内的两年期创业扶持贷款。小额担保贷款也仅限于注册登记一年以后的微型企业，该类微型企业可申请 10 万元以内的全额贴息小额担保贷款，但是微型企业创立时则不满足政策条件，也无法享受到政策扶持。

三、融资信息不对称、无有效抵质押资产

（一）企业和银行之间存在信息不对称

小微企业信息不透明，是银行不能顺利为小微企业放贷的主要根源。在一项关于小微企业认为银行存在的主要问题的调查中，有 67 家小微企业认为，在企业初创期银行对小微企业不信任或者忽视小微企业，占全部有效样本的 62%。银行对小微企业不信任和忽视小微企业不仅仅存在小微企业初创期，有 68 家小微企业认为企业当前也受到银行忽视的问题，占有效样本的 62.9%。此外，有 61 家小微企业认为银行办事手续较为复杂，占全部有效样本企业的

56.5%（见图 6.17）。

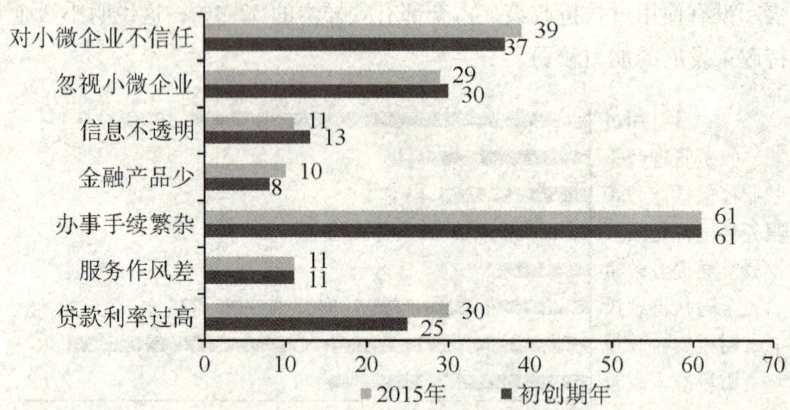

图 6.17　小微企业对银行认知调查

（二）缺乏银行愿接受的抵、质押资产

在关于初创期小微企业融资过程中的问题调查中，有 45 家小微企业认为未能成功融资的原因是缺乏银行愿意接受的抵、质押资产，占全部有效样本企业的 47%（去除 13 家初创期未贷款小微企业）；28 家小微企业认为未能从银行成功贷款的主要原因是缺乏第三方提供的保证，占全部有效样本的 29.5%。此外，缺乏银行愿意接受的抵、质押资产和第三方担保也是当前小微企业未能成功融资的主要原因，分别占全部有效样本企业的 43.6% 和 35%（去除 7 家 2015 年未贷款小微企业，见图 6.18）。

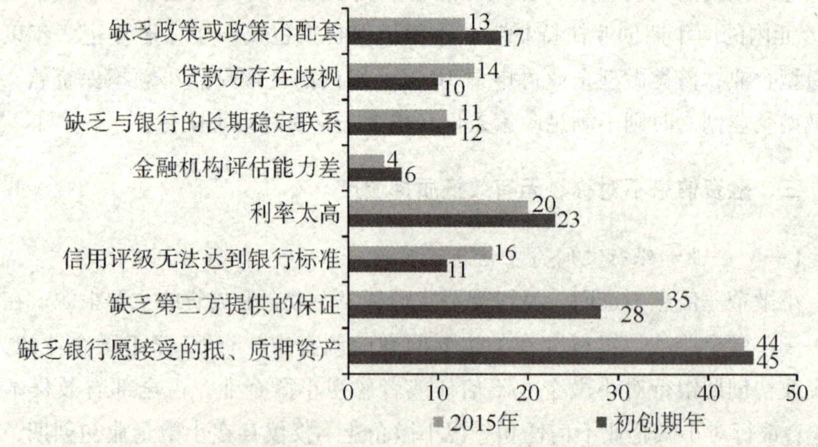

图 6.18　小微企业银行融资问题调查

四、信用评级和品牌创新意识有待加强

（一）对企业自身信用评级重视不足

小微企业信用评级是企业融资的重要依据。我们对小微企业初创期信用评级情况进行调研，得到如图 6.19 所示统计结果。结果显示有 83 家小微企业在初创期并没有进行信用评级，即使到 2015 年，仍有 74 家小微企业没有进行信用评级，分别占有效统计企业的 77.6%和 69.2%。

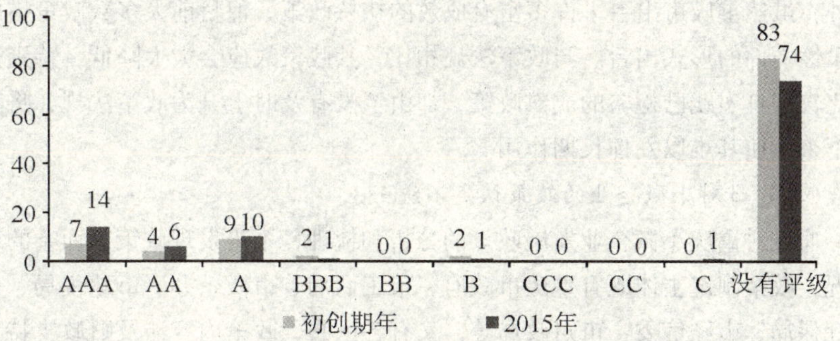

图 6.19　初创期小微企业信用等级评级情况调查

（二）企业品牌创新意识有待加强

商标是企业重要的无形资产，有利于企业品牌的宣传和产品的法律保护。我们对小微企业在初创期和当前的商标注册情况进行调研，得到如图 6.20 所示统计结果。有 61 家小微企业在初创期并没有注册品牌商标，占全部有效样本企业的 57%，即使在 2015 年，仍有 50 家小微企业没有注册品牌商标，占全部有效样本企业的 46.7%。

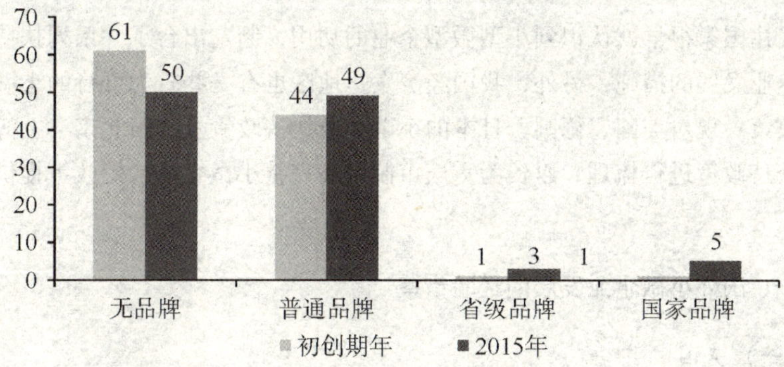

图 6.20　初创期小微企业品牌商标注册情况调查

五、相关法律法规不完善、不统一

（一）缺乏专门针对小微企业的立法

从目前的法律体系来看，虽然我国出台了《中华人民共和国中小企业促进法》《中小微型企业划型标准规定》，重庆市也起草和制定了支持小微企业发展的法规、规章和政策性文件，解决了小微企业的地位问题和政策扶持依据。但由于各种原因，目前重庆市尚未颁发一部专门针对小企业的政策法规。此外，虽然重庆市出台了许多富有成效的扶持政策，但目前大多数政策措施以政策性文件的形式出台。与政策法规相比，其政策效应会大大降低，特别是一些比较好且实践已检验的成熟政策，却由于没有及时上升为政策法规，将其固化下来，使其难以发挥长期作用。

（二）针对小微企业的政策认定不统一

通过对重庆小微企业发展政策的分析和梳理，不难发现政策多而杂的现实状况：政策制定主体既有重庆市政府、市工商局、市微企办、市地税局、市人力社保局、市经信委、市财政局等，又有各区县，政策内容涉及财政支持、税收优惠、融资担保、行政规费减免等诸多方面，政策执行主体牵涉诸多部门。由于政策制定主体多元化且出台政策的时间有先后，难免出现政策重叠、政策交叉或政策冲突的状况，而且由于没有明晰权责等法律规定，这就必然会造成政策执行者无所适从，进而造成政策执行梗阻或延滞。

第五节　国内外小微企业发展的经验借鉴及启示

发达国家很早就认识到小型微型企业的功用，制定出台了一系列扶持小型微型企业发展的措施，另外，我国经济发达地区也有一些较为可行的小微企业扶持政策。现对美国、德国、日本的小微企业扶持政策及我国北京、上海等地区的扶持政策进行梳理，以资为重庆市制定和完善小微企业扶持政策提供参考与借鉴。

一、国外小微企业发展的经验借鉴

（一）美国

美国的经济统计只有大、中企业之分，所谓的小企业即类似于我国的小微企业。美国的小企业发展及其所取得的巨大成就，与美国政府采取的积极扶持政策和措施分不开，美国促进小型微型企业发展的措施大体可分为以下几个方面：

（1）设立专门的政府管理部门。美国于1953年成立了隶属于联邦政府的独立机构——小企业管理局（SBA），并在各州设立办事处和分支机构，为小企业提供综合性、全方位的服务，包括政策性贷款、担保和咨询服务，如帮助小企业在联邦政府采购中每年获得不少于23%的“公平份额”，尤其是帮助小企业解决资金不足问题。SBA的主要职能有：制定发展小型微型企业的基本方针政策；监督小型微型企业政策落实情况；反映小型微型企业的需求，维护小型微型企业的利益；向小型微型企业发放直接贷款、担保贷款或特别贷款；为小型微型企业提供各种业务培训、信息咨询、管理和技术指导等服务。

（2）建立和健全相关法律体系。美国于1953年出台了《小企业法》，奠定了扶持小微企业的政策基础。1964年通过《机会均等法》进一步完善了向小型微型企业提供资金援助的机制。1980年通过《小企业经济政策法》，规定美国总统每年要向国会递交有关小型微型企业的竞争情况报告。1982年颁布了《小企业技术创新法》，促进了小企业的科研开发。2010年通过了《小企业贷款基金法》，向成千上万家小企业提供减税和贷款支持，帮助小企业渡过了经济下滑的难关。时至今日，美国已形成较为完善的扶持、保护小企业的法律体系。

（3）充分利用发达的市场化融资体系。美国小企业的长期资金供给主要来源于公司股票债券，而短期资金供给则依赖于银行信贷，这主要得益于美国发达的资本市场。美国的资本市场包括全国性的纽约证券交易所、地方证券交易所、第三市场、第四市场，还包括纳斯达克全国市场、纳斯达克小型资本市场。除了股票市场之外，美国还有市场容量超过股票市场的债券市场，包括各种信用等级的企业债券。企业直接债务融资工具占据了债券市场整体规模的60%以上。但是对于大量的微型企业，很难符合上市或发债条件的，其资金来源仍主要依赖银行信贷。美国政府还制定了各级财政也为小企业贷款提供信用担保的政策，包括由小企业管理局作为担保人，为小企业的资金需求提供担保。此外，还鼓励向小企业进行风险投资、向受自然灾害影响的小企业提供自然灾害贷款和向小企业提供出口信贷。

（4）积极的小企业税收支持体系。美国为扶持小型微型企业发展，在不同时期对不同类型的小型微型企业采取不同的税收减免政策。美国对小型微型企业的税收优惠政策主要有：减少企业新投资税收，降低企业所得税率，实行特别科技税收优惠；企业科研经费增长额税收抵免；个人所得税下调25%；资本收益税调整为20%，等等。美国除采取一般税收优惠扶持微型企业外，还利用政府订货政策在财政上给予小型微型企业支持。

（二）日本

日本是世界范围内最先重视中小企业发展的国家，尤其是在二战后，日本政府加大了对中小企业的扶持力度，制定并完善了中小企业扶持政策。

（1）完善的法律保障体系。二战后，日本先后制定了《中小企业厅设置法》《中小企业基本法》《中小企业技术开发法》《新中小企业基本法》等法律法规。这些法律法规的制定与实施涵盖了小型微型企业，从而有力推动了小型微型企业发展。

（2）建立多层次的政策性金融机构。日本政府财政援款先后建立了专门为小企业提供帮助的政策性金融机构，即商工组合中央公库、国民生活金融公库、中小企业金融公库、中小企业信用保险公库和环境卫生金融公库五个中小企业金融专门机构，向中小企业提供长期的资金和贷款，形成了对小型微型企业的金融支持体系。同时，日本还构建了较为完善的政策性信用担保体系。目前，日本的信用担保体系由信用保证协会与信用保险公司库两者构成。全国共有52个信用保证协会为中小企业贷款提供信用担保；中小企业信用保险公库则为信用保证协会提供再担保。日本已经形成了中央与地方担保机构相互协作、担保与再担保相结合的全国性中小企业信用担保体系。

（3）独特的中小企业诊断制度。日本首创了中小企业诊断制度，成为日本扶持中小企业的支柱和最具特色中小企业扶持制度。企业诊断一般是由企业提出诊断申请，负责诊断的专业人员经过企业实地调研后提出诊断、指导意见，小型微型企业可从中获得相关的经营诊断、技术指导、人才培育和信息提供等服务。根据《中小企业指导法》，日本设立了“企业诊断师”专业职称，由政府的专业诊断人员为中小企业提供直接指导。

（4）促进企业间相互协作。日本政府为促进中小企业之间的协作及小企业与大企业之间的协作做了许多工作。一是创立了园地协同组合制度以促进小微企业之间的合作，即把分散在市区的小微企业集中到基础设施和服务设施优良的市郊指定地区。二是采取多种措施鼓励小微企业与大企业进行合作，包括以产品为分工的合作。三是小微企业承包大企业的服务性业务。

（三）德国

德国政府为本国小微企业提供了全方位的支持，具体扶持措施涉及经济、法律、体制等多个方面。德国各联邦州政府也为小微企业的发展提供了一系列的政策支持。

（1）完善的法律保障体系。为了保护和扶持小微企业的发展，德国制定了一系列法案，其中包括1957年通过的《反限制竞争法》，防止大企业利用垄断优势压迫或恶意收购中小企业。从20世纪70年代起，德国国会相继通过了《改革中小企业结构的基本纲领》《中小企业促进法》《中小企业增加就业法》《中小企业减负法》等。各州也都颁布了自己的《中小企业促进法》，并通过制定一系列政策措施，提高中小企业的竞争力。这些立法对于规范小微企业产业竞争秩序，引导小微企业建立合理的企业规模结构，支持小微企业技术创新，营造小微企业创业发展的良好环境做出了重大贡献。

（2）财税政策的大力支持。德国是对小微企业实行财税优惠政策的典型，从1984年起，德国政府就制定了对中小企业，特别是对创业阶段的中小企业及落后地区新建企业实行减免税收的政策。例如，落后地区的新建企业可以免交5年营业税。德国政府还专门制定了面向中小企业的7年减税计划（1998—2005年），为中小企业减轻税负150亿欧元。联邦政府为中小企业提供多种财政支持，主要有贷款、投资补贴、贴息和担保。在2003年制定的中小企业发展战略中规定：销售额不超过17 500欧元的企业免于征收营业税，为中小企业切实减轻了负担。

（3）多元的中小企业扶持政策和措施。德国实施了旨在扶持中小企业创业与发展的创业园计划，在全国范围内建设了很多中小企业创业园，新创的中小企业可以有优惠的办公场所，享有一系列必要的扶持措施；联邦政府和各地政府提出了大约600多项扶持中小企业发展的具体措施。联邦政府设立创新基金（ERP），新创办企业资金不足者，可以向ERP计划提出申请，凭ERP的证明可以到银行贷款，政府ERP承担80%风险，银行承担20%。

（4）完善的社会化服务体系。德国政府为中小企业建立专门的网站和热线电话，中小企业可就融资和促进措施问题向联邦经济部的相关专家咨询。同时，政府还特别重视各种半官方和半民间的行业协会的作用，利用它们为中小企业建立信息情报中心，为企业提供信息和服务。德国联邦研究部则建立起了"示范中心"和"技术对口的访问和信息计划"，向中小企业提供最新的研究成果和研究动态，帮助中小企业进行技术发行和技术引进。德国各级政府、金融部门和教育培训机构联手合作，在实践中逐步形成了全国中小企业孵化系统，建成了大量的高新技术企业孵化中心，拨专款实施政府资本参与计划，帮助中小企业抵御市场风险。

二、国内小微企业发展的经验借鉴

各地政府为贯彻落实中央政策，都采取先后成立中小企业局或中小企业协会、设立财政资金、增加直接融资渠道、构建公共服务平台、政府采购中优先中小企业等多种措施，涉及政策、资金、服务、环境等方面。下面介绍各地政府出台的一些具有本地特色的政策和措施。

（一）北京市

（1）制定《北京市微小企业创业基地认定办法》。

北京市通过认定一批具有示范带动作用的微小企业创业基地，集成政府“最优政策”和社会资源，为创业活动提供低成本创业场所，引导企业集聚创业发展。

（2）推进中小企业知识产权战略工程。

北京经济技术开发区和中关村生命科学园被确定为为北京市首批中小企业知识产权战略推进工程实施单位，旨在通过加快培育拥有自主知识产权、知名品牌和较强竞争力的中小企业，全面提升中小企业的知识产权创造、运用、保护和管理能力。力争在北京范围内，培育形成2个具有自主知识产权优势的中小企业聚集区；建立10家中小企业知识产权辅导服务机构；培训200~300名中小企业知识产权工作者和经营管理人员，形成切实有效的中小企业知识产权综合服务援助等机制。

（3）制定“瞪羚计划”，为中关村科技园区的高科技、高成长性小微企业提供融资解决方案。

企业必须接受中关村企业信用促进会制定的信用中介机构的信用评级，信用等级要达到ZC3以上（含ZC3），并加入中关村企业信用促进会接受信用管理。企业可以享受到的优惠措施包括：获得中关村科技园区管委会的贷款贴息；进入中关村科技担保公司的快捷担保审批程序，简化反担保措施，进入协作银行的快捷贷款审批程序，获得利率优惠。

（二）上海市

（1）实施“专精特新”中小企业培育工程。

上海市对1 000家“专精特新”中小企业、3 000家成长型中小企业实施培训。培训按照中小企业人才进行分类，“专精特新”中小企业中高层管理人员将参加“领军人才培训计划”和“专业英才培训计划”，成长型中小企业将参加“信息普及培训计划”。其中“领军人才培训计划”由政府财政提供全额补助，由复旦大学管理学院具体实施，旨在培养一批具有国际战略思维和现代经营管理理念，以及较强决策能力、驾驭力和运作力的新型企业家队伍。

（2）建立“上海中小企业融资市场”。

该融资市场由线上对接平台和线下服务平台组成，面向长三角地区的所有中小企业提供银行贷款、PE投资等各类融资服务。上海市中小企业融资市场的线上平台集聚来自金融机构的各类放贷产品和来自中小企业的各类融资需求信息，并及时通报产业政策，金融政策以及投资动向、企业项目动态，配之线下政、银、企沟通对接等多重机制；而线下平台则提供银企融资配对服务，由专业人士与中小企业面对面交流，有针对性地推荐最适合该企业的金融产品。

（三）天津市

（1）设置统一的政府管理部门。

天津市设立市中小企业发展促进局，正厅级建制，为市政府组成部门。各区县设立独立的中小企业局，为当地政府组成部门。这为天津市整合管理职能，避免多头管理，更好促进中小微企业的发展创造了条件。

（2）建设中小企业公共服务体系。

一是设立天津科技发展融资服务控股公司，发挥政府资金的引导作用，吸引商业银行贷款，通过股权投入等方式，支持科技型中小企业发展；二是成立天津市科技金融服务中心；三是成立天津开发科技企业融资服务中心；四是建立天津市创业培训指导中心网站，通过互联网登录该网站，可享受普惠性和个性化公共创业服务帮扶。

（3）积极拓宽融资渠道。

一是积极引导创业风险投资基金、私募股权投资基金投资科技型中小企业，支持企业在天津股权交易所挂牌融资。二是鼓励中小企业在银行间市场运用短期融资券、中期票据、信贷资产支持证券和集合性票据等债务性融资工具进行融资。三是发展集合信托业务，按照统一组织、统一冠名、分别负债、集合发行的模式，继续通过市场化模式发展中小企业集合信托业务并扩大规模。四是向科技型企业提供融资租赁业务，探索设立中小企业融资租赁专营公司，支持和鼓励各金融租赁公司面向中小企业开展融资租赁业务。五是发展典当等融资业务，支持有实力的出资人设立典当行，鼓励商业银行向典当企业发放信用、抵押和保证担保贷款，扩大典当融资规模。六是发展贷款保证保险业务，鼓励保险机构积极开发为中小企业服务的贷款保证保险产品，与银行、担保机构开展合作，为中小企业提供融资增信服务。

（四）浙江省

（1）成立中小企业再担保有限公司。

按照“政府出资、政策引导、有效监管、市场运作”原则，由省财政出资10亿元设立，放大担保机构的担保倍数，分散担保机构的风险。浙江省中小企业再担保有限公司不以营利为目的，不与融资性担保机构开展业务竞争，通过再担保与担保的联动与协作，为浙江省融资性担保机构提供征信、分险等服务。同时浙江省财政厅、省中小企业局、省金融办、中国人民银行杭州中心支行和浙江省银监局等部门组成了浙江省中小企业再担保管理协调小组，对再担保公司进行指导、监督和考核。

（2）抓住机遇，促进小微企业转型升级。

浙江省积极引导小微企业加快结构调整和转型升级，充分利用目前宏观偏紧等环境，以此作为倒逼机制，加快改变传统的发展方式，改变浙江省经济长期处于国际国内产业分工价值链末端的不利处境，扶持引导小微企业向“专、精、特、优”发展，形成一批科技型、成长型企业。根据现阶段浙江省的实际情况，加快传统制造业的改造升级，把传统制造业的转型升级落实到龙头企业和产业集群的转型发展上，以此带动千家万户相关的小微企业转型升级。

（五）广东省

面对当前复杂多变的国内外经济形势与经济下行压力，广东省保持经济平稳健康发展，继《关于依靠科技创新推进专业镇转型升级的决定》后，省政府又出台了《关于加快专业镇中小微企业服务平台建设的意见》，一次性新增5亿元专项资金，扶持九大平台建设，促进专业镇主导产业及专业镇中小微企业的发展和转型升级。

第六节　优化和提升重庆市小微企业初创环境的对策建议

针对重庆小微企业发展状况与初创期所面临的实际问题，本研究认为应该在建立小微企业的机构管理、法律法规支持体系、完善小微企业的政策扶持体系（财税扶持和金融支持）、搭建促进小微企业发展平台及加强小微企业自身建设等方面进行系统的优化改善，提高政府对小微企业的扶持效率，以促进小微企业更进一步发展。

一、建立健全小微企业管理机构

目前，我国对小微企业的管理是一个按经济类型多头管理的格局。这种管理方式一方面职能重复，机构重叠；另一方面力量单薄，缺乏对小微企业的统一管理和针对性扶持，无形中提高了小微企业的交易成本。重庆市政府应广泛借鉴美国、日本、德国等发达国家及我国天津市小微企业的管理经验，应将分散在各部门的职能合并集中起来，设立“重庆市小微企业管理局”为全市小微企业的统筹管理机关，确保其独立性与权威性，负责统一制定小微企业发展的方针政策，提供技术、培训、行业分析、协调与统筹等全方位的服务。

二、建立与小微企业发展相适应的法律法规体系

（一）尽快出台《重庆市小微企业促进条例》

小微企业由于自身相对弱小，决定了必须从法律高度来确定其地位，保障其权益。许多发达国家或地区在扶持小微企业的发展中，将制定法案作为最重要的帮扶途径，营造小微企业发展的良好法律环境。重庆政府应该借鉴先进经验来完善对小微企业扶持的法律法规体系。应该尽快出台《重庆市小微企业促进条例》作为小微企业发展的政策扶持框架，奠定重庆市政府促进小微企业发展的基本指导方针，在框架中应该明确各个职能部门对扶持小微企业发展的责任。

（二）完善配套法律体系的建设

在《重庆市小微企业促进条例》制定完成后，政府应该结合小微企业的不同发展阶段及行业特点出台后续的配套法律，针对不同行业类型的企业，出台专项扶持政策和具体操作实施细则，以完善小微企业的法规体系。政府的采购是对小微企业最直接的扶持形式，因此，关于小微企业的政府采购法案的存在是非常有必要的。目前重庆政府已经开始在政府采购方面支持小微企业，政府以此为基础出台一部《小微企业政府采购管理办法》来使该项政策措施形成长效机制。在金融支持方面，政府也在积极引入民间资金、完善担保制度体系等，但是这些行为也需要出台相关法律来进行规范和约束。

（三）统一规范小微企业划分标准

目前，涉及关于中型、小型和微型企业界定划分的政策依据有：《关于印发中小企业划型标准规定的通知》（工信部联企业〔2011〕300号）、《关于金融企业涉农贷款和中小企业贷款损失准备金税前扣除有关问题的通知》（财税〔2015〕3号）、《小企业会计准则》（第2条）、《中华人民共和国企业所得税法实施细则》（第92条）。对于中小企业、小微企业、小型微利企业等，以上各项政策之间在概念和划分标准上并不统一甚至存在冲突，因此，建议将对小型和微型企业的划分上升至法律层面，确定概念，统一标准，提供明确统一的法律政策依据。如考虑：对涉及小型微型企业的相关法律、政策文件使用统一标准和统一表述，避免概念上的混淆等。

三、加大对小微企业创业的财政扶持力度

（一）建立小微企业发展专项基金

近年来，国家相继设立了多项扶持中小企业发展的专项资金，对中小企业的发展起到了积极的推动作用。随着国家对中、小、微企业划型标准的出台，应建立与之相适应的财政支持体系，强化对小微企业的扶持效应，因此建议：一是把国家财政预算的中小企业发展资金变更为中型企业发展专项资金和小微企业发展专项资金。从每年的中央和地方财政预算中安排一定比例的财政资金（市财政可考虑财政收入的1%~2%、区县可考虑财政收入的1%~1.5%）划入小微企业发展专项基金，用于支持小微企业的创业补助、贷款贴息、技术创新、市场开拓、管理提升、服务体系建设等，保证专款专用。二是建立小微企业专项基金增长机制。按照小微企业当年增加值的平均增幅，增加小微企业发展专项资金额度，建立与小微企业贡献相适应、按比例增长的机制，形成小微企业专项扶持的长效机制。

（二）完善政府采购支持新机制

政府的采购是对小微企业最直接的扶持形式。目前重庆市政府已经开始在政府采购方面支持小微企业，在此基础上，政府应尽快出台《小微企业政府采购管理办法》来使该项政策措施形成长效机制。加大政府采购制度对小微企业的引导作用，适当放宽政府采购限制，建立科学的采购评价标准和支持措施；建立便利、高效的政府采购信息发布系统，在“政府采购网”专门开设小微企业采购项目专栏，提高采购信息发布效率；完善政府的采购方式及程序，加大对小微企业的采购量，规定政府每年从小微企业采购的办公用品、发包的工程额度应不低于20%的比例；建立采购问责处罚机制，对采购单位有意规避采购小微企业产品、服务和工程的，必须依法给予相应处罚。

四、强化小微企业的税收支持政策

（一）给予小微企业平等地位

完善增值税纳税人资格认定的方式，加快推进以企业的财务核算的准确性和真实性作为判断是否具备一般纳税人资格的标准，提高一般纳税人的认定比重，实现小微企业与其他企业之间在增值税纳税人地位上的平等待遇。同时，对于新认定为一般纳税人的小型微型商贸企业来说，为加强管理，防范偷骗税行为的发生，可以限额、限量发售增值税专用发票，但应取消预缴税款的规定，并且对其取得的增值税发票在认证后即可纳入抵扣，以减轻这部分纳税人

的阶段性实际税负。

（二）完善现行流转税税制

应进一步提高起征点，将起征点改为免征额，改变起征点政策在临界点上税负不公平的弊端。建议将增值税起征点调整为：销售货物或应税劳务的，为月销售额40 000~50 000元，按次纳税的，为每次（日）销售额1 000~1 500元；营业税起征点调整为：按期纳税的为月营业额40 000~50 000元，按次纳税的为每次（日）营业额1 000~1 500元。

（三）优惠初创期小微企业

由于新办小微企业在成立初期往往费用较大、盈利较少，处于亏损状态，参照国际惯例，建议对其自获利年度起实行免征或减半征收。如韩国政府对新创办的小微企业所得税实行“免三减二”——头三年免税，后两年减半征收。对投资创办小微企业的投资者，对其投资额的一定比例予以免税。如英国为了鼓励投资者创办小微企业，规定凡投资创办小微企业者，其投资额的60%可以免税，每年免税的最高投资限额达到4万英镑。对小微企业购置的机器设备，可给予一定比例的所得税抵免，并在所得税前扣除，允许小微企业无条件加速折旧。

五、构建小微企业多层次金融支持体系

（一）建立重庆市小微企业政策性银行

积极探索在现有金融体制架构外设立专门为小微企业融资的金融机构——重庆市小微企业发展银行（暂定）。建议由重庆市财政出资并组建或改组政策性金融机构。

与此同时，抓住国家设立民营银行的机遇，积极引导设立民营银行，各区县应积极发展村镇银行、社区银行及小额贷款公司等多种小微金融机构，缓解全市中小企业面临的融资瓶颈，提高全市投融资效率。

（二）构建小微企业融资的特色渠道

一是鼓励符合条件的小微企业在中小板和创业板上市，完善小微企业上市培育机制，重点支持成长性良好和高科技小微企业通过资本市场上市融资，以增加小微企业的融资途径。二是充分利用境外资本市场上市融资。鼓励优质小微企业借助境外资本市场，通过购买或兼并等方式境外上市。三是加大符合条件的小微企业债券融资力度。可借鉴天津市小微企业发展经验，开展针对小微企业短期融资券、集合券的试点工作，扩大小微企业集合券和短期融资券的发行规模，简化债券发行审批手续，规范债券发行程序。

（三）规范发展民间资本

民间资本对小微企业的发展具有积极的推动作用，政府可以通过大力宣传倡导、支持小额贷款公司的发展、提供优惠的税收减免政策等来引导民间资本来支持小微企业发展。大多数小微企业在发展过程中都参与过民间的借贷，但是因民间借贷而产生的经济纠纷也确实不少，资金链断裂、风险难以控制等都是其弊端。因此政府在引导民间资本支持小微企业发展的同时也应该对其进行监管并出台相关的管理条例或规定来避免民间借贷向不好的方向发展，从而保护小微企业和债权人的合法权益，提升资本市场的投资信心。

（四）完善小微企业的金融服务

一是要求国有商业银行和股份制银行内设小微企业信贷部，创新适合小微企业“短、频、快”需求特点的金融产品和信贷模式。每年在监管考核中设置小微企业新增贷款和贷款增速的比例。二是不断拓展金融机构服务空间范围，向小微企业集中的区域延伸服务网点，为小微企业提供便捷灵活的金融服务。三是充分利用现代信息技术，加强各大金融机构之间的交流与合作，利用数据库创库技术收集、记录小微企业的全面的经营活动，充分了解小微企业的金融需求信息，在风险控制、贷后管理等方面不断创新合作。四是进一步明确呆账贷款核销认定标准，简化流程，建立小微企业不良贷款快速核销机制，探索银行打包处置小微企业不良贷款给市级资产经营管理公司的途径，提高小微企业不良贷款核销效率，提高银行放贷积极性。

六、提升小微企业内生发展动力

（一）增强小微企业自主创新能力

小微企业要注重技术创新、结构升级和发展方式转变。自身要努力做到强化先进技术的研发和应用，建立研发中心，引导各类创新要素加速集聚，不断提升企业自主创新能力，占领技术制高点，提升核心竞争力。加快开发具有自主知识产权的主导产品和核心技术，培育企业核心竞争力。同时小微企业还可以谋求与重庆市高等院校、科研单位建立产学研战略联盟，切实提高自身科技含量。

（二）切实提升小微企业管理能力

小微企业在创业初期竞争力薄弱，创业者面临诸多压力，除了小微企业的产品和服务需要在市场竞争中得到社会认可之外，小微企业内部管理水平直接影响着微型企业的生存和发展。首先，在管理上要转变观念，摒弃专断式、粗放式、经验式、家族式的随意管理方式，辅之以科学的管理手段建立健全企业内部的科学管理制度。其次要注重风险管理，通过投资组合的选择来分散、降低和避免风险，提高风险报酬率和经营安全性。最后要重视战略管理，企业要主动开辟信息网络，加强市场调研，通过多途径了解世界经济发展趋势和市场动态，分析比较市场需求与企业产品的关系。

（三）提高小微企业的信用等级

小微企业要想获得金融机构大力支持，必须要增强其信用等级。目前大多数的小微企业从信用社或者商业银行申请贷款都需要信用评级，这就要求小微企业制定完善的企业信用管理制度和政策。应提高小微企业经营的透明度，确保会计信息的真实性、合法性，以及连续性。另外，小微企业还应规范自身的开户、结算行为，实行基本账户结算制度，使账户运作在银行监督之下，使信用社或者银行真正感觉到小微企业经营思路明确、资金流向清楚、归还贷款主动。建议在重庆市及区县两级人民政府的领导下，由市、区两级工商行政管理部门牵头，会同司法机关和其他行政机关、金融机构、社会组织及相关研究机构建立小微企业信用评级体系，为小微企业融资提供基础性服务。

（四）多渠道促进小微企业人才培养

知识型、创新型人才是小微企业创新发展的核心力量。因此，小微企业的发展应该立足于人才建设。一是广大小微企业应加大人力资本投资，增加研发投入，增强技术创新能力；二是加强内部人才培训培养，采取有效措施激励人才自我发展；三是加强与高等院校的合作培养，为小微企业转型升级提供必备的专业技能人才。

七、推进小微企业集聚发展效应

（一）依托园区建立微型企业孵化基地，共享产业链整体优势

重庆市产业园区是小微企业发展的重要载体，要充分利用两江新区、高新区、经开区和市级特色工业园区等资源，对园区建设进行整合、优化，成立专门针对高新技术企业和有发展潜力的小微企业服务机构，具备条件的区县可为小微企业划出专门楼宇和商业场所，提供管理、会计、市场等方面的服务，单独建立小微企业孵化基地，吸纳小微企业入驻，为小微企业搭建创业平台。重庆市可设立统一的小微企业孵化基地认定标准，并对全市的小微企业孵化基地进行认定；出台建设小微企业孵化基地的统一的优惠政策，在土地供应、规费减免等方面提供优惠。

围绕重庆市特色产业、资源优势、区位条件、发展基础、认真规划引导并大力培育具有区域特色的“板块经济”。引导和鼓励相关联的小微企业集中布

局，鼓励小微企业集中到开发区等创业基地，从而降低生产成本；鼓励小微企业与大中型企业联合，做配套生产，共享产业链条的整体优势。

（二）围绕产业集群，积极发展现代服务型小微企业

产业集群的发展需要有配套的小微企业为其服务发展，需要有贯穿企业生产的上、中、下游的生产性服务业企业，为其提供保障服务。重庆应围绕电子信息业、汽车摩托车制造、装备制造业等支柱产业，培育一大批为这些产业中的大型企业配套的小微企业，形成产业集群，如鼓励第三方物流企业发展，推进信息化服务企业的发展，积极发展工业设计、科技管理咨询等新兴服务型小微企业，推动重庆市小微企业的转型升级。

（三）加强集群内企业间的协调发展

产业集群内既有大企业或龙头企业、技术领先型等有实力企业，也有与之相关联的小微企业群。根据产业集群发展模式的不同，集群内企业还会有不同行业、不同产业而形成的产业链。一方面产业集群的发展必将为小微企业的转型升级提供发展机遇，并有利于共享先进技术服务等；另一方小微企业的发展，也将有利于降低大企业的成本，提高集群产业整体效率。因此，产业集群内各企业要充分利用各自优势加强企业间的合作关系，促进融合发展。

参考文献

[1] 赵锡斌. 企业环境分析与调适：理论与方法 [M]. 北京：中国社会科学出版社，2007.

[2] 林振淦. 小型经济概论 [M]. 长沙：湖南出版社，1991.

[3] 王德胜，余大胜. 基于成长视角的中小企业评价研究：五维度分层评价体系的构建 [M]. 北京：经济科学出版社，2008.

[4] 罗荷花，李明贤. 我国小微企业融资约束问题研究 [M]. 北京：经济管理出版社，2016.

[5] 曹裕. 复杂环境下我国企业财务困境模式及预警研究：基于企业生命周期的视角 [M]. 北京：清华大学出版社，2015.

[6] 张勇. 现代企业生命力：现代企业生命周期论 [M]. 北京：机械工业出版社，2006.

[7] 张永宏. 组织社会学的新制度主义学派 [M]. 上海：上海人民出版社，2007.

[8] 李柏洲，李晓娣，李海超，等. 中国中小型高科技企业成长对策 [M]. 北京：经济管理出版社，2007.

[9] 万兴亚，许明哲. 中国中小企业成长及软实力建设 [M]. 北京：中国经济出版社，2010.

[10] 加雷思·琼斯，珍妮弗·乔治，查尔斯·希尔. 当代管理学 [M]. 李建伟，严勇，周晖，等译. 2 版. 北京：人民邮电出版社，2003.

[11] 理查德·L·达夫特. 管理学（原书第 5 版）[M]. 韩经纶，韦福祥，等译，北京：机械工业出版社，2003.

[12] 席酉民. 企业外部环境分析 [M]. 北京：高等教育出版社，2001.

[13] 蒋晓岚，孔令刚. 技术创新与工业结构升级：基于安徽的实证研究 [M]. 合肥：合肥工业大学出版社，2008.

[14] 厉以宁. 西方经济学 [M]. 4 版. 北京：高等教育出版社，2015.

[15] 巴纳德. 经理人员的职能 [M]. 孙耀君, 等译. 北京: 中国社会科学出版社, 1997.

[16] 江若尘, 黄亚生, 王丹. 大企业成长路径研究: 中外500强企业之间的对比 [M]. 北京: 中国时代经济出版社, 2011.

[17] 伊恩·沃辛顿, 克里斯·布里顿. 企业环境 [M]. 徐磊, 洪晓丽, 译. 北京: 经济管理出版社, 2004.

[18] 袁红林. 小企业成长研究 [M]. 北京: 中国财政经济出版社, 2004.

[19] 刘彪文. 企业成长论 [M]. 北京: 线装书局, 2010.

[20] 伊迪丝·彭罗斯. 企业成长理论 [M]. 赵晓, 译. 上海: 上海人民出版社, 2007.

[21] 高太平. 中小企业发展探析 [M]. 长春: 吉林人民出版社, 2016.

[22] 爱迪思. 企业生命周期 [M]. 赵睿, 译. 北京: 华夏出版社, 2003.

[23] 吉福德·平肖, 罗恩·佩尔曼. 激活创新: 内部创业在行动 [M]. 郑奇峰, 于慧玲, 译. 北京: 中国财政经济出版社, 2006.

[24] 国务院发展研究中心课题组. 中小企业发展: 新环境·新问题·新对策 [M]. 北京: 中国发展出版社, 2017.

[25] 林汉川, 李安渝. 中国中小企业发展研究报告 (2011) [M]. 北京: 企业管理出版社, 2012.

[26] 国务院发展研究中心企业研究所. 中国企业发展报告 (2016) [M]. 北京: 中国发展出版社, 2016.

[27] 黄锡明. 企业文化 (上卷) [M]. 长春: 吉林人民出版社, 2002.

[28] 马歇尔. 经济学原理下卷 [M]. 陈良璧, 译. 北京: 商务印书馆, 1965.

[29] 王缉慈, 等. 创新的空间: 企业集群与区域发展 [M]. 北京: 北京大学出版社, 2001.

[30] 盖文启. 创新网络: 区域经济发展新思维 [M]. 北京: 北京大学出版社, 2002.

[31] 曹祎遐. 小微企业创新环境: 理论前沿与政策研究 [M]. 上海: 上海人民出版社, 2017.

[32] 何长见, 何毅. 中国中小企业发展的系统性障碍与制度创新 [M]. 北京: 中国大地出版社, 2007.

[33] 杨再平, 闫冰竹, 严晓燕. 破解小微企业融资难最佳实践导论

[M]. 北京：中国金融出版社，2012.

[34] 蒋正华，张俊喜，马钧. 中国中小企业发展报告 No. 1 [M]. 北京：社会科学文献出版社，2005.

[35] 钱颖一等. 创新驱动中国：国家创新驱动发展战略解读及实践 [M]. 北京：中国文史出版社，2016.

[36] 韩春生. 产业创新方法与工具 [M]. 北京：知识产权出版社，2016.

[37] 罗荷花，李明贤. 我国小微企业融资约束问题研究 [M]. 北京：经济管理出版社，2016.

[38] 陈永奎. 民族地区中小企业融资研究 [M]. 北京：民族出版社，2009.

[39] 孙林杰. 中小企业的发展与创新 [M]. 北京：经济管理出版社，2014.

[40] 田书芹，王东强. 中小企业人力资源生态管理研究 [M]. 北京：中央编译出版社，2017.

[41] 宋华. 中小企业融资问题研究 [M]. 北京：首都经济贸易大学出版社，2015.

[42] 锁箭. 创新驱动：中小企业转型发展研究 [M]. 北京：经济管理出版社，2016.

[43] 胡建兵. 小而美：中小企业的转型之路 [M]. 长沙：湖南师范大学出版社，2016.

[44] 游怡. 中小企业国际化成长机制研究 [M]. 北京：中国时代经济出版社，2015.

[45] 李先军. 制度背景下中小企业治理结构研究 [M]. 北京：经济管理出版社，2017.

[46] 梁松. 新环境·新对策·中小企业战略管理研究 [M]. 北京：中国水利水电出版社，2017.

[47] 李子彬. 中国中小企业 2015 蓝皮书·混合所有制·中小企业发展的机遇与选择 [M]. 北京：中国发展出版社，2015.

[48] 陈红. 国内外中小企业创新创业支持政策比较研究 [M]. 北京：科学技术文献出版社，2016.

[49] 黄明刚. 互联网金融与中小企业融资模式创新研究 [M]. 北京：中国金融出版出版，2016.

[50] 孙少岩，祝莹，于洋. 小微企业融资研究 [M]. 长春：吉林人民出版社，2017.

[51] 弗布克. 中·小·微企业制度设计实务 [M]. 北京：中国铁道出版社，2017.

[52] 唐丽颖. 中·小·微企业风险控制实务 [M]. 北京：中国铁道出版社，2017.

[53] 苏怀川. 小微企业管理模式构建与创新 [M]. 成都：成都时代出版社，2016.

[54] 高晓燕. 小微企业融资机制创新研究 [M]. 北京：经济日报出版社，2015.

[55] 肖太寿. 小微企业财税扶持政策研究 [M]. 北京：中国市场出版社，2014.

[56] 侯立军. 江苏小微企业发展研究 [M]. 南京：东南大学出版社，2013.

[57] 黄玲，庄雷，王飞. 网络金融环境下西部小微企业成长的融资模式创新 [M]. 成都：四川大学出版社，2016.

[58] 陈永杰. 小企业·大经济·小微企业发展政策研究 [M]. 北京：中国经济出版社，2013.

[59] 王力. 促进小微企业发展税收政策研究 [M]. 北京：中国税务出版社，2013.

[60] 李文博. 集群情景下小微企业的创业行为研究 [M]. 北京：科学出版社，2018.

[61] 白贵，李婷，张静伟. 小微企业的财政政策支持研究 [M]. 北京：中国财政经济出版社，2016.

[62] 田玲. 中·小·微企业制度设计实务 [M]. 北京：中国经济出版社，2014.

[63] 草根红方. 无中生有：轻松让“小微企业，大有作为” [M]. 北京：团结出版社，2015.

[64] 赵观兵，万武. 小微企业创业要素机制耦合与扶持系统研究：以江苏省为例 [M]. 镇江：江苏大学出版社，2018.

[65] 李文博. 集群情景下小微企业的创业行为研究 [M]. 北京：科学出版社，2016.

[66] W. 理查德·斯格特. 组织理论：理性、自然和开放系统 [M]. 黄

洋，李霞，申薇，等译．北京：华夏出版社，2001.

[67] 朱晓霞．区域创新系统中中小企业角色定位于成长对策研究 [M]．哈尔滨：哈尔滨工程大学出版社，2014.

[68] 杨春，蔡翔．小微企业的界定及划型标准研究 [J]．技术经济与管理研，2016 (5)：50-54.

[69] 陈国权，王斌，陈玉祥．面向可持续发展的企业环境分析与经营管理框架 [J]．清华大学学报，1998 (4)：58-66.

[70] 程超，林丽琼．银行规模、贷款技术与小微企业融资：对"小银行优势"理论的再检验 [J]．经济科学，2015 (4)：54-66.

[71] 李志强．小微企业融资难题与信息化对策 [J]．当代财经，2012 (10).

[72] 王俊峰，王岩．我国小微企业发展问题研究 [J]．商业研究，2012 (9)：86-93.

[73] 王媚莎．小微企业会计制度设计的原则、方法及路径探析 [J]．管理世界，2015 (1)：184-185.

[74] 余传鹏，张振刚．异质知识源对中小微企业管理创新采纳与实施的影响研究 [J]．科学学与科学技术管理，2015 (2)：92-100.

[75] 柳宏志．科技型中小企业的企业家经营能力和思维创新研究 [D]．杭州：浙江大学，2007.

[76] 张玉明，刘德胜．中小型科技企业成长的外部环境因素模型研究 [J]．山东大学学报（哲学社会科学版），2009 (3)：45-51.

[77] 刘洪德，史竹青．企业成长环境的生态因子探析 [J]．贵州社会科学，2008 (5)：113-116.

[78] 许冀艺，于海燕．基于金融生态视角的民营企业融资能力研究 [J]．金融与经济，2008 (5)：62-64.

[79] 徐衡．科技型中小企业融资问题研究：基于企业生命周期理论 [D]．北京：对外经济贸易大学，2010.

[80] 李大庆，李庆满，单丽娟．产业集群中科技型小微企业协同创新模式选择研究 [J]．科技进步与对策，2013 (24)：117-122.

[81] 李文博．中心镇视域下小微企业协同创业行为的发生机理：浙江试点中心镇的创业经验表达 [J]．科学学研究，2015 (4)：595-606.

[82] 郑金波．我国民营科技企业成长环境研究与实证分析 [D]．南京：东南大学，2004.

[83] 周国红，陆立军. 科技型中小企业成长环境评价指标体系的构建[J]. 数量经济技术经济研究，2002 (2)：32-35.

[84] 侯卉，司晓悦，王丹青. 高科技企业成长环境评析：以沈阳市为例[J]. 科技进步与对策，2012 (24)：140-142.

[85] 赵锡斌，鄢勇. 企业与环境互动作用机理探析 [J]. 中国软科学杂志，2004 (4)：93-98.

[86] 郑霞. 政策视角下小微企业融资机制创新研究 [J]. 中央财经大学学报，2015 (1)：41-46，52.

[87] 杨波. 基于TRIZ的科技型小微企业管理创新研究 [J]. 科研管理，2014 (8)：93-100.

[88] 曹廷贵，苏静，任渝. 基于互联网技术的软信息成本与小微企业金融排斥度关系研究 [J]. 经济学家，2015 (7)：72-78.

[89] 霍源源，冯宗宪，柳春. 抵押担保条件对小微企业贷款利率影响效应分析：基于双边随机前沿模型的实证研究 [J]. 金融研究，2015 (9)：112-127.

[90] 何韧，刘兵勇，王婧婧. 银企关系、制度环境与中小微企业信贷可得性 [J]. 金融研究，2012 (11)：103-115.

[91] 刘延平. 企业环境与国际竞争力 [J]. 辽宁大学学报 (哲学社会科学版)，1995，23 (5)：86-89.

[92] 张光明，赵锡斌. 企业与环境相互作用机理研究 [J]. 科技与管理，2005 (6)：14-16.

[93] 马永红，李柏洲，刘拓. 中小型高科技企业成长环境评价体系构建研究 [J]. 科技管理研究，2006 (3)：141-143.

[94] 董晓林，陶月琴，程超. 信用评分技术在县域小微企业信贷融资中的应用：江苏县域地区的调查数据 [J]. 农业技术经济，2015 (10)：107-116.

[95] 辜胜阻，庄芹芹. 缓解实体经济与小微企业融资成本高的对策思考[J]. 江西财经大学学报，2015 (5)：14-19.

[96] 余薇，秦英. 互联网金融背景下小微企业融资模式研究 [J]. 企业经济，2014 (12)：151-154.

[97] 尹辉，周军. 协同创新视角下科技型小微企业发展研究 [J]. 科技进步与对策，2014 (2)：108-112.

[98] 张承惠. 中小企业融资现状与原因问题分析 [J]. 理论学刊，2011

(11)：37-39.

[99] 黎智洪. 小微企业的融资困境与出路 [J]. 人民论坛 (中旬刊), 2013 (10)：99-101.

[100] 路晓静. 中小企业融资探讨：基于 OTSW 分析法 [J]. 中国商贸, 2011 (23)：115-116.

[101] 封北麟. 我国企业融资成本分析及降成本的对策：基于广东、浙江、江苏三省企业调查数据 [J]. 南方金融, 2016 (12)：81-86.

[102] 吴庆念. 中小企业内源融资的渠道和模式 [J]. 企业经济, 2012 (1)：155-157.

[103] 李伟，成金华. 中小企业外源融资过程中的资金需求和供给 [J]. 经济评论, 2006 (1)：47-51.

[104] 李秋霞. 大数据背景下小微企业融资模式创新之道 [J]. 中国统计, 2018 (3)：37-39.

[105] 贾亚男. 关于区域创新环境的理论初探 [J]. 地域研究与开发, 2001 (1)：5-8.

[106] 朱建新，朱祎宏，鲁若愚. 创新环境的要素构成及其影响机理 [J]. 中国科技论坛, 2016 (3)：119-125.

[107] 中国企业家调查系统. 中国企业创新动向指数：创新的环境、战略与未来：2017 中国企业家成长与发展专题调查报告 [J]. 管理世界, 2017 (6)：37-50.

[108] 王宇，郑红亮. 经济新常态下企业创新环境的优化和改革 [J]. 当代经济科学, 2015 (6)：99-106.

[109] 梁彩红. 论商业银行小微企业信贷风险管理 [J]. 上海金融, 2014 (9)：108-110.

[110] 沈志远，高新才. 科技型小微企业融资能力评价及提升对策 [J]. 科技进步与对策, 2013 (12)：133-136.

[111] 林军. 樊超. 我国小微企业人才困境及其对策分析 [J]. 甘肃联合大学学报 (社会科学版), 2013 (5)：35-38.

[112] 张丹. 中小企业创新文化建设之初探 [J]. 商场现代化, 2005 (28)：301-302.

[113] 范如国. 基于复杂网络理论的中小企业集群协同创新研究 [J]. 商业经济与管理, 2014 (3)：61-69.

[114] 王馨. 互联网金融助解“长尾”小微企业融资难问题研究 [J]. 金

融研究，2015（9）：128-139.

[115] 谢雅萍，黄美娇. 社会网络、创业学习与创业能力：基于小微企业创业者的实证研究［J］. 科学学研究，2014（3）：400-409.

[116] 薛捷. 区域创新环境对科技型小微企业创新的影响——基于双元学习的中介作用［J］. 科学学研究，2015（5）：782-291.

[117] 姚铮，胡梦婕，叶敏. 社会网络增进小微企业贷款可得性作用机理研究［J］. 管理世界，2013（4）：135-149.

[118] 徐晓萍，张顺晨，敬静. 关系型借贷与社会信用体系的构建：基于小微企业演化博弈的视角［J］. 财经研究，2014，40（12）：39-50.

[119] 董晓林，张晓艳，杨小丽. 金融机构规模、贷款技术与农村小微企业信贷可得性［J］. 农业技术经济，2014（8）：100-107.

[120] 徐洁，隗斌贤，揭筱纹. 互联网金融与小微企业融资模式创新研究［J］. 商业经济与管理，2014（4）：92-96.

[121] 李华民，吴非. 谁在为小微企业融资：一个经济解释［J］. 财贸经济，2015（5）：48-58.

[122] 安宝洋. 互联网金融下科技型小微企业的融资创新［J］. 财经科学，2014（10）：1-8.

[123] 赵君，蔡翔，赵书松. 农村小微企业集群的基本特征、发展因素与管理策略［J］. 农业经济问题，2015（1）：73-78.

[124] 蒋天颖，孙伟，白志欣. 基于市场导向的中小微企业竞争优势形成机理：以知识整合和组织创新为中介［J］. 科研管理，2013（6）：17-24.

[125] 奉小斌，陈丽琼. 外部知识搜索能提升中小微企业协同创新能力吗？——互补性与辅助性知识整合的中介作用［J］. 科学学与科学技术管理，2015（8）：105-117.

[126] 李文博. 集群情景下小微企业进化创业行为的驱动机理：话语分析方法的一项探索性研究［J］. 科学学研究，2014（3）：410-420.

[127] 王光岐，汪莹. 众筹融资与我国小微企业融资难问题研究［J］. 新金融，2014（6）：60-63.

[128] 李峰，Yao Shujie. 结构性减税下小微企业税率调整分析模型［J］. 中国管理科学，2014（5）：24-32.

[129] 张肖飞，郭锦源，张摄. 小微企业网络融资模式研究：以阿里巴巴小额贷款为例［J］. 南方金融，2015（2）：33-42.

[130] 沙勇. 我国小微企业的融资困境及应对策略［J］. 江海学刊，2013

(3)：99-104.

[131] 戴东红. 互联网金融对小微企业融资支持的理论与实践：基于小微企业融资视角的分析 [J]. 理论与改革，2014 (4)：91-96.

[132] 黄冠豪. 促进小微企业发展的税收政策研究 [J]. 税务研究，2014 (3)：16-20.

[133] 肖久灵，汪建康. 新加坡政府支持中小微企业的科技创新政策研究 [J]. 中国科技论坛，2013 (11)：155-160.

[134] COVIN J G，STEVIN D P. New Venture Strategic Posture，Structure，And Performance：An Industry Life Cycle Analysis [J]. Journal of Business Venturing，1990 (5).

[135] STOREY D J. New Firm Growth And Bank Financing [J]. Small Business Economic，1994 (6).

[136] WEIMER D，VINING A R. Policy Analysis：Concept And Practice [M]. Routledge，2017.

[137] THORSTEN B. Financial and Legal Constrains to Growth：Does Firm Size Matter [J]. Journal of Finance，2005 (1).

[138] GONZALEZ N U. Banking regulation，Institutional Framework And Capital Structure：International Evidence From Industry Data [J]. Quarterly Review of Economics and Finance，2002.

[139] SCHREINER M. Micro enterprise Development Programs in the United States and in the Developing World [J]. World Development，2003 (31).

[140] PFEFFER J，SALANCIK G R. The External Control of Organizations：A Resource Dependence Perspective. New York：Harper & Row，1978.

附录　小微企业初创环境调查问卷

尊敬的先生/女士：

您好！为全面了解小微企业对初始创业环境的满意度，进一步提升政府对小微企业的政策扶持力度，特组织此次“重庆市小微企业初创环境调查问卷”。您的宝贵意见对本研究及重庆小微企业的发展将会有莫大的帮助。本问卷调查无须署名，您所填写的内容仅用作学术研究，请您如实作答，我们将承诺将为您严格保密。真诚感谢您的支持与合作！

一、企业基础信息

1. 您的职务：①企业主　②总经理　③高层管理者　④中层管理者

2. 贵企业经营时间：

①1 年以下　②1 到 3 年　③3 年到 5 年　④5 年到 10 年　⑤10 年以上

3. 贵企业登记类型：①国有　②集体　③私营　④混合所有　⑤中外合资　⑥外资企业

4. 贵企业所属行业：

A. 电子信息　B. 装备制造　C. 饮料食品（含农产品加工）　D. 油气化工　E. 能源电力　F. 汽车制造　G. 生物医药　H. 新材料　I. 节能环保　J. 电力、燃气及水的生产和供应业　K. 房地产业　L. 交通运输、仓储和邮政业　M. 餐饮住宿　N. 软件业　O. 批发和零售业　P. 其他

5. 贵企业 2014 年末雇佣人数：

①1 人　②2 人　③3 人　④4 人　⑤5~8 人　⑥8~10 人　⑦10 人以上

6. 贵企业创业第一年员工数：

①1 人　②2 人　③3 人　④4 人　⑤5~8 人　⑥8~10 人　⑦10 人以上

7. 贵企业是否被政府部门认定为高新技术企业：①是　②否

二、企业经营状况

8. 贵企业 2014 年经营的总体情况是：

①经营势头良好　②经营情况正常平稳　③出现5%以内的亏损　④亏损5%~20%（中度亏损）　⑤20%以上亏损（重度亏损）　⑥停产、半停产

9. 贵企业创业第一年经营的总体情况是：

①经营势头良好　②经营情况正常平稳　③出现5%以内的亏损　④亏损5%~20%（中度亏损）　⑤20%以上亏损（重度亏损）

10. 您认为目前挤压贵企业利润的因素（可多选）：

①原材料价格上涨过快　②人民币升值　③营销成本上升　④工人工资增加过快　⑤利息高　⑥其他

11. 贵企业创业第一年与国有企业、大型垄断性企业、外资企业竞争时遇到最大的不公平因素为：

①用地、用电等不公平对待　②税率的不平等　③行业进入领域的不平等　④银行融资不公平　⑤项目投资、政府采购等不公平　⑥各种变相和强制性收费多　⑦其他

12. 贵企业当前的销售量与创业第一年相比：

①大幅增加　②略有增加　③持平　④减少　⑤大幅减少

13. 贵企业预计，2015年销售收入和净利润相比于2014年：

①增加　②减少　③持平

14. 请选择贵企业创业第一年和2014年有关财务指标（如果创业第一年是2014年，可自动合并）

注册资本（万元）：①0~10万　②10万~30万　③30万~50万　④50万~100万　⑤100万以上

资产总额（万元）：

创业第一年：①0~10万　②10万~50万　③50万~100万　④100万~500万　⑤500万以上

2014年：①0~10万　②10万~50万　③50万~100万　④100万~500万　⑤500万以上

营业收入（万元）：

创业第一年：①0~20万　②20万~50万　③50万~100万　④100万~500万　⑤500万以上

2014年：①0~20万　②20万~50万　③50万~100万　④100万~500万　⑤500万以上

净利润（万元）：

创业第一年：①0~10万　②10万~30万　③30万~50万　④50万~

100万　⑤100万以上

2014年：①0~10万　②10万~30万　③30万~50万　④50万~100万　⑤100万以上

三、企业政策支持环境

15. 贵企业是否了解重庆市人民政府《重庆市完善小微企业扶持机制实施方案》（渝府发〔2014〕36号）中扶持中小企业发展的政策？

①不知道　②听说有，但不了解　③了解一些　④知道大部分　⑤很熟悉

16. 您是否熟悉重庆市小微企业市场准入政策，例如：深化工商登记制度改革；推进注册登记便利化；放宽住所（经营场所）登记条件等？

①不知道　②听说有，但不了解　③了解一些　④知道大部分　⑤很熟悉

17. 您是否熟悉重庆市小微企业财税支持政策，例如：税收优惠；专项转移支付；小微企业场地租金补贴等？

①不知道　②听说有，但不了解　③了解一些　④知道大部分　⑤很熟悉

18. 您是否熟悉重庆市小微企业金融扶持政策，例如：小额贷款保证保险；创业扶持贷款；贷款担保扶持；小微企业发展产业引导基金等？

①不知道　②听说有，但不了解　③了解一些　④知道大部分　⑤很熟悉

19. 您是否熟悉重庆市小微企业发展空间提升政策，例如：鼓励社会资金投入楼宇产业园建设，同等享受工业园区标准厂房扶持政策；小微企业集聚发展等？

①不知道　②听说有，但不了解　③了解一些　④知道大部分　⑤很熟悉

20. 您是否熟悉重庆市小微企业服务环境优化政策，例如：培育发展服务机构；加大政府购买服务力度；为小微企业提供低收费或免费服务等？

①不知道　②听说有，但不了解　③了解一些　④知道大部分　⑤很熟悉

21. 您是否熟悉重庆市小微企业就业社保扶持政策，例如：享受岗位补助和岗前培训补贴，岗位培训，社保补贴等？

①不知道　②听说有，但不了解　③了解一些　④知道大部分　⑤很熟悉

22. 您是否熟悉重庆市小微企业收费管理政策，例如：清理规范行政审批前置服务项目及收费；对涉企的行政事业及经营性收费均实行目录清单制度；清理各类协会、中介机构的涉企收费等？

①不知道　②听说有，但不了解　③了解一些　④知道大部分　⑤很熟悉

23. 贵企业在创业第一年利用过重庆市哪几类支持政策？（可多选）

①市场准入政策　②财税支持政策　③金融扶持政策　④发展空间提升政

策 ⑤服务环境优化政策 ⑥就业社保扶持政策 ⑦收费管理政策 ⑧没有用过

24. 您认为哪些政策在企业建立初期比较重要？（请按重要程度限选三项）

①市场准入政策 ②财税支持政策 ③金融扶持政策 ④发展空间提升政策 ⑤服务环境优化政策 ⑥就业社保扶持政策 ⑦收费管理政策

四、企业融资环境

25. 贵企业在创业第一年和 2014 年的融资需求分别为__________元和__________元。

①0~10 万 ②10 万~20 万 ③20 万~50 万 ④50 万~100 万 ⑤100 万以上

26. 贵企业融资用途（可多选）：

①固定资产投资 ②购买原材料 ③流动资金周转 ④除固定资产外的其他投资 ⑤其他

27. 贵企业创业第一年优先从哪些渠道融资（可多选）

①银行 ②小额贷款公司 ③担保公司 ④亲戚朋友 ⑤关联企业

⑥风险投资 ⑦资本市场 ⑧其他，请注明：__________

28. 目前贵企业优先从哪些渠道融资（可多选）

①银行 ②小额贷款公司 ③担保公司 ④亲戚朋友 ⑤关联企业

⑥风险投资 ⑦资本市场 ⑧其他，请注明：

29. 贵企业在创业第一年从银行融资：①非常困难 ②比较困难 ③容易

30. 创业第一年银行未能满足贵企业贷款的主要原因（可多选）__________（按照影响程度从大到小排序）

①抵押担保不足 ②企业信用等级低 ③企业规模小 ④企业经营状况不佳 ⑤贷款项目风险高 ⑥属限制发展行业 ⑦银行无信贷规模 ⑧企业的实际财务状况难于把握 ⑨其他

31. 贵企业在创业第一年获得银行融资的主要原因（可多选）：

①同意增加本企业在该银行的存款 ②企业非现金资产为抵押品 ③个人资产为抵押品 ④供应商或客户担保 ⑤保险公司担保 ⑥担保公司担保 ⑦本企业信誉良好 ⑧本企业产品市场前景好

32. 贵企业对于四倍于同期人民银行贷款基准利率的融资行为接受程度：

①较为合理 ②可接受，但融资成本偏高 ③不可接受

33. 贵企业在创业第一年对银行提供的融资服务感到：

①很满意 ②较满意 ③一般 ④不太满意 ⑤很不满意

34. 贵企业在创业第一年认为银行方面存在的主要问题：

①贷款利率过高 ②服务作风差 ③办事手续繁杂 ④金融产品少 ⑤信息不透明 ⑥忽视中小企业 ⑦对中小企业不信任 ⑧其他，请注明__________

35. 贵企业在当前认为银行方面存在的主要问题：

①贷款利率过高 ②服务作风差 ③办事手续繁杂 ④金融产品少 ⑤信息不透明 ⑥忽视中小企业 ⑦对中小企业不信任 ⑧其他，请注明__________

36. 贵企业在创业第一年融资过程中，遇到的最主要困难是：

①缺乏银行愿接受的抵、质押资产 ②缺乏第三方提供的保证 ③信用评级无法达到银行标准 ④利率太高 ⑤金融机构评估能力差 ⑥缺乏与银行的长期稳定联系 ⑦贷款方存在歧视 ⑧缺乏政策或政策不配套

37. 贵企业目前的融资过程遇到的最主要困难是：

①缺乏银行愿接受的抵、质押资产 ②缺乏第三方提供的保证 ③信用评级无法达到银行标准 ④利率太高 ⑤金融机构评估能力差 ⑥缺乏与银行的长期稳定联系 ⑦贷款方存在歧视 ⑧缺乏政策或政策不配套

38. 贵企业在创业第一年希望政府和金融部门解决哪些问题？(可多选)：

①加大产业政策倾斜 ②降低行业进入门槛 ③减低税费（包括提高出口退税率） ④加大财政补贴力度 ⑤拓宽融资渠道，减低贷款要求，加强信贷支持 ⑥降低贷款利率水平 ⑦加强公共技术及信息平台建设 ⑧加强自主知识产权保护 ⑨营造公平竞争的商业环境 ⑩其他，请注明__________

五、企业技术创新环境

39. 贵企业创业第一年信用等级评级情况：__________，当前信用等级评级情况：

①AAA ②AA ③A ④BBB ⑤BB ⑥B ⑦CCC ⑧CC ⑨C ⑩没有评级

40. 贵企业研发投入的主要方向（限选三项）：

①没有研发投入 ②新产品、新技术、新工艺的研发 ③技术改造 ④技术购买 ⑤仪器设备购买 ⑥科研人员培训 ⑦其他，请注明__________

41. 贵企业创业第一年有没有品牌商标？

①无品牌 ②普通品牌 ③省级名牌 ④国家品牌

42. 贵企业当前有没有品牌商标？

①无品牌　②普通品牌　③省级名牌　④国家品牌

六、企业法律制度环境

43. 贵企业认为企业创业第一年各种规费、税外费的收取是否合理？

①非常合理　②比较合理　③不合理，应予降低收费　④不合理，应予免除

44. 贵企业认为重庆市小微企业税收减免政策对企业成长的帮助程度如何？

①非常有帮助　②比较有帮助　③帮助程度一般　④没有帮助

45. 贵企业对重庆市现有的针对小微企业的政策法规知悉程度，例如，《重庆市完善小微企业扶持机制实施方案》（渝府发〔2014〕36号）、《重庆市完善小微企业扶持机制专项方案》？

①非常了解　②比较了解　③不了解

46. 贵企业认为重庆市现有的针对小微企业的政策法规完善程度？

①非常完善　②比较完善　③一般　④不完善，缺失较多

七、企业社会服务环境

47. 贵企业在创业第一年对政府行政审批和管理体系效率的评价：

①非常高　②比较高　③一般　④较低

48. 贵企业对重庆市人才交流与劳动力市场建设完善程度的评价：

①非常完善　②比较完善　③一般　④完善程度较低

49. 贵企业对重庆市创业指导、就业培训等机构服务感到：

①很满意　②较满意　③一般　④不太满意　⑤没有参加过

50. 贵企业对重庆市小微企业创业初期环境优化和提升的政策建议：

____

后　记

小微企业是推动我国经济发展的重要力量，在促进经济发展、提升居民生活水平、创造就业机会等方面具有得天独厚的优势。但是长期以来，小微企业因其“小”而“微”，在我国并没有受到太多的关注，反而经常成为被挤压的对象。党的十八大报告首次提出“支持小微企业特别是科技型小微企业发展”，充分表明党和国家已经充分意识到了小微企业在经济社会发展中的重要作用，为加快小微企业进一步发展指明了方向，提供了动力。

笔者长期以来关注小微企业的发展，申请到了多项省部级资助项目，形成了多份调研报告，在理论上提出了一孔之见，在实践上为地方政府提供了决策建议，试图为我国小微企业发展贡献绵薄之力。当然，由于本人的学识能力所限，本书不成熟的地方颇多，尚待在以后的学习与研究中不断完善，继续努力关注小微企业成长与发展。

本书的最终付梓，需要感谢的人太多。首先感谢重庆社科院院长唐青阳教授等院领导的鼓励与支持，感谢重庆社科院改革杂志社文丰安、熊飞副总编的大力支持，感谢重庆社科院产业经济研究所吴安研究员、王小明研究员等前辈与同仁的指导与帮助，感谢家人与朋友的理解与包容……感谢无以一一言表，唯有感恩于心。

黎智洪于重庆渝北

2018 年 9 月 8 日